CATALOGUE

d'une

IMPORTANTE COLLECTION D'ALSATIQUES

dont la Vente aux Enchères aura lieu le

2 Avril 1906 et jours suivants, à 10 h. du matin

à la

Librairie J. NOIRIEL, F. STAAT Successeur

27, Rue des Serruriers, Strasbourg

par le ministère de Me Rift, notaire à Strasbourg.

2me PARTIE: LIVRES S—Z et Estampes.

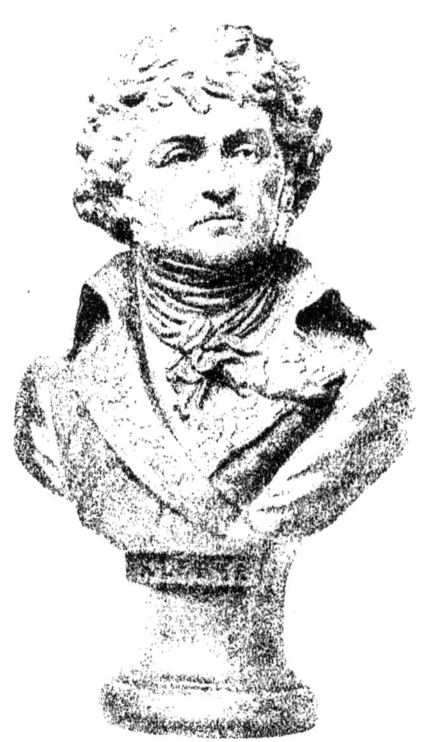

KATALOG

einer reichhaltigen Sammlung

ALSATICA

deren Versteigerung am

2. April 1906 und den folgenden Tagen

Vormittags 10 Uhr

in der

Buchhandlung J. NOIRIEL, F. Staat Nachf.

27, Schlossergasse,

STRASSBURG i. E.

durch Herrn Justizrat Rift, Notar

stattfinden wird.

STRASBOURG
LIBRAIRIE J. NOIRIEL, F. STAAT Successeur.
1906.

Conditions de la Vente.

La vente commencera le 2 avril 1906, à 10 h. du matin et sera continuée les jours suivants à la même heure, dans l'ordre ci-dessous:

    2 avril: Nos 1551 à 1863.
    3 avril: Nos 1864 à 2154.
    4 avril: Nos 2155 à 2455.
**) 5 avril: Nos invendus de la première partie du catalogue, de 1 à 800.
**) 6 avril: Nos invendus de la première partie du catalogue, de 801 à 1550.
    7 avril: Nos 2456 à 2744.
    9 avril: Nos 2745 à 3045.
   10 avril: Nos 3046 à 3345.
   11 avril: Nos 3346 à 3728.

Mr. Staat se réserve le droit de réunir, s'il y a lieu, plusieurs numéros en un seul lot.

L'exposition des objets aura lieu le jour de leur passage à l'enchère à partir de 8 heures du matin dans le local de la vente.

Cette exposition mettant le public à même de se rendre compte de l'état des objets, il ne sera admis aucune réclamation, une fois l'adjudication prononcée.

Chaque article sera retiré de la vente, si la mise à prix n'est pas atteinte.

Les adjudicataires sont tenus d'enlever immédiatement les objets dont ils se sont rendus acquéreurs.

Le prix d'adjudication est à payer comptant, avec 10% en sus pour les frais.

Dans le cas, où au moment d'une adjudication il surgirait un différend en raison d'une mise double, l'objet sera immédiatement remis en vente.

Auctionsbedingungen.

Die Auction beginnt am 2. April 1906 um 10 Uhr Vormittags und wird an den folgenden Tagen zur selben Stunde fortgesetzt, in der Reihenfolge wie oben in franz. Sprache angegeben.

Herr Staat behält sich jedoch das Recht vor, wenn nötig, mehrere Nummern zu einem Loose zu vereinigen.

Die an den einzelnen Tagen zur Versteigerung gelangenden Gegenstände sind an den betreffenden Morgen von 10 Uhr ab im Auctionslocale zur Besichtigung ausgestellt.

Da durch diese Ausstellung Gelegenheit geboten ist, sich von dem Zustande der einzelnen Gegenstände zu überzeugen, so können Reklamationen nach erfolgtem Zuschlag in keinerlei Weise berücksichtigt werden.

Jede Nummer wird zu einem Minimalpreise veranschlagt und zurückgezogen, wenn dieser Preis nicht erreicht wird.

Die Versteigerung geschieht gegen bare Zahlung und hat der Ersteher auf den Zuschlag ein Aufgeld von 10% zu entrichten. Die gesteigerten Gegenstände sind sofort in Empfang zu nehmen.

Sollte durch erfolgtes Doppelgebot eine Meinungsverschiedenheit entstehen, so wird die betreffende Nummer sofort nochmals ausgeboten.

**) La Première Partie du Catalogue (Nos 1 à 1500) est encore à la disposition de MM. les amateurs qui l'auraient égarée ou point reçue. Prière d'en faire la demande à Mr. F. Staat.

Der 1te Teil des Kataloges (Nos 1 à 1500) ist noch erhältlich und wollen sich Liebhaber, die ihn nicht mehr oder noch nicht besitzen, dieserhalb an Herrn F. Staat wenden.

Cartes postales en héliogravure

de la

Revue Alsacienne Illustrée.

La carte 15 pf.=20 cent.; les 10 cartes 1.30 marc.=1.65 franc.

1) Ferme alsacienne; 2) la „Porte des Sorcières“ à Châtenois; 3) Vieux quartier à Riquewihr; 4) Jolies Alsaciennes; 5) Un vieux couple d'Alsaciens; 6) Alsacienne; 7) Cour de ferme en Alsace; 8) Rue de village en Alsace; 9) le Mont Ste-Odile; 10) le „Dolder“ à Riquewihr; 11) Alsacienne sur une charrue; 12) Puits à Uhrwiller; 13) Puits à Schillersdorf; 14) le Dimanche au village; 15) Paysannes de Schleithal se rendant à l'église; 16) Vieille paysanne; 17) Colporteur dans les Vosges; 18) Vallée de Munster; 19) Ferme à Alteckendorf; 20) Dessous de bois dans les Vosges; 21) Pâturage dans les Hautes-Vosges; 22) Vieille tour à Bergheim; 23) Dimanche après-midi à Hoerdt; 24) le Séchage du tabac à Hoerdt; 25) la Toilette du noeud à Mietesheim; 26) Garçon et fillette en costume; 27) Deux Alsaciennes de profil; 28) Alsacienne de face, souriante; 29) le Messti de Hoerdt; 30) le Verger; 31) Rue à Engwiller; 32) la Cueillette des poires; 33) le grand Châtaignier à Engwiller; 34) Ettendorf; 35) les Oies de Schalkendorf; 36) le Chemin de Ronde à Riquewihr; 37) Vieux puits à Riquewihr; 38) Vieille galerie à Riquewihr; 39) le „Storchenhof“ à Riquewihr; 40) Ammerschwihr; 41) Eguisheim; 42) Maison Dietenbeck à Wissembourg; 43) Ferme à Blienschwiller; 44) Reichenberg; 45) Voiturier dans les Vosges; 46) „Steckelburjer uf em Paradeplatz“ à Strasbourg; 47) Vieux-Marché-aux-Poissons à Strasbourg; 48) Chèvres dans les Hautes-Vosges; 49) la Cueillette des cerises; 50) Vaches, près Bennwihr; 51) Wettolsheim; 52 et 53) Vieilles tours à Turckheim; 54) Châteaux d'Ottrott; 55) Hohneck-Altenberg; 56) la Cathédrale de Strasbourg dans les toits; 57) Ferme dans la vallée de Munster; 58) la Cathédrale de Thann; 59) la Vierge au Rosier de Martin Schoengauer; 60 à 65) Figurines des stalles de la Cathédrale de Thann; 66) Intérieur de paysans à Berstett; 67) Vieille maison à Dambach; 68) les Bords de la Thur à Thann; 69 et 70) Murbach; 71) la Wolmsa, près Munster; 72) les Vendanges, près Colmar; 73) la Scierie du Nideck; 74) Mare aux Oies; 75) Corps de garde à Scherwiller; 76) Ramstein et Ortenbourg; 77) les Fileuses; 78) Paysanne à sa toilette; 79) Paysannes des environs de Bouxwiller; 80) Paysanne de Berstett; 81) Vendangeuse en Alsace; 82) l'Anier du Hohrod; 83) Vieux quartier à Eguisheim; 84) Munster; 85) Scherwiller; 86) Wattwiller; 87) Forellenweiher; 88) le „Bruch“ à Wissembourg; 89) Paysannes de Geispolsheim; 90) Vieille tour à Kaysersberg; 91) Bitschhoffen; 92) Vieille tour à Ammerschwihr; 93) Intérieur de paysans à Zutzendorf; 94) le Puits St. Léger à Guebwiller; 95) Paysage, près Colmar; 96) le Cloître des Unterlinden, à Colmar; 97) le Château de Kienzheim; 98) Dusenbach; 99) le Saint-Ulric, à Ribeauvillé; 100) Portail de l'église d'Altdorf; 101) le „Beat Henselin-Hof“ à Colmar; 102) Paysanne à la toilette; 103) la Tour des Bouchers à Ribeauvillé; 104) la Cour du Corbeau à Strasbourg; 105) le Woerthel à Strasbourg; 106) le Bain-aux-Plantes à Strasbourg; 107) le Marché-aux-cochons de lait à Strasbourg; 108) le Woerthel à Strasbourg; 109) la Rue d'Or à Strasbourg; 110) Oriel à Ammerschwihr; 111) Vieille rue à Eguisheim; 112) la maison „Zum Schwan“ à Colmar; 113) Vieille rue à Riquewihr; 114) Cour de ferme à Berstett; 115) Place à Eguisheim; 116) le Giersberg à Ribeauvillé; 117) Eglise St-Léger à Guebwiller; 118) Faucheurs à Wickersheim; 119) Vieille maison à Kaysersberg; 120) Troupeau de moutons dans le Sundgau; 121) Sapins à la

Schlucht ; 122) les Remparts de Riquewihr; 123) la Fenaison à Zöbersdorf ; 124) Vieilles tanneries à Strasbourg; 125) Porte à Ammerschwihr; 126) Vieille porte à Turckheim; 127) le Canal, près Mulhouse; 128) le „Kaufhaus" et la Fontaine Schwendi à Colmar; 129) Rouffach; 130) Vieux-Brisach; 131) Türckheim; 132) le Tunnel de la Schlucht; 133) Kahlenwasen; 134) Cathédrale de Strasbourg: groupe en bois du Mont des Oliviers; 135) Bustes de l'ancienne Chancellerie, de Strasbourg; 136) Musée de Strasbourg: détail de l'autel de St. Sébastien; 137) Musée de Colmar; puits de la Renaissance; 138 et 139) Musée de Colmar: têtes de St-Jérôme et de St-Augustin de l'autel d'Isenheim; 140) Ittenwiller; 141) Reichshoffen; 142) Erstein; 143) Paysanne de Sondernach; 144) Procession de la Fête-Dieu à Geispolsheim; 145) Alsacienne au bouquet de houx; 146) Alsacienne au bouquet de gui; 147 et 148) la Foire de Noël à Strasbourg; 149) Puits à Hunspach; 150) Château de Kinzheim; 151) l'Ortenberg à Scherwiller; 152) Portail de la cathédrale de Strasbourg; 153 et 154) Institution St-Marc à Strasbourg: bustes en bois; 155) Bas-relief de l'église St-Guillaume à Strasbourg; 156) Nativité à l'Oeuvre Notre-Dame à Strasbourg ; 157) Tête de Christ de la Bibliothèque municipale de Schlestadt; 158) Cathédrale de Strasbourg: statue de la Synagogue; 159) Ittenwiller; 160) Turckheim; 161) Molsheim; 162) Colmar; 163) Schlestadt: Fausse Porte; 164) Eglise Ste. Foi à Schlestadt; 165) Widenbach (Munster); 166) Le Bonhomme; 167) Wihr-au-Val; 168) Boersch; 169) Ammerschwihr; 170) Ottmarsheim.

⬥◆⬥

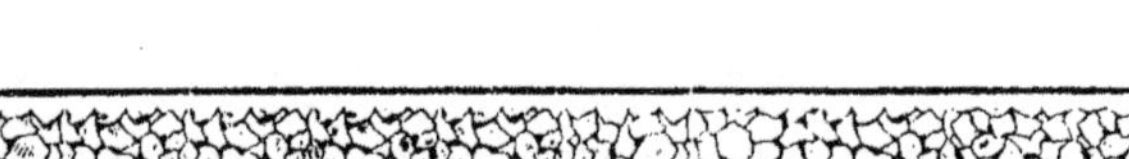

En vente la **3 édition** de:

D'Schmuggler

Elsässische Komödie in 4 Akten

von

Arthur Dinter.

Pièce la plus originale et la plus dramatique de toutes celles qui jusqu'à présent ont été mises sur la scène alsacienne.

Les caractères et les personnages sont pris sur le vif d'une manière magistrale. Au concours organisé par le Théâtre alsacien de Mulhouse, le jury a descerné le premier prix aux **„Schmuggler"** comme étant la meilleure pièce en dialecte.

Prix: Mk. 1,50 = fr. 1,90.

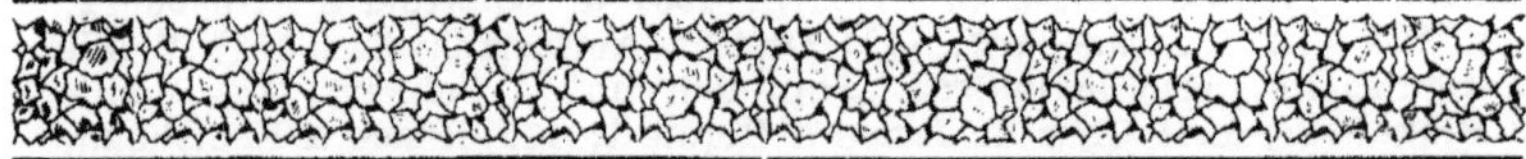

Imprimerie J. Scherz, Offenbach s. M.

Suite des livres alsatiques.

1551 **Saales.** — *Crovisier, J.* Saales. (Essai géograph. et historique). (Extr. du „Bull. de la Soc. Philom. Vosg.") Saint-Dié 1897. gr. in-8⁰. 26 p., br.

1552 **Saarwerden (Comté de).** — *Boss, Fr. Chr.* Etablissement de la Réforme dans le ci-devant Comté de Saarwerden et le Bailliage d'Herbitzheim. (Thèse). Strasb. 1855. in-8⁰, IV—29 p., br.

1553 **Saint-Ail.** — *Goulette, Léon.* L'Entrevue de St.-Ail—Amanvillers, 17 juin 1893. 5ᵉ édit. Nancy 1893. gr. in-8⁰, 56 p., br. Av. 12 phototypies.

1554 **Saint-Avold.** — *Bronder, Ph.* Histoire de Saint-Avold et de ses environs. Saint-Avold 1868, in-8⁰, 130 p., br. (Sans les 4 photogr.)

1555 **Saint-Dié.** — *Chanteau, F. de.* Du droit de batardise sur les membres du chapitre de Saint-Dié. (Extr. du „Cabinet hist.") Paris 1877, in-8⁰, 15 p., br. (Tiré à 125 exempl.)

1556 — *Gravier, N. F.* Histoire de la ville épiscopale et de l'arrondissement de Saint-Dié. Epinal 1834. in-8⁰, XXXII—400 p., br. Av. 2 pl. de monnaies.

1557 **Saint-Jacques sur la Birse.** — *Bernoulli, Aug.* Die Schlacht bei St. Jakob an der Birs. Eine kritische Untersuchung. Basel 1877. in-8⁰, 48 p., br. Av. 1 plan.

1558 — *Bürger-Fest (Das) in Basel* am 26. August 1824. (Basel 1824), in-8⁰. 37 p., br.

1559 — *Wackernagel, Wilhelm.* Das vierte Säcularfest der Schlacht bei St. Jakob an der Birs. Im Auftrage des Comités mit Beifügung der Festreden und der Festgedichte. Basel 1844, in-4⁰, 75 p., br.

1560 — — Die Schlacht bei St. Jacob in den Berichten der Zeitgenossen. Säcularschrift der Histor. Gesellschaft zu Basel. Basel 1844, in-4⁰. VIII—122 p., br. — Programm der vierten Säcularfeier. 3 p., in-4⁰.

1561 **Saint-Materne.** — *Glöckler, L. G.* Sanct-Maternus, oder Ursprung des Christenthums in Elsass und in den Rheinlanden. Rixheim 1884, in-8⁰. VII—386 p., br. Avec 1 vue.

1562 **Saint-Quirin.** — *Fischer, Dag.* Die ehemalige Priorei St.-Quirin. (Abdr. aus d. „Elsäss. Samstagsblatte"). Mulh. 1864, in-12. 18 p., br.

1563 — — Le Prieuré de Saint-Quirin. (Extr. des „Mém. de la Soc. d'Arch. lorr.") Nancy 1875, in-8⁰. 51 p., br.

1564 — — Saint-Quirin, ses verreries. (Extr. du même recueil). Nancy 1876, in-8⁰, 20 p., br.

1565 **Saint-Thiébaud.** — *Stoffel, G.* Tomus miraculorum sancti Theobaldi, im Original-Text herausgegeben. Mit einem Facsimile. Colmar 1875. gr. in-8⁰, VI—192 p., br.

1566 **Sainte-Croix-aux-Mines.** — *Jaeger, Alphonse.* Précis historique de la commune de Sainte-Croix-aux-Mines, suivi des notices sur les administrations municipales, les institutions de bienfaisance, etc. Strasb. 1866, in-8⁰, 64 p., br.

1567 **Sainte-Marie-aux-Mines.** — *Coquerel, Ath. (fils).* Précis de l'histoire de l'église réformée de Sainte-Marie-aux-Mines, de 1550 à 1641. (Pages 159 à 165 d'un ouvrage franç.) S. l. ni d., gr. in-8⁰, br.

1568 **Sainte-Marie-aux-Mines.** — *Drion, Ch.* Notice historique sur l'Eglise
     réformée de Sainte-Marie-aux-Mines. Colmar 1858, in-12, VII—
     104 p., br.
1569 — *(Groetzinger).* Der letzte Gottesdienst in der Matten-Kirche 16. Juni
     1867. Strassb. 1867, in-8⁰, 12 p., br.
1570 — *Tugendschule (Die)*, oder Sammlung von lehrreichen Erzählungen.
     Mariakirch 1808, in-24, 64 p., br. (Très rare).
1571 — *Yung.* Deux nuits, traduites en vers par *Colladeau.* Sainte-Marie-
     aux-mines 1807, in-8⁰, XVI—39 p., cart. (Très rare).
     — voir aussi **Lièpvre (Vallée de).**
1572 **Sainte-Odile.** — *Bussierre, Vicomte M.-Th. de.* Histoire de Sainte-Odile,
     patronne de l'Alsace. 2ᵉ édit. Plancy 1853, in-12, 213 p., br. Avec
     12 grav.
1573 — *Franzz, Amadeus.* St. Odilia. Die Legende vom Leben und Wirken
     der heiligen Patronin des Elsasses. Nach den zehn Wandgemäl-
     den in der St. Odilienkapelle des Klosters St. Odilien dargestellt.
     (En vers). Schlettstadt 1880, in-8⁰, 46 p., br.
1574 — *Guerber, Jos.* Um den Odilienberg. (Sep.-Abdr. aus der „Hl. Familie").
     Rixheim 1901, in-12, III—188 p., br.
1575 — *Hunkler, Th. F. X.* Vie de Sainte-Odile, accompagnée des litanies,
     d'une neuvaine . . . . . Strasb., s. d., in-18, 56 p., cart. Avec por-
     trait.
1576 — *Levrault, L.* Die heilige Ottilia und die Heidenmauer. In's Deutsche
     übertr. von *F. Schwab.* Offenburg 1856, in-8⁰, 152 p., br. Avec
     tableau généalog.
1577 — *Montagne de Sainte-Odile.* (Pages 71 à 81 de la „Revue franç." T. I.
     Paris 1887, gr. in-8⁰, br.
1578 — *Pfeffinger, Joh.* Hohenburg oder der Odilien-Berg, sammt seinen
     Umgebungen in topograph. und geschichtl. Hinsicht geschildert.
     Strassburg 1812, in-8⁰, VII—104 p., cart. Mit 15 Plänen und Ab-
     bildungen.
1579 — *(Raess, A.)* Circulaire du 28 nov. 1853 adressée au clergé alsacieu,
     relative à l'acquisition du domaine de Sainte-Odile. Strasb. 1853,
     in-4⁰, 3 p. — *Oeuvre de Sainte-Odile.* Compte-rendu des recettes et
     des dépenses faites en 1853. Strasb. 1854, in-8⁰, 16 p., br.
1580 — *Rey, Lucien.* Notice historique sur la montagne de Sᵗᵉ Odile,
     publ. à l'occasion du monument que Mʳ Friederich se propose
     d'ériger sur cette montagne. Strasbourg 1834, in-8⁰, 23 p., demi-
     rel. chagr.
1581 — *Schir, N.* Le guide du pélerin au mont Sainte-Odile. Nouv. édit.,
     revue et augm. Colmar 1864, in-18, 157 p., cart. orig. Av. 4 vues
     lith. et un plan.
1582 — *Schweighäuser, J. G.* Erklärung des neuaufgenommenen topograph.
     Plans der, die Umgebungen des Odilienbergs . . . einschliessenden
     Heidenmauer und der umlieg. Denkmäler. Strassb. 1825, in-8⁰, VI
     —50 p. Av. plan.
1583 — *Silbermann, Joh. Andr.* Beschreibung von Hohenburg oder dem
     St.-Odilienberg, sammt umliegender Gegend. Neue Aufl. besorgt
     von *A. W. Strobel.* Strasb. 1835, in-8⁰, IV—120 p., br. (Sans les
     19 planches).
1584 — *Welschinger, Henri.* Sainte Odile. Patronne de l'Alsace. (De la col-
     lection „Les Saints"). Paris 1901, in-16, IX—188 p., br.
1585 — *Winterer, L.* Die heilige Odilie, oder: Das christliche Elsass im 7.
     und 8. Jahrhundert. Rixheim 1871, in-18, IV—68 p., br. Av. portr.
     gravé.
     — **Sainte-Richarde.** — voir **Andlau.** — *Deharbe, F. J. Ch.*

1586 **Salm-Salm, Constantin-Alexandre Prince de.** — *Précis historique des faits* qui ont eu lieu lors de la conversion de son Altesse le Prince de Salm-Salm de la religion catholique romaine au culte chrétien évangélique de la confession d'Augsbourg, le 17 Mai 1826. Paris 1826, in-8⁰, III—71 p., br.

1587 **Saltzbronn.** — *Schmitt, Ph.* Eau minérale . . . . de la saline de Saltzbronn. près Sarralbe (Moselle). Etude théor. et clin. Strasb. 1868, in-8⁰, 117 p., br.

Sarrebourg. — voir **Phalsbourg.** — *Benoit, A.*

1588 **Sarrebourg (Arrondissement de).** — *Hertzog, Dr. Aug.* Die bäuerlichen Verhältnisse des Kreises Saarburg i. L. („Bausteine zur elsäss.-lothr. Gesch. u. Landeskunde“, H. 3). Zabern 1897, in-8⁰. V—135 p., br.

1589 **Saverne.** — *Adam, A.* Glocken und Kirchenuhr in Zabern. (Ausz. aus dem „Zaberner Wochenblatt“). Zabern 1896, in-8⁰, 16 p., br.

1590 — — Das Katz'sche Haus und dessen Erbauer. Eine gesch. Studie. Zabern 1899, in-8⁰, 56 p., br.

1591 — *Beschreibung des Einzuges* Seiner Fürstl. Durchlaucht u. Eminenz des Herrn Kardinal von Rohan, ... in Höchstihro Residenzstadt Zabern. Im Jänner 1789. S. l. ni d., in-4⁰, 3 p., br.

1592 — *Fischer, Dagobert.* Le Tribunal civil de Saverne. (Extr. de la „Rev. d'Alsace“). Colmar 1866, in-8⁰, 14 p., br.

1593 — — Notice historique sur le Château impérial de Saverne. (Extr. de la „Revue d'Alsace“). Colmar 1867, gr. in-8⁰. 25 p., br.

1594 — — Das alte Zabern, archeol. u. topographisch dargestellt. (Abdruck aus dem „Zaberner Wochenblatt“). Zabern 1868, in-8⁰, III —232 p., br.

1595 — — Das ehemalige Zunftwesen in Zabern. (Ausz. aus d. „Samstagsbl.“) Strassb. 1868, in-8⁰, 12 p., br.

1596 — — Die Schützengesellschaft und die Vertheidigungsmassregeln zu Zabern in ältern Zeiten. (Ausz. aus d. „Samstagsbl.“) Strassb. 1868, in-8⁰, 14 p., br.

1597 — — La Société populaire de Saverne pendant les années 1791 à 1794 Etude historique. (Extr. de la „Revue d'Alsace“). Mulhouse 1869 gr. in-8⁰, 48 p., br.

1598 — — Die bischöflich-strassburgische Regierung in Zabern. Ein Beitrag zur Geschichte des Elsasses. Zabern 1871, in-8⁰, 18 p., br.

1599 — — Notice historique sur le Couvent de la congrégation de Notre-Dame de Saverne. (Extr. du „Bull. de la Soc. . . . des Mon. hist. d'Alsace“). Strasb. 1874, gr. in-8⁰, 11 p., br.

1600 — — Jämmerliche Zerstörung der uralten bischöflichen strassburgischen Residenz-Stadt Zabern i. J. 1677. Neue Ausgabe nach dem Original. (Bes. Abdruck aus d. „Alsatia“). Mülh. 1873, in-8⁰, 34 p., br.

1601 — — Wiedererbauung der Mauern und Thore der Stadt Zabern, 1677—1684. (Bes. Abdruck aus der „Alsatia“). Colmar 1875, in-8⁰, 16 p., br.

1602 — — Notice histor. sur l'ancien Couvent des Récollets de Saverne. (Extr. du „Bull. de la Soc. . . . . des Mon. hist. d'Alsace“). Strasb. 1876, gr. in-8⁰, 23 p., br. Av. 2 planches lith.

1603 — — Notice historique sur l'ancienne église collégiale, aujourd'hui paroissiale de Saverne. (Extr. du même Bulletin). Strasb. 1877, gr. in-8⁰, 35 p., br. Av. 2 pl. lith.

1604 — *Steiner, P.* Das Schloss zu Zabern. Vortrag gehalten im Vogesenklub zu Zabern. Neuwied 1883, in-8⁰, 20 p., br.

1605 **Saxe, Maurice de.** — **1751.** — *Lorentz, Joh. Mich.* Leichen-Rede welche
     bey dem auf Hoh. Kön. Befehl in Strassburg angestellten Leichen-
     Begängniss des weyland Hochgeb. u. vortreffl. Grafen u. Herrn,
     Herrn Moritz von Sachsen, ... nachdem Er zu Chambord den
     30. Nov. 1750 in dem 55sten Jahr Seines Alters Sein Ruhm-vol-
     les Leben geendiget, ... in der Neuen Kirchen den 8. Febr.
     1751 gehalten worden. Strasb. (1751), in-4⁰, 28 p., br. (Très rare).

1606 — **1777.** — *Beschreibung derer Feyerlichkeiten,* so bey der Einsenkung
     des ? 's der Neuen- in die Thomaskirche versetzten Hohen Leich-
     nams Grafen Moritz von Sachsen, General-Feldmarschalls von
     Frankreich, beobachtet wurden den 20. August 1777. Strassb. (1777),
     in-4⁰, 16 p., br. (Rare).

1607 — — *Blessig, Joh. Lor.* Rede auf Befehl der Obrigkeit von Strasburg
     bey der feierlichen Beerdigung des Marschalls von Sachsen in
     der Kirche zu St. Thomä den 20. Augustmonat 1777 gehalten.
     Aus d. Franz. übersetzt. Strasb. (1777), in-12. 53 p., br.

   Schacheneck. — voir **Wangenbourg.** — *Fischer, D.*

1608 **Schaeffer, Ad.** Un Presbytère alsacien en 1840. Lausanne & Paris 1893.
     in-16, 92 p., br.

1609 **Schaeffer, Jean-Balthasar.** — *Reuss, Rod.* Soldat, moine et maitre de
     danse ou Mémoires d'un Alsacien du 18e siècle. (Extr. des „Affiches
     de Strasb.") Strasbourg 1878, in-18, 46 p., br.

1610 **(Schaller, G. J.)** Die Stuziade oder der Perükenkrieg. Strassburg 1802
     —1808. 3 vol. in-8⁰, cart. Avec 2 frontisp. de B. Zix (mais sans le
     portr. de l'auteur). (Exempl. fatigué).

1611 **Scharrachbergheim.** — *Böckel, Joh.* Predigt gehalten am Sonntage
     Trinitatis, 6. Juni 1819, dem Feste seiner feierlichen Installation
     zum evang. Lehrer von Scharrachbergheim und Irmstett, durch
     Herrn Inspektor C. M. Fritz. Strassb., s. d., in-8⁰, 18 p., br.

1612 **Schauenburg, P. R. de.** La Peinture sur Verre. Strasbourg 1865, in-8⁰.
     29 p., br.

1613 **(Scheffmacher, Jean-Jacques).** Lettres d'un Théologien de l'Uni-
     versité catholique de Strasbourg à un des principaux magistrats
     de la même ville, faisant profession de suivre la Confession
     d'Augsbourg. Sur les six principaux Obstacles à la Conversion
     des Protestants. Strasb. 1732. 1 vol. in-4⁰, rel veau anc.

   Scheppler, Louise. — voir **Zell, Catherine.** — *Frommel.*

1614 **Scheube, H.** Deutscher Geist und deutsche Art im Elsass. Culturge-
     schichtliche Lebens- und Charakterbilder. Berlin 1872. in-8⁰. XI
     —363 p., br.

1615 — Wandertage diesseit und jenseit des Rheines. Berlin 1875. in-12,
     V—386 p., br.

1616 **Scheurer-Kestner, Auguste.** — *1833—1899.* Scheurer-Kestner. Paris 1900,
     gr. in-8⁰, 63 p., br. Av. portrait.

1617 **Schickelé, M.** Etat de l'église d'Alsace avant la Révolution. 1re par-
     tie: Le diocèse de Strasbourg (Clergé séculier). Colmar 1877. in-8⁰,
     XLI—205 p., br.

   Schillinger, A. — voir **Strasbourg.** — **Siège de 1870.** — *Schillinger, A.*

1618 **Schlestadt.** — *Böckel, Joh.* Bericht über die Einweihung des protest.
     Bethauses etc. in Schlettstadt. 29 Nov. 1840. Strassb. 1841, in-8⁰.
     42 p., br.

1619 — *Cambolas, Comte A. de.* Notice sur le Siège de Schelestadt, du 10
     au 24 Octobre 1870. Toulouse 1871. in-8⁰, 52 p., br.

1620 — *Dacheux, L.* Sainte-Foy de Schlestadt. Son Saint-Sépulcre et ses
     tombes. Strasbourg 1893, gr. in-8⁰, 13 p., br. Av. 8 pl.

1621 **Schlestadt.** — *Dietz, Dr. Em.* Schlettstadt sonst und jetzt. (Extr. de „Archif f. öff. Gesundheitspflege in Els.-Lothr.") Barr 1900. gr. in-8⁰, 15 p., br.

1622 — *Dorlan, A.* Notices historiques sur l'Alsace, et principalement sur la ville de Schlestadt. Colmar 1843. 2 parties in-8⁰, 385 et 299 p., cart.

1623 — -- Etudes sur l'église paroissiale de Schlestadt. Schlestadt 1860, in-4⁰, 10 p., à double col., br. (Rare).

1624 — *Fritzsch, J. Th. M.* L'Eglise de Saint-Georges à Schlestadt, ou Notices historiques et archéologiques sur le moyen-âge. Mulhouse 1856, in-16, 167 p., br.

1625 — *Gény, Joseph.* 1094—1894. St. Fides-Büchlein. Strassb. 1894, in-16, 32 p., br.

1626 — *Gény, Jos., et Dr. G. C. Knod.* Die Stadtbibliothek zu Schlettstadt. Festschrift z. Einweihung des neuen Bibliotheksgebäudes am 6. Juni 1889. Strassb. 1889, in-8⁰, IX—75 p. et XIII—109 p., br. Av. 1 portr.

1627 — *Kentzinger, F. M.* Mémoire historique sur la ville de Schlestadt 1765, publ. par *Jos. Gény.* (Extr. des „Nouvelles alsaciennes"). Schlestadt 1890, in-12, 93 p., br.

Schlucht (La). — voir **Thiriat, X.**

1628 **Schmidlin, Dr. Jos.** Ursprung und Entfaltung der habsburgischen Rechte im Oberelsass. („Studien aus dem Collegium Sapientiae zu Freiburg i. Br.", Bd. 8). Freiburg i. Br. 1902, gr. in-8⁰, VII—244 p., br.

1629 **Schmidt, Adolf.** Elsass und Lothringen. Nachweis wie diese Provinzen dem deutschen Reiche verloren gingen. 3. Aufl. Leipz. 1870, in-8⁰, VII—84 p., br.

1630 **Schmidt, Charles.** Essai sur les Mystiques du quatorzième siècle, précédé d'une introduction sur l'origine et la nature du mysticisme. (Thèse). Strasb. 1836, in-4⁰, 115 p., br. (Titre recollé).

1631 — Trois sermons. Strasb. 1838, gr. in-8⁰, 52 p., br.

1632 (—) Was man wieder aus uns machen möchte. 2. Aufl. Strassb. 1843, in-8⁰, V—25 p., br.

1633 — Histoire littéraire de l'Alsace à la fin du XVᵉ et au commencement du XVIᵉ siècle. Paris 1879. 2 vol. gr. in-8⁰, cart.

1634 **Schmidt, Ferdinand.** Bilder aus dem Elsass. Bremen (1876). 2 vol. in-16, br. Av. vue de la Cathédrale.

1635 **Schmidt, Joh.** Eine christliche Predigt | vber die wort dess H. Apostels Pauli 2. Timoth. 3. vers. 14. . . . Zu schuldiger hertzlicher Dancksagung gegen Gott für die gnädige Erhaltung der reinen Evangelischen Lehr : so Anno 1530. den 25. Junij | vnd also vor hundert Jahren öffentlich auff dem Reichstage zu Augspurg : . . . . bekennet worden : Den 25. Junij dieses 1630. Jahrs | im Münster zu Strassburg . . . . gehalten. Strassb. 1630, in-4⁰, 54 p., br.

1636 **Schmidt, Sebast.** Commentarii super librum prophetiarum Jeremiae. Francofurti ad M. 1685. 2 forts vol. in-4⁰, rel. parch. anc.

1637 — Biblia sacra, sive Testamentum vetus et novum ex linguis originalibus in linguam latinam translatum. Edit. secunda. Argentorati 1708. 1 fort vol. in-4⁰, rel parch. anc.

1638 **Schmidt, Sébastien.** — *Horning, W.* Dr. Sebastian Schmidt von Lampertheim. Strassb. 1885, gr. in-8⁰, IV—157 p., br.

1639 **Schmoll, J. G.** Handbuch der Münz-, Maass- u. Gewichtskunde für angehende Kaufleute. Strassb. 1811, in-8⁰, IV—104 p., br.

Schmutz Dominique. — voir **Colmar.** — *Schmutz, Dom.*

Schnéeberg. — voir **Dabo.** — *Benoit, Arth.*

1640 **Schnéegans, A.** Contes. Paris et Strasb. 1868, in-18, 243 p., br.

1641 (—) Aus dem Elsass. — Zustände, Stimmungen und Erwartungen im Neuen Reichsland. (Separatabdruck der „Briefe aus dem Elsass“ aus der Allgem. Zeitung). Leipzig 1875, in-16, XII—279 p., br.

＂) — voir aussi **Correspondenz, Strassb. Autographirte.**

1642 **Schneider, A.** Eine Strassburger Familie in der Pariser Welt-Ausstellung. Strassburg 1878, in-8⁰, 16 p., br. Av. fig.

1643 **Schneider, Eulog.** Simoneau's Todenfeier. Im 4. Jahre der Freiheit. Strasb., in-18, 4 p., non rel.

1644 — Euloge Schneider, ci-devant accusateur public près le Tribunal criminel du départ. du Bas-Rhin, aujourd'hui détenu à la prison de l'Abbaye; à Robespierre l'ainé, Représentant du peuple franç. 18 pluviôse an II. S. l. ni d., in-4⁰, 4 p., non rel.

1645 — Die Uebereinstimmung des Evangeliums mit der neuen Staats-Verfassung der Franken. Eine Rede . . . . geh. am 10. Heumonathe des 2. Jahres der Freyheit. Strassb., s. d., in-8⁰. 16 p., br.

1646 **Schneider, Euloge.** — *Ehrhard, Dr.* Eulogius Schneider. sein Leben und seine Schriften. Strassb. 1894, in-8⁰, XVI—223 p., br. Av. 1 portr.

1647 **Schoepflin, Joh. Dan.** Oratio nuptialis qua Christianissimo Regi Ludovico XV. et Christianissimae Reginae Mariae praesente Augustissimo Poloniae Rege Stanislao . . . . . Argentorati (1725), in-fol., 25 p., br. (Très rare).

1648 — Alsatia illustrata celtica, romana, francica. Colmariae 1751—1761. 2 vol. in-fol., rel. veau anc., tr. bleues. Av. nombr. planches grav. (Les 2 rel. diffèrent un peu, autrement l'exempl. est très beau).

1649 — Alsatia aevi Merovingici Carolingici Saxonici Salici Suevici diplomatica. Mannhemii 1772—1775. 2 vol. in-fol., cart. Av. 20 grandes planches de reproductions de chartes.

1650 **Schoepflin, Jean-Daniel.** — *Benoit, A.* Les ex-libris de Schoepflin. Notice. (Extr. du „Bull. de la Soc. des monuments hist. d'Alsace“). Paris 1883, in-8⁰. 15 p., br. Avec 2 planches. (Tiré à 200 exempl. numérotés: No. 131, sur Hollande).

1651 — *Schmidt, C.* Documents inédits pour servir à la biographie de J.-D• Schoepflin. (Pages 5 à 36 du „Bull. du Mus. hist. de Mulhouse“, T. VIII). (Mulh. 1883), gr. in-8⁰. br. Av. portrait lith.

1652 — *Spach, Louis.* Schoepflin. Discours lu dans la séance du 1ᵉʳ mai 1850, à la Soc. des sciences, agriculture et arts du Bas-Rhin. (Pages 143 à 170 du T. I des „Oeuvres choisies de L. Spach“). S. l. ni d., gr. in-8⁰, br.

1653 **Schricker, A.** In die Vogesen. Ein Führer. Strassburg 1873, in-18, VII—180 p., rel. toile orig. Mit 4 Specialkarten in Photographiedruck und 1 Uebersichtskarte.

1654 — Die Chaperons. Dramatischer Scherz in einem Act. (Als Manuscript gedruckt). Strassb. 1876, in-12, 35 p., br.

1655 **Schuler, Gervais.** — *(Culmann, F. W.)* Skizzen aus Gervasius Schuler's Leben u. Wirken in Zürich, Bischweiler, Bremgarten, Basel, Memmingen u. Lenzburg, von 1520 bis 1563. Strassb. 1855, in-8⁰, VII—184 p., br. Av. 1 fac-simile.

1656 **Schuler, Théophile.** — *Catalogue des dessins*, études, esquisses, croquis, compositions, albums, peintures, gravures, eaux-fortes, lithographies et reproductions de Théophile Schuler . . . . dont la vente aura lieu à Strasbourg . . . les 7 et 8 juin 1895. Strasb. 1895, in-8⁰, III —74 p., br. Avec 12 pl. lith.

1657 **Schumacher, Dr. E.** Ueber das erste Auftreten des Menschen im Elsass. Mit 4 Fig. im Text. (P. 93 à 117 des „Mittheilungen der Philomat. Gesellsch. in Els.-Lothr. 1897"). S. l. ni d., in-8⁰, br.

1658 **Schweighausen.** — *(Waller, l'abbé).* Notice historique et topographique sur le village de Schweighausen. (Canton de Cernay). Rixheim 1870, in-8⁰. 171 p., br. Avec 1 carte et 4 planches.

1659 **Schweighaeuser, Alfred.** — *Bibliothèque de M. Schweighaeuser*, archiviste-paléographe. (Catalogue publié par *M. Charles Mehl).* Paris 1878, gr. in-8⁰, VIII—204 p., br. Papier de Hollande.

1660 **Schweïghäuser, Joh.** Kurze Uebersicht der Erdbeschreibung im Allgemeinen . . . . , als des Geogr. u. Histor. Lehrbuchs z. Gebrauch des Buchsweilerschen Gymnasiums Erster Curs. Pirmasens 1784, in-12, XVI—120 p., br.

1661 **Schweighaeuser, Jean.** — *Cuvier, Ch.-C.-L.* — Eloge historique de M. Jean Schweighaeuser, ancien Doyen et Professeur de littérature grecque à la Faculté des lettres de l'Académie de Strasbourg . . . . prononcé le 25 Février 1830. Strasbourg 1830, in-8⁰, 38 p., br.

1662 **Schweighaeuser fils, J. G.** Notice sur les recherches relat. aux antiquités du département du Bas-Rhin. Strasb. 1822. in-16, 68 p., demi-rel. chagr.

1663 — Enumération des monuments les plus remarquables du départ du Bas-Rhin et des contrées adjacentes. Strasbourg 1842, in-8⁰, 48 p., br.

Schweikard (Pasteur). — voir **Strasbourg.** — **Révolution.** — *Schweikard.*

1664 **Schwind, Karl Franz.** Die Päbste in ihrer Blöse. Ein Auszug aus der Parallel zwischen dem Leben Jesu, und dem Leben derer, die seine ersten Nachfolger sein sollten: vorgestellt am Ostermontag in der Kathedralkirche zu Strasburg. Strassb. 1792. in-8⁰, 24 p., br. (Très rare).

1665 **Sebizius, Melchior.** Dissertationum de acidulis sectiones duae. Argentor. (1627), in-18, XXIV—717 p., demi-rel. parch.

1666 **Seillière, E. A.** Au pied du Donon. Scènes de moeurs vosgiennes. Paris 1860, in-12, 262 p., demi-rel. chagr.

1667 **Senones.** — *Nimsgern.* Une visite à l'abbaye de Senones. Metz 1852, in-8⁰, 23 p., br.

— voir aussi { **Calmet, Dom Augustin.** — *Seillière, Fréd.*
{ **Moyenmoutier.** — *Matter.*

1668 **Sesenheim.** — *Falck, P. Th.* Friederike Brion von Sesenheim (1752—1813). Eine chronologisch bearbeitete Biographie nach neuem Material aus dem Lenz-Nachlasse. Berlin 1884, gr. in-8⁰, demi-rel. chagr. Av. 1 portr., 4 dessins et 3 facs.

1669 — *Leyser, J.* Goethe zu Strassburg. Ein Beitrag zur Entwicklungsgeschichte des Dichters. Neustadt 1871, in-8⁰, XI—272 p., rel. toile orig. Avec figures et facsimilés.

1670 — *Lucius, Phil. Ferd.* Friederike Brion von Sessenheim. Geschichtliche Mittheilungen. Strassb. 1877, in-8⁰. 193 p., br. Avec 2 vues et 2 plans.

1671 — *Pfeiffer, Freimund.* Goethe's Friedrike. Mit Anhang: Sesenheimer Liederbuch. Lpz. 1841, in-12, 155 p., cart.

1672 — *Schüller, Eduard.* Das Pfarrhaus von Sesenheim. Liederspiel in drei

Aufzügen. Neue Ausg. Berlin 1866, in-18, 108 p., cart. orig., tr. dorées. Av. front. photogr.

1673 **S(eyboth), Ad.** Tra Los Montes. Pochade en 1 acte et 8 tableaux. Strasb. 1875, in-12, 31 p., br. Av. 6 planches lith.

1674 **Siebecker, Ed.** Les grands jours de l'Alsace. Entretiens d'un père alsacien. Paris 1879, in-12, V—224 p., br. Avec vignettes.

1675 — L'Alsace. Récits historiques d'un patriote. Illustrations de *F. Lix*. Paris 1878. gr. in-8⁰, 398 p., demi-rel. perc. Av. 50 grav. et 1 carte.

1676 — Histoire de l'Alsace. Entretiens d'un père alsacien. Paris. s. d., in-18. 318 p., br. Av. 4 grav. hors texte.

1677 **Siegfried, Charles-Auguste.** — *A la Mémoire* de Charles-Auguste Siegfried. Discours prononcés lors de son enterrement, le 14 nov. 1865. Strasb. 1865. in-8⁰, 20 p., br.

 Silbermann, Gustave-Rodolphe-Henri. — voir **Liechtenberger, M.-L.** — *Procès*.

1678 **Simrock, Dr. Karl.** Rheinsagen aus dem Munde des Volks und deutscher Dichter. 2. Aufl. Bonn 1837. in-18. XI—472 p., cart. orig.

1679 **Sitzmann, Fr. J. Ed.** Aperçu sur l'histoire politique et religieuse de l'Alsace, depuis les temps les plus reculés jusqu'à nos jours. Belfort 1878, in-18, 181 p., br.

1680 — Même ouvrage, demi-rel. parchemin, non rogné.

1681 **Sleidan, Jean.** Histoire de l'Estat de la Religion, et République, sous l'empereur Charles cinquième. En outre ont esté adionts trois livres des Quatre Empires souverains . . . . Strasb. 1558. in-16. 844 —XX—96—VI p., rel. veau anc., tranches rouges.

1682 **Sleidan, Joh., u. Michael Beuther.** Ordenliche Beschreibung vnd Verzeychniss | allerley fürnemer Händel | so sich in Glaubens vnd anderen Weltlichen Sachen | . . . . biss auff das 1584. Jahr | zugetragen vnd verlaufften haben. Getruckt zu Strassburg | durch Theodosium Rihel, 1608. 1 vol. in-fol. de XII—827 p., rel. veau anc., tranches rouges.

1683 — Joan. Sleidani veri et ad nostra tempora usque continuati, Das ist | Warhafftige Beschreibung allerley fürnemer Händel vnd Geschichten | so sich in Glaubens vnd andern Weltlichen Sachen | . . . . biss auff dass 1620. Jahr nach Christi Geburt | begeben vnd zugetragen . . . . Andere vnd vmb viel mehr verbesserte Edition durch *M. Oseam Schadaeum*. Strassburg. Getruckt vnd verlegt durch Christoph von der Heyden, 1625. 1 fort vol gr. in-fol., demi-rel. veau anc., les plats en bois, av. 2 fermoirs. Frontisp. et portraits gravés.

1684 — Sleidan's Briefwechsel, hrsg. v. *Herm. Baumgarten*. Strassb. 1881, in-8⁰, XXXII—335 p., br.

1685 **Solling, Gust.** L'Alsace et la Lorraine. Esquisse historique. Berl. 1871, in-8⁰, IV—71 p., br.

1686 **Soultz (Haut-Rhin).** — *Bavelaër, Ed.* De la Restauration des édifices historiques, à propos de l'église de Soultz. (Pages 475 à 480 d'un volume de la „Revue d'Alsace"). S. l. ni d., in-8⁰, br.

1687 **Soultz-sous-Forêts.** — *Treitt et Rogron.* La Trésorerie anglaise contre M. le Baron de Bode. Mémoire à consulter et consultation. Paris 1862, in-8⁰, 88 p., br.

1688 **Soultz-les-Bains.** — *Le baigneur* de Soultzbad, par un ami de l'établissement. Strasbourg 1877. in-18, 24 p., br. Av. 1 carte et beaucoup d'additions manuscr

1689 **Soultz-les-Bains.** — Même plaquette. Strasb. 1882, in-18. 24 p., br. Av. 2 cartes.

1690 — *Kirschleger, F.* Notice sur les eaux minérales de Soultz-les-Bains, près Molsheim, et Analyse nouvelle de ces eaux, par M. *F. Kopp.* Strasb. 1844, in-8º. 15 p., br.

1691 **Soultzmatt.** — *Méglin. J. A.* Analyse des eaux minérales de Sultzmatt en Haute-Alsace. (Strasb.) 1779, in-8º, IV—90 p., br.

1692 **Spach Louis.** Rapport sur les Archives départementales et communales. Strasbourg 1842, 1843, 1845. 1846, 1847, 1848 et 1849. Plus 4 autres brochures du même auteur.

1693 — Un droit de chasse accordé par l'empereur Henri II à l'évêque Wernher de Strasbourg. (Feuilleton de „L'Alsace"). Strasbourg 1842, gr. in-8º, 7 p., br.

1694 — Les Châteaux-forts de l'Alsace. (Extrait du „Compte rendu des séances archéologiques tenues à Strasbourg en 1859"). Caen 1860. in-8º, 50 ff. br. Avec gravures.

1695 — Histoire de la Basse-Alsace et de la ville de Strasbourg. (Extr. de la „Description du Bas-Rhin"). Paris 1860, gr. in-8º. 415 p., br.

1696 — Lettres sur les Archives départementales du Bas-Rhin. Strasb. 1861. 1re édit., in-16, 486 p. — Le Fonds de la Préfecture de Haguenau et de la Régence d'Ensisheim. Strasb. 1856, in-16, 131 p. 1 vol. demi-rel. chagr. rouge, non rogné.

1697 — Lettres sur les Archives départementales du Bas-Rhin. 2e édit., av. une introduction, des pièces justificatives et une table alphabét. Strasb. 1862, in-8º, XVI—448 p., demi-rel. chagr.

1698 — Mélanges d'Histoire et de Critique littéraire. Strasb. 1864—1870. 5 vol. in-18 et in-8º. Séries 1 et 5 brochées. séries 2, 3 et 4 en 2 vol. demi-rel. chagr. rouge.

1699 — Oeuvres choisies. T. I et II: Biographies alsaciennes. — T. III: Mélanges d'histoire alsatique. Paris et Strasbourg 1866—1867. 3 vol. gr. in-8º, demi-rel. chagr. rouge, non rognés. (Bel exemplaire).

1700 (—) Comptes-rendus bibliographiques (en allemand, tirés de la „Strassburger Zeitung") d'ouvrages relatifs à l'Alsace. etc. 15 broch. in-24 et in-16. S. l. ni d. (1871 à 1879), br.

1701 — Moderne Culturzustände im Elsass. Strassb. 1873—1874. 3 vol. in-16, br.

1702 — Zur Geschichte der modernen französischen Literatur. Essays. Strassb. 1877, in-16. VII—374 p., br.

1703 — Heinrich Farel. Ein elsäss. Roman. Deutsch bearb. von *Hermann Ludwig.* Stuttgart 1891. 2 vol. in-12, br.

1704 **Spach, Louis-Adolphe.** — *Baumgarten, H.* Dem Gedächtnisse des Professor Dr. Ludwig Spach, Director des Archivs von Unter-Elsass. Rede am 18. October 1879 gehalten. Strassburg 1879. gr. in-8º, 6 p., br.

1705 — *Ebrard. Dr. F.* Zur Erinnerung an Ludwig Spach, weiland Archiv-direktor. (Extrait de la „Strassburger Zeitung"). Strassb. 1879, gr. in-8º, 7 p., br.

1706 — *(Härter, G.)* Gedächtnissfeier von Herrn Ludwig Adolf Spach, Archivar des Unter-Elsasses, geboren zu Strassburg den 27. September 1800, daselbst gestorben den 16. Oktober 1879. Strassb. 1879, gr. in 8º, 9 p., br. Av. portr. ajouté.

1707 Spach, Louis-Adolphe. — *Kraus. Franz Xaver.* Ludwig Spach. Ein Nachruf. Zweiter erweiterter und mit einem bibliographischen Anhang versehener Abdruck. Strassb. 1880. in-12. 93 p., br. (Papier de Hollande).

1708 — *Lehr, Ernest.* Louis Spach, Archiviste de la Basse-Alsace, ancien Président de la Société pour la Conservation des Monuments historiques d'Alsace. Notice biographique. (Extr. de la „Revue d'Alsace"). Mulh. 1880, gr. in-8⁰, 22 p., br.

1709 — *Löher, Dr. Franz von.* Ludwig Spach. (Abdruck aus dem V. Bde. der „Archivalischen Zeitschrift"). Stuttgart 1880, gr. in-8⁰, 22 p., br.

1710 (Spanheim, Fréd.) Le Soldat suédois, ou Histoire de ce qui s'est passé en Allemagne depuis l'entrée du Roy de Suède en l'année 1630, jusques après sa mort. S. l. (Genève) 1633, in-18. 480 p., rel. veau anc. (Rare).

1711 (—) Le Soldat suédois, ou Histoire véritable de ce qui s'est passé depuis l'avenue du Roy de Suède en Allemagne jusques à sa mort. S. l. (Genève) 1634, in-18, VIII 496 p., plus la table, rel. parch., tr. rouges.

1712 Specklé, Daniel. — *Schadow, Richard.* Daniel Specklin. Sein Leben und seine Tätigkeit als Baumeister. Ein Beitrag zur deutschen Künstlergeschichte. Strassb. 1885, in-8⁰. 60 p., br. Avec 1 vue. (Dissertation).

1713 — *Spach, L.* Daniel Specklé, l'architecte - ingénieur du 16ᵐ siècle. (Pages 73 à 80 du T. I des „Oeuvres choisies de L. Spach"). S. l. ni d., in-8⁰. br.

1714 Spener, Phil. Jac. Das Geistliche Priesterthum, aus Göttlichem Wort kürtzlich beschrieben | und mit einstimmenden Zeugnissen Gottseliger Lehrer bekräfftiget. Franckfurt 1677, XX—163 p. — Einfältige Erklärung der Christlichen Lehr | nach der Ordnung dess kleinen Catechismi dess theuren Manns Gottes Lutheri. Franckfurt 1677, XXXIV—900 p. — 1 vol. in-24, rel. parch. anc.

1715 Spener, Philippe-Jacques. — *Aus der Lebensgeschichte* des frommen Phil. Jac. Spener. Strassb. 1851, in-8⁰, 16 p., br.

1716 — *Bericht* über die zu Strassburg u. Rappoltsweiler begangene Saecularfeier der Geburt des ehrwürd. Philipp Jacob Spener. Strassb. 1836, in-8⁰, 37 p., demi-rel. chagr.

1717 — *Horning, Wilh.* Spener und Dannhauer, oder Bilder aus dem kirchl. Leben im 17. Jahrhundert in Strassburg u. Umgegend. Eine Jubiläumsgabe zur 400jähr. Geburtsfeier Dr. Mart. Luthers. Strassb. 1883, in-8⁰, VII—243 p., br.

1718 — *Philipp Jacob Spener's Leben.* Strassb., s. d., in-12. 16 p., br.

1719 — *Rathgeber, Jules.* Spener et le réveil religieux de son époque 1635—1705. Paris 1838, in-16, X—228 p., demi-rel. perc.

1720 Spesbourg. — *Hering, Ed.* Schloss Spessburg. Vortrag gehalten im Vogesenclub zu Barr am 20. März 1878. (Extr. des „Mittheilungen des Vogesen-Clubs"). Strassburg 1879, in-8⁰. 31 p., br. Av. 1 pl. lith.

1721 — — Même plaquette, cart.

1722 — *Nerlinger, Ch.* Le dernier Seigneur de Spesbourg, Gauthier de Dicka 13 . . . 1386. Av. 1 grav. par *A. Touchemolin.* (Extr. de la „Revue d'Alsace"). Paris 1896, gr. in-8⁰, IV—17 p., br.

1723 Spörlin, Johannes. Predigten. Nebst einem Auszug aus seinem Tagebuche u. einigen Notizen über sein Leben. Mülhausen 1840, in-8⁰. LXXIX— 269 p., cart. orig.

1724 **Spoerlin, Jean.** — *Abschieds-Worte* bei der Beerdigung des Herrn Johannes Spörlin, Pfarrer der evangel. Kirche, am 26. April 1839. Mühlhausen (1839), in-8°, 23 p., br.

1725 — *Bemerkungen* über die bekannte Grabrede des Herrn Lutz, von einem wahren Freunde des Katholicismus. Colmar (1839), in-8°, 25 p., br.

1726 — *Lutz und Spörlin*, oder Der zurechtgewiesene Lobredner. Colmar (1839), in-8°, 22 p., br.

1727 **(Spoerlin, M.)** Elsässische Lebensbilder aus dem 16. und 17. Jahrhundert. 7 brochures réunies. (Bd. I). Strassburg 1866, in-18, cart. orig.

1728 (—) Même ouvrage. Bd. II. Basel 1871, in-16, III—183 p., cart.

1729 — Même ouvrage. Bd. III u. IV. 2. Aufl. Basel 1876 - 1882. 2 vol. in-16, rel. toile orig.

1730 (—) Légendes de l'Alsace. traduites de l'allemand par *E. Rosseeuw Saint-Hilaire*. 1re édit. Paris 1868, in-16, 267 p., demi-rel. veau.

1731 (—) Même ouvrage. Nouvelle série. Paris 1873, in-16, 227 p., br.

1732 (—) Le vieil Eli. Traduit de l'allemand par *E. Rosseeuw Saint-Hilaire*. Paris 1872, in-16, XIV—197 p., br. (Taches de rousseur).

1733 — Vater Jung-Stilling u. Fräulein Katharina. Eine Erinnerung an Badenweiler. Basel 1877, in-16, 158 p., br.

1734 **Städel, Josué.** — *Illern, Martin*. Frommer Liebhaber Gottes geistlicher Hertzens-Stadel, Auss denen Worten Assaphs | Psalm LXXIII, 24. 25. . . . . . bey ansehnlicher und volckreicher Leich-Begängnuss des weyland Hoch-Edeln | . . . . Herrn Josiä Städels | gewesenen Hochverdienten alten Ammeisters . . . . allhier | als Derselbe nach überstandener schwerer Kranckheit | Samstag den 22. Tag Maij 1700 . . . . verschieden | vnd Mittwoch darauf . . . . in sein Rabbettlein nach St. Helenen . . . . . begleitet worden | vorgetragen. Strassburg | getruckt mit Städelischen Schrifften. In-fol., 26 p., br.

1735 **Staub, Karl.** Poetische Versuche. Mülh. 1867, IV—122 p. — **Klein, Theodor.** Lieder. Mülh. 1846, 178 p. — **Berdellé, Ch.** Elsässische Lieder un Gedichter in Stadt- un Landsproch, vum e Hauenauer. (Hagenau 1865), 143 p. Front. et titre lith. et 4 p. de musique. — **Reinhart, Theodor.** Bassledang. Zeitvertreib in Sagen u. Schwänken aus dem Elsass. Strassb. 1877, V—136 p. Les 4 ouvrages en 1 vol. demi-rel. chagr. rouge, non rogné.

1736 **Stegemann, Hermann.** (H. Sentier). Mein Elsass. Skizzen und Novellen. Colmar 1891, in-8°, 187 p., br.

1737 — Même ouvrage. Edition de luxe, papier fort, rel. chagr. rouge, tranches dorées.

1738 **Steiguer, de** (Régiment suisse). — *Richard, Matth*. Discours prononcé devant le Conseil de Guerre du Régiment Suisse de Steiguer à Strasbourg ce 18 Févr. 1818. Strasb., s. d., in-18, 8 p., br.

1739 **Steinbrenner, David.** — *Einweihung* des Hrn. David Steinbrenner, als Pfarrer der reformirten Kirche von Sennheim, den 20. Julius 1845. Mülhausen 1845, in-8°, 16 p., br.

Stephansfeld. — voir **Richard, David.** — *(Spach, L.)*

1740 **Stieve, Richard.** Vogesen-Führer durch Elsass-Lothringen. 2 Theile. Strassburg 1873. 2 vol. in-18, XIX—276 p., br. Avec 4 cartes et 8 plans.

1741 **Stimmen (Deutsche)** aus dem Elsass. Berlin 1871, in-18, XXXIV—68 p., br.

1742 **Stimmer, Tobias.** Neue Künstliche Figuren Biblischer Historien |

grüntlich von Tobia Stimmer gerissen: etc. | mit artigen Reimen
begriffen | durch J. F. G. M. *(Joh. Fischart genannt Mentzer).* Zu
Basel b. Thoma Gwarin, anno 1576. — Aufs Neue gedruckt b. Knorr
& Hirth in München, 1881. Pet. in-4⁰, XII—172 p., br.

1743 **Stimmer, Tobias.** Comedia. Ein nuw schimpff spil von zweien Jungen
Eeleute wie sey sich in fürfallender reiss beiderseitz verhalte, gestellt
durch T. S. V. S. M.: Año 1580 de 22. decemb. Mit 18 Feder-
zeichnungen des Verfassers zum ersten Mal herausgegeben von
Dr. *Jakob Oeri.* Frauenfeld 1891, pet. in-4⁰, XXVIII—58 p., br.

1744 **Stöber, Adolf.** Ephenkranz auf das Grabmal einer Heimgegangenen.
Lieder aus dem Trauerjahre. 2. Abdruck. Mülh. 1884, in-12, 70 p.,
papier de luxe, demi-rel. maroquin brun. av. coins, tête dorée,
tranches ébarbées.

1745 **Stoeber, Aug. u. Adolph.** Alsa-Bilder. Vaterländische Sagen und Geschichten, mit Anmerkungen. Strassburg 1836, in-12, 109 p., demi-
rel. chagr. brun.

1746 **Stoeber, August.** Kurze Geschichte der neuesten Französischen
Revolution im Juli und August 1830. Strassburg. s. d., in-8⁰. 44 p.,
br.

1747 — Gedichte. Strassb. 1842, gr. in-8⁰. 123 p., br.

1748 — Elsässisches Volksbüchlein. Kinder- u. Volksliedchen. Spielreime,
Sprüche u. Märchen. Strassb. 1842. gr. in-8⁰. 119 p., br.

1749 (—) Frankreichs glorreiche Februar-Revolution 1848, und Wie's kam,
dass wir wieder Republikaner wurden. Ein Brief an den Vetter
Lienhard, von Gradaus dem Jüngern. Strasburg 1848, in-8⁰. 16 p.,
br.

1750 — Neujahrs-Stollen auf 1850. — **Alsatia,** Jahrbuch für elsässische
Geschichte, Sage, Sitte, Sprache und Kunst. 1851—1876, nebst
Gesammtreg. — **Neue Alsatia,** zugleich Schlussbd. der „Alsatia".
1886. Mülhausen 1850–1885, en 9 vol. demi-rel. chagr. rouge,
tranches jaspées. Bel exemplaire. (Collection complète).

1751 — Der Hünerhubel, ein gallisches Hügelgrab bei Rixheim. — Der
Weiler Ell, das gallo-römische Hellelus. In verm. u. verbesserter
Bearbeitung. Mülhausen 1859, in-18, 75 p., demi-rel. veau fauve,
tête rouge.

1752 — Das vordere Illthal, nebst einem Anhang über das ehemalige
Schloss Brunnstatt, topographisch und historisch geschildert.
2. Bearbeitung. Mülhausen 1861, in-18. VIII—141 p., demi-rel. veau
fauve, tête rouge. Av. 1 pl. et 1 carte.

1753 — Zur Geschichte des bischöfl. Kriegs im Elsass, 1592—1593. (Extr.
de l'„Alsatia"). (Mülh. 1861), in-8⁰, 130 p., demi-rel. perc. (Sans
feuille de titre).

1754 — Erzählungen, Märchen, Humoresken. Phantasiebilder und kleinere
Volksgeschichten. Mülhausen 1873, in-8⁰, VII—324 p., demi-rel.
veau fauve, tête rouge, tranches ébarbées.

1755 (—) Allerlei Merkwürdiges über verschiedene Tage und Feste des
Jahreskreises 1876. Mit besonderer Rücksicht auf das Elsass zusammengestellt vom *Meister Frank.* Mülh. 1877. gr. in-8⁰, III—
162 p., br.

1756 — Deux Voyages dans une partie de la Haute-Alsace (1779 et 1784)
traduits de l'allemand et annotés. (Pag. 29 à 42 du „Bulletin du
Musée hist. de Mulhou.e" T. V). (Mulh. 1880). gr. in-8⁰, br.

1757 **Stoeber, Aug., u. Fr. Otte.** Elsässische Neujahrsblätter. Im Verein mit
ihren Freunden herausg. Années 1843 à 1848. Basel, 6 vol. in-8⁰,
demi-rel. chagr. rouge. non rognés. Av. portraits. (Quelques taches
de rousseur).

1758 **Stoeber, Auguste.** — *Ehrismann, Dr. Henri.* Auguste Stoeber, sa vie et ses oeuvres. (Extr. du „Bull. du Musée hist. de Mulhouse"). Mulh. 1887, gr. in-8⁰, 62 p., br. Av. portr. photolith.

1759 **Stoeber, Ehr.** Die Tempelherren. Ein Trauerspiel von *Raynouard.* Nach dem Französischen metrisch übersetzt. Strassb. 1805, in-12. VIII —92 p., cart. demi-perc.

— voir aussi No. 466.

1760 — Alsa. Eine Monatsschrift. 5 Hefte réunis en 1 vol. avec titre et table. Strassb. 1817. in-8⁰, IV—240 p., cart. Avec petite vue de Strasbourg sur le titre. (Tout ce qui a paru).

1761 — Kurze Geschichte u. Charakteristik der schönen Literatur d. Deutschen. Strassb. 1826, in-8⁰, XII—428 p., br.

1762 — Gradaus! Eine Volksschrift in Gesprächen. Nos 1 à 12. Strassb. s. d. (1830), in-8⁰, le N⁰ à 8 pages. br. (Incomplet du No 3).

1763 — Sämmtliche Gedichte und prosaische Schriften. Strassb. 1835—36. 3 vol. in-18. br.

1764 **Stöber, Gottlieb.** An die Elsässer. Ein Wort der Zeit. Strassb. (1830). in-12. 16 p., br.

1765 **Stoffel, Georges.** Dictionnaire topographique du département du Haut-Rhin. comprenant les noms de lieu anciens et modernes. Paris 1868, in-4⁰, XXIV—261 p., br.

1766 — Topographisches Wörterbuch des Ober-Elsasses, die alten und neuen Ortsnamen enthaltend. (2e édit. de l'ouvrage précédent). Mülhausen 1876, in-4⁰. XLVIII—692 p., demi-rel. chagr. noir, non rogné.

1767 (—) Dictionnaire biographique d'Alsace. Liste préparatoire. Mulhouse 1869. in-4⁰, 111 p., br.

1768 (—) — Même ouvrage. demi-rel. veau rouge.

1769 **Stoffel, Jean-Georges.** *Mossmann. X.* Nécrologie. Jean-Georges Stoffel. (Extr.) S. l. ni d., gr. in-8⁰, 5 p., br.

1770 — *Stöber. Aug.* Johann Georg Stoffel (1819—1880). Lebensbild eines oberels. Gelehrten. (Extr. de la „Gemeinde-Zeitung f. Els.-Lothr.") Strassb. 1881, gr. in-8⁰. 27 p., br. Av. portr.

Strasbourg:

1771 — **Acta und Handlungen** in Sachen Herren Thumb Dechan vnnd Capitularen dess Stiffts Strassburg. Contra Meyster und Rhat dess heyligen Reichs Freyen Statt Strassburg. Strassb. 1634, pet. in-4⁰, VIII—264 p., cart. (Rare).

1772 — **Adressbuch der Stadt Strassburg** für 1876, 1878, 1882, 1884, 1888, 1890, 1892. 1895. 1896. 9 vol. in-8⁰, cart.

1773 — **Affing, Rosa-Maria.** Der Schornsteinfeger. Erzählung nach einer wahren Begebenheit aus der Mitte des vorigen Jahrhunderts. Strassb. 1834, in-24, 66 p., br.

1774 — **Apell, F. v.** Die Geländegestaltung und die Bodenbeschaffenheit im Bereiche des röm. Argentoratum. (Extr. du „Jahrbuch für Geschichte, Sprache u. Litteratur Els.-Lothr.") (Strassb. 1900). in-8⁰, 29 p., br.

1775 — **Archives.** — *Brucker, J. C.* Les Archives de la Ville de Strasbourg antérieures à 1790. Aperçu sommaire. Strasbourg 1873, gr. in-8⁰, 193 p., br.

1776 — — *Inventaire sommaire des Archives communales* de la ville de Strasbourg antérieures à 1790. Rédigé par *J. Brucker.* 4 parties. Strasb. 1878—1886, in-4⁰, br. (Exempl. neuf).

1777 — — *(Ristelhuber, P.)* Lettre sur les archives de la ville de Strasbourg. Strasb. 1866, gr. in-8⁰, 49 p., br.

Strasbourg :

1778 — **Archives.** — *Urkundenbuch der Stadt Strassburg.* Bd III, bearbeitet von *Aloys Schulte.* Strassb. 1884. 1 fort vol. in-4°, br.

1779 — **Baldner, Léonard.** L'histoire naturelle des eaux strasbourgeoises (1666). Suivie de notes zoolog. diverses par *Ferd. Reiber.* (Extr. du „Bull. de la Soc. d'histoire nat. de Colmar"). Strasb. 1888, in-8° 132 p., br.

1780 — **Barth, A.** Deux Jeux strasbourgeois. La Havergaiss et le Quiné (Article contenu dans „Mélusine", T. IV, No. 1). Paris 1888, in-4°, br.

1781 — **Beck, F. N. L. Paul.** Factum oder aufrichtige und wahrhafte Erzehlung der Ungerechtigkeiten und unerhörten Grausamkeiten, welche theils der Königl. Praetor Joseph Klingling, theils der grosse Rath, auf dessen Anstiftung, wider die Person, Ehre, Haab und Güter des F. N. L. Paul Beck . . . im Mertz 1749 begangen hat. Franckfurt am Mayn 1752, in-fol.. IV—92—98 p., demi-rel. chagr. rouge.

1782 — **Bernegger, J. Caspar.** Forma Reipublicae Argentoratensis delineata olim à Matthia Berneggero, paulo fusins antem exposita per Jo. Caspar Berneggerum, Matthiae filium. Editio secunda. Argent. 1673, in-32, rel. anc. parch. Av. titre gravé.

1783 — **Bernhard, J.** Saint-Marc et ses alentours à Strasbourg. (Extr. du „Bull. de la Soc. des Mon. hist.") Strasbourg 1878, gr. in-8°, 11 p., br. Avec un plan lithogr. et 2 photolith.

1784 — **Bibliothèques.** — *Hausmann, Dr. N.* Die Kaiserliche Universitäts- und Landes-Bibliothek in Strassburg. Festschrift z. Einweihung des neuen Bibliotheksgebäudes. Strassburg 1895, gr. in-8°. 51 p., br. Avec 7 illustr.

1785 — — *Rathgeber. Julius.* Die handschriftlichen Schätze der früheren Strassburger Stadtbibliothek. Ein Beitrag z. elsäss. Bibliographie. Gütersloh 1876, in-8°, VIII—216 p., br.

1786 — — *Ristelhuber, P.* Histoire de la Formation de la Bibliothèque Municipale créée à Strasbourg en 1872. Paris 1895, in-8°, 36 p., br.

1787 — — *Schmidt, C.* Zur Geschichte der ältesten Bibliotheken und der ersten Buchdrucker zu Strassburg. Strassburg 1882, gr. in-8°, VIII—200 p., br.

1788 — **Boersch, Ch.** Notice historique sur l'extinction de la mendicité à Strasbourg et sur la fondation de la colonie agricole d'Ostwald. Strasb. 1842. in-8°, 23 p., demi-rel. chagr. ord.

1789 — **Bouteiller, E. de, et Hepp, Eug.** Correspondance polit. adressée au Magistrat de Strasbourg par ses agents à Metz (1594—1683). Paris 1882, gr. in-8°, XVIII—464 p., br.

1790 — **Bruno, Camille.** L'Horloger de Strasbourg. Drame en vers. en 4 actes et 6 tableaux. Paris 1894, gr. in-8°. V—123 p.. br.

1791 — **Bulletin de la dixième session** du congrès scientifique de France, tenue à Strasbourg. N°s 1 à 16 complet. Strasb. 1842, in-4°, 140 p., cart.

1792 — **Butsch, A. F.** Strassburger Räthselbuch. Die erste zu Strassburg ums Jahr 1505 gedruckte deutsche Räthselsammlung, neu herausgegeben. Strassb. 1876, gr. in-8°, X—38 p., br.

1793 — **Capitulation de 1681.** — *Hallez-Claparède (le Comte).* Capitulation de Strasbourg. Scènes historiques. Strasbourg 1862, in-8°, VIII—56 p., br. (Imprimé à un petit nombre d'exempl. destinés aux amis de l'auteur).

Strasbourg:

1794 — **Chroniques.** — *Code historique et diplomatique* de la ville de Strasbourg. Tome I (Parties 1 et 2). (Rédigé par *L. Schnéegans* et *A. Strobel.* Avec introduct. par *G. F. Schützenberger*). Strasb. 1843. 1 fort vol. in-4⁰, demi-rel. veau.

1795 — — *Dacheux, L.* Die Chronicka uff Unser-Frauen-Hauss. — La Chronique de la maison de l'oeuvre Notre-Dame à Strasbourg. (Extr. du „Bull. de la Soc. des Mon. hist. d'Alsace"). Strasb. 1886, gr. in-8⁰, 12 p., br. Av. 4 pl. photolith.

1796 — — *Fragments des anciennes Chroniques d'Alsace.* 4 vol. gr. in-8⁰, br.
T. I: *Dacheux, L.* La petite chronique de la Cathédrale . . . . Strasb. 1887, 149 p.
T. II: *Reuss, Rod.* Les Collectanées de Daniel Specklin. Strasb. 1890, IV—585 p.
T. III: *Dacheux. L.* Les chroniques strasb. de J. Trausch et de J. Wencker . . . . Strasb. 1892, CIX—281 p.
T. IV: *Dacheux, L.* Fragments de diverses chroniques strasb. Strasb. 1901, III—470 p.

1797 — — *Kleinlawel, Mich.* Strassburgische Chronick | oder Kurtze Beschreibung von ankunfft | Erbaw: vnd Erweiterung der Statt Strassburg | wie auch vom Leben | Regierung | vnd Absterben der Bischoffen, etc. Durch einen Liebhaber der Teutschen Poeterey. Strassburg 1625. pet. in-4⁰. XV—198 p., cart. (Rare).

1798 — — *Koenigshoven, J. v.* Die Alteste Teutsche so wol Allgemeine als insonderheit Elsassische und Strassburgische Chronicke. Herausgeg. von D. *Joh. Schiltern.* Strassburg 1698. 1 vol. in-4⁰, rel. veau anc. Avec frontisp. gravé, mais sans les 6 planches.

1799 — — *Meyer, Jean-Jacques.* La Chronique strasbourgeoise de Jean-Jacques Meyer, l'un des continuateurs de Koenigshoven. Publiée par *Rod. Reuss.* Strasb. 1873, gr. in-8⁰, 183 p., br.

1800 — — *Reuss, Rod.* Ausführl. und grundrichtige Beschreibung von der Stadt Strassburg, darinnen klärlich enthalten wo. wie u. welcher Gestalt selbige entspringt. Chronique strasbourgeoise de 1672 à 1684 publ. . . . . . avec un extr. du Mémorial de Reisseissen. („Chroniques d'Alsace", T. II). Colmar 1873, in-8⁰. XIII -137 p., br.

1801 — — *Walter, Jean-Jacques* Chronique strasbourgeoise pour les années 1672—1676. Texte et trad. annotée par *Rod. Reuss.* Nancy 1898, gr. in-8⁰, 178 p., br.

1802 — **Collège de Saint-Guillaume.** — *Dahler.* Bericht über das Stift St. Wilhelm. an die Protestanten des Ober- u. Nieder-Rheins. Strasb. 1829, in-8⁰, 16 p., br.

1803 — — *Erichson, Alf.* Das theologische Studienstift Collegium Wilhelmitanum, 1544—1894, zu dessen 350jährigen Gedächtnisfeier. Strassburg 1894, in-8⁰, VIII—212 p., br. Av. portr. de Casp. Hedio et qques. grav.

1804 — — *Haffner.* Bericht über das zu Strassburg errichtete Alumnat in dem Wilhelmer- und Thomas Stift zur Bildung künftiger Religions-Lehrer. Strassb. 1808, in-8⁰, 15 p., br.

1805 — — *R(öhrich), T. W.* Das dreihundertjährige Bestehen des geistlichen Studienstifts St. Wilhelm zu Strassburg. Strassb. (1844). in-8⁰, 15 p., br.

— — voir aussi **Strasbourg. —Séminaire protestant.** — *Statuts* . . .

1806 — **Congrès archéologique de France.** 26ᵉ session. Séances générales

Strasbourg:

tenues à Strasbourg .... en 1859. Paris 1860. gr. in-8⁰, LIX—
669 p., br. Avec gravures. (Nombreux articles sur l'Alsace).

1807 — **Congrès scientifique de France.** Dixième session tenue à Strasbourg en Septembre et Octobre 1842. Strasbourg 1843. 2 vol. in-
8⁰, cart. Avec quelques planches lith. (Plusieurs articles sur Strasbourg et l'Alsace).

1808 — **Denkschrift der Theologischen Gesellschaft** zu Strassburg. 1828—
1878. Strassb. 1879, in-8⁰, 80 p., br. (Renferme le „Stammbuch" de
la Société avec 410 courtes biographies).

1809 — **Description (Nouvelle) de Strasbourg,** contenant des détails sur
tous ses édifices publics et ses curiosités .... Orné d'un plan
de la ville et de 6 belles vignettes dessinées par *Sandmann* et
gravées sur acier. Nouvelle édit. revue et augm. Strasbourg 1844,
in-18, 274 p., br.

1810 — **Dialecte strasbourgeois.** — *(Arnold, J. D. G.)* Der Pfingstmontag.
Lustspiel in Strassburger Mundart in fünf Aufzügen und in Ver-
sen. Nebst einem die eigenthümlichen einheimischen Ausdrücke
erklärenden Wörterbuche. Strassburg 1816, in-8⁰, VIII—199 p. —
A la suite: *Goethe's* Beurtheilung des Lustspiels in Strassb.
Mundart, der Pfingstmontag. Strassb. 1820, 19 p. — 1 vol. cart.
(Taches de rousseur).

1811 — — — Même ouvrage. 2. verbess. Ausgabe .... illustrirt mit 40
Original-Zeichnungen von *Th. Schuler.* Strassb. 1850. 1 vol. gr. in-
4⁰, cart. orig. Av. portr. de l'auteur. (**Edit. coloriée,** très rare).

1812 — — — Même ouvrage. Neue revidirte Ausg. Mit einer literar-histor.
Einleitung von *L. Spach.* Strassb. 1874, in-8⁰, XLV—252 p., demi-
rel. chagr.

1813 — — *Bergmann, Dr. Friedr. Wilh.* Strassburger Volksgespräche in
ihrer mundart vorgetragen und .... erläutert. Strassb. 1873. gr.
in-8⁰, VIII—174 p., br.

1814 — — — Même ouvrage, auquel est ajouté, sur 268 pages, la traduction
française manuscrite de *Frédéric Würtz.* 1 fort vol. en demi-rel.
toile.

1815 — — *Bernhard. K.* Gedichte eines Strassburgers. Strassb. 1860. in-16,
XXXI—243 p., br. (Epuisé).

1816 — — — Même ouvrage, cart.

1817 — — *Clarac.* Anno 1900. Der Isere Mann uf der Usstellung ze Paris.
Stroosburi (1900), in-18, VI—40 p., br.

1818 — — *Elsass im Leid.* L'Alsace en deuil. Idyll in der Volksmundart
von einem alten Strassburger. Strassb. 1875, in-16. 16 p., br.

1819 — — *Froelich, Jules.* Strosburjer Holzhauerfawle, mit Titelkupfer un
zwanzig Bildle fum Joseph Lindebluest. *(H. Ganier).* Nancy 1885,
in-16, VI—75 p., br. (Exempl. sur papier chamois, N⁰ 122).

1820 — — — Même ouvrage, auquel est ajouté, sur 51 pages, la traduction
franç. manuscrite de *Frédéric Würtz.* 1 vol. in-16, demi-rel. toile
rouge, av. coins.

1821 — — — Une découverte alsatique. Les Joies du Mariage. Caquets
rimés en dialecte strasbourgeois 1687, publ. en fac-similé av. une
notice bibliogr. et litt. et une traduction. Nancy 1889. gr. in-8⁰,
27 p., br. (Tiré à 200 exempl.)

1822 — — *Horsch, D. G. Ad.* 4 Strossburger Komedie (1. Serie): Der Hüs-
herr. D'r Unkel. E Mann fur mini Nièce. Neui Hosse. Strassb.
1895, in-16, 64 p., br.

Strasbourg:

1823 — **Dialecte strasbourgeois.** — *Horsch, D. G. Ad.* Zwei Meier oder d'r Bombié. Comedie-Bouffe in 1 Act. Strassb. 1896, in-8⁰, 26 p., br.

1824 — — — D'r Hüssjé. Lustspiel in 1 Act. Strassb. 1897, in-18, 35 p., br.

1825 — — *Kettner, Ch. F.* Guet vun hie. Meiselokeriade. Strassb., s. d., in-12. V—239 p., br. Av. quelques gravures (coloriées à la main).

1826 — — — 's Bäckehisel. Poésie. Strassb., s. d., 1 feuille in-4⁰, avec encadrement typogr.

1827 — — *(Pick, Alph.)* Der Tolle Morgen, in 2 Aufzügen. Strassb. 1864, in-8⁰, 70 p., demi-rel. perc. (Rare).

1828 — — — Même ouvrage. 2⁰ édition remaniée. Mit Wörterbuch u. Bemerkungen über den Strassburger Dialekt. Strassb. 1877, in-8⁰, 83 p., br. (Epuisé).

1829 — — — S'Ys're Mann's Büchel. Anno 1873. Strosburry 1873, in-18. 60 p., br. Avec gravures.

1830 — — — Anno 1975. E Brief vom ysere Mann an syni Frind. Strosburri (1875), in-18, 61 p., br. Av. gravures.

1831 — — *(Reiber, Ferd.)* Inwejung von der Insel Coléo. S. l. 1877, gr. in-8⁰, 7 p., demi-rel. perc. Av. dessin de P. Reiber: D'Fischer von Strossburry.

1832 — — *Scherwitz, Edwar.* D'Schnurrante. Vorspiel zue d'r komische Sérenad vum Müsikmeister Wiernsberjer Schang. In Strossburjerditsche Vers ufg'setzt vum Schnurrantetrumbonn Scherwitz Edwar. 3. Uflaa. Millhüse 1876, in-8⁰. XIII—26 p., br.

1833 — — *Schneegans, Heinrich.* Was d'Steckelburjer vun d'r „Université" saane. Humorist. Intermezzo. Strassb. 1897, in-18, 36 p., br.

1834 — — — Der Pfingschtmondäa vun hitt ze Däa. Dramat. Culturbild aus d. Elsass am Ende des 19. Jahrh. Strassburg 1899, in-16, VII —143 p., br.

1835 — — *Schneegans, L.* Ueber die orthographische Anarchie im Schriftthum des Strassburger Dialekts . . . . Ein Vorschlag zur Abhülfe. Strassb. 1896. in-8⁰, 54 p., br.

1836 — — *(Stoeber, Ehrenfried).* Neujahrsbüchlein in Elsasser Mundart, vom Vetter Daniel. 1818. Strassb. 1818, in-16, 40 p., br. Av. petite vue gravée sur le titre.

1837 — —(—) Le même. 1824. Strasb. 1824, in-16, 32 p., demi-rel. toile.

1838 — — — Le même. 1836. Strassb. 1836, in-18, 12 p., br.

1839 — — — Daniel oder der Strassburger auf der Probe. Lustspiel mit Gesängen in 2 Aufzügen. Zum Theil in elsässischer Mundart. (1. Aufl.) Strassburg 1823, in-8⁰, IV—56 p., br. (Taches de rousseur).

1840 — — — Même ouvrage, 2. Aufl., avec le titre: „Daniel oder der Strassburger". Strassb. 1825, in-8⁰, VII—50 p., cart. Av. frontisp. lith.

1841 — — — Gedichte und kleine prosaische Aufsätze in Elsässer Mundart. Zum Besten der Abgebrannten von Gertweiler. Strasburg 1829, in-16, VI—68 p., br. Avec petite vue grav. sur le titre: „Si knmme von Schilke".

1842 — — *Stoskopf, G.* D'r Candidat. Luschtspiel in dreij Akt. 3. Uflaa. Strassb. 1900, in-12, 131 p., br., couvert. ill.

— — voir aussi ⎰ **Hartmann, C. F.** Alsatische Saitenklänge.
⎱ **Hirtz, G. D.** Gedichte.
⎱ **Stöber, Aug.** Gedichte (1867).

1843 — **Ebrard, Dr. Fr.** Die Strassburger auf Kaiser Friedrich III. Romfahrt,

Strasbourg:

        1451—1452. (Extr. de la „Gemeinde-Zeitung f. Els. - Lothr.")
        Strassb. 1879, gr. in-8⁰, 19 p., br.

1844 — **Ebrard, Dr. Fr.** Strassburgs Fehde mit Herrn Jean de Vergy. 1382
        —1387. (Extr. du même journal). Strassb. 1880, gr. in-8⁰, 15 p., br.

1845 — — Strassburger Reiseeindrücke vor 100 Jahren. (Extr. du même
        journal). Strassb. 1882, gr. in-8⁰, 14 p., br.

1846 — **Ecoles. — Ecole du Temple-Neuf.** — *Bericht über die Einweihung*
        der Schulgebäude der Neuen Kirche in Strasburg. Strasb. 1829. in-
        8⁰, 24 p., br. (Taches de rousseur).

1847 — — *Schnéegans, L.* Mémoire historique sur l'ancienne école parois-
        siale du Temple-Neuf. Strasbourg 1856, in-8⁰, 143 p., br. (Mémoire
        supprimé par ordre de l'administration municipale.) (Rare).

1848 — — **Grand Séminaire.** — *Ingold, le P.* Note sur la fondation du Grand
        Séminaire de Strasbourg. L'Oratoire en Alsace. (Extr. de la „Rev.
        cath. d'Alsace"). Rixheim 1882, in 8⁰, 7 p., br.

1849 — — **Gymnase catholique.** — *Lage (Die) der weltlichen Lehrer* am
        Bischöfl. Gymnasium zu Strassburg i. Els. (Als Handschrift ge-
        druckt). Strassb. 1900, in-8⁰, 28 p., br.

1850 — — **Gymnase protestant.** — *Boegner, Charles-Henri.* Relation des
        solennités qui ont eu lieu le 13 et le 14 août 1838 à l'occasion de
        de la 3e fête séculaire du Gymnase Protestant de Strasbourg.
        Strasb. 1838, in-8⁰. 183 p., br.

1851 — — — *Decretum illustris collegii scholarchalis*, die Verbesserung des
        dahiesigen Gymnasii betreffend. De anno 1751. Strasb. (1751). pet.
        in-fol., 12 p., br.

1852 — — — *Engel, Karl.* Das Gründungsjahr des Strassburger Gymna-
        siums, 1538—1539. (Pages 113—142 de la „Festschrift zur Feier
        des 350jähr. Bestehens des Gymnasiums"). (Strassb. 1888). gr. in-
        8⁰, br.

1853 — — — *Erichson, A.* Zur Erinnerung an den Brand des Collegium
        Wilhelmitanum und des protestant. Gymnasiums am 29. Juni 1860.
        Mit einer Rede von Prof. *Baum.* Strassb. 1885. in-18. 12 p., br.

1854 — — — — Stimmen über das Strassburger Gymnasium aus vierthalb
        Jahrhunderten. Ein Beitrag zur 350jähr. Jubelfeier am 1. Aug.
        1888. Strassb. 1888. in-18, 15 p., br.

1855 — — — *Festschrift zur Feier* des 350jährigen Bestehens des protes-
        tantischen Gymnasiums zu Strassburg. Strassburg 1888, gr. in-8⁰.
        2 parties en 1 vol., IX—392—291 p., br. Av. grav.

1856 — — — *Fête d'inauguration* du nouveau Gymnase protestant de Stras-
        bourg, célébrée les 9 et 10 Août 1865. Strasbourg 1865 in-8⁰,
        66 p., br.

1857 — — — *Jundt, Aug.* Die dramatischen Aufführungen im Gymnasium
        zu Strassburg. Ein Beitrag zur Geschichte des Schuldramas im
        16. u. 17. Jahrhundert. Strassburg 1881, in-4⁰, 69 p., br.

1858 — — — *Schnéegans, A.* Le 10 août 1865. Souvenir de l'inauguration
        du nouveau Gymnase protestant de Strasbourg. Strasb. 1865, in-18,
        96 p., br.

1859 — — — *Schneegans, C. F., u. Dr. Theob. Ziegler.* Die Lutherfeier des
        Protestant. Gymnasiums zu Strassburg am 10. Nov. 1883. Strassb.
        1883, in-8⁰, 23 p., br.

1860 — — — *Solennité du lundi 29 juin 1863* pour la pose de la première
        pierre du Gymnase protest. de Strasbourg. Strasb. 1863, in-8⁰,
        25 p., br.

Strasbourg :

1861 — **Ecoles. — Gymnase protestant.**   *Strobel, A. G.* Histoire du Gymnase protestant de Strasbourg. Strasbourg 1838, in-8°. VIII—188 p., br., à gr. marges.

1862 — — — — Même ouvrage, cart., rogné.

1863 — — — *Veil, Dr. Heinr.* Das Protestantische Gymnasium zu Strassburg in den J. 1538—1888. Eine histor. Skizze. (Strassb. 1888), gr. in-8°. 16 p., br., couv. ill. Av. 2 vues hors texte.

1864 — **Églises.** — *Bebel. Balthasar.* Antiqnitates Germaniae primae et in hac Argentoratensis ecclesiae evangelicae ê variis impressis et manu exaratis monumentis congestae et explicatae. Argentor. 1669, pet. in-4°. 254 p., plus la dédicace et l'index, cart.

1865 — — — *Pack J. D.* Drey Zuschriften an drey lutherische Kirchen in Strassburg, bey erster Läutung ihrer neuen Glocken. (Strassb. 1802), in-18. 4 p., br.

1866 — — — *Unselt. Joh.* Die Verfassung der Evangelischen Kirchen und Niederen Schulen zu Strassburg: wie solche im Märzen des Jahres 1787 gestanden. Strassburg 1787, in-18, IV—76 p., cart.

1867 — — — **Cathédrale.** *Bauriss Ein alter)* zu einem Thurmhelm am Strassburger Münster. Herausgeg. v. d. Bernischen Künstlergesellschaft. Bern 1883, in-4°, 11 p., br. Av. gr. planche lith.

1868 — — — *Beschreibung des Strassburger künstl. Münsters* und dessen Thurms. Mit beygefügten (7) Kupfern. 5te auts neue verm. u. verbess. Auflage. Strassb. 1785, in-18, 176 p., cart.

1869 — — — *Blumstein fils. Félix.* Glanes sur la Cathédrale de Strasbourg. Rixheim 1901, in-4°, IV—45 p., br. Av. 11 planches photolith.

1870 — — — *Chapuy.* Vues pittoresques de la Cathédrale de Strasbourg, et détails remarquables de ce monument. Avec un texte hist. et descriptif par *J. G. Schweighäuser.* Strasbourg 1827, in-4°, 55 p., plus 15 pl. lith. p. Engelmann, demi-rel. chagr. ronge.

1871 — — — — Même ouvrage, édition in-fol. Strasb. 1827, 34 p., plus 15 pl. lith. p. Engelmann, demi-rel. chagr. ord.

1872 — — — *Dacheux.* Das Münster von Strassburg. Strassb. 1900, tr. gr. in-4°, VIII—132 p., demi-rel. maroquin vert. av. coins, tête dorée, non rogné. Av. 66 planches photolith. (Superbe exempl.)

1873 — — — *Description nouvelle de la Cathédrale* de Strasbourg et de sa fameuse tour. 2e édit., traduite de l'allemand par *François Joseph Böhm.* Strasb. 1743, in-18, VIII—140 p., cart. Av. 8 fig. en taille douce.

1874 — — — Même ouvrage. 5e édit., revue, corrigée et augmentée par *François Miler.* Strasb., 1783, in-18, 151 p., cart. Av. 8 fig. en taille douce.

1875 — — — Même ouvrage. 6e édit., revue, corrigée et augmentée par *François Miler.* Strasb., s. d., in-18, 151 p., demi-rel. veau. Av. 8 fig. en taille douce.

1876 — — — *Description de la Cathédrale* de Strasbourg. Nouvelle édition entièrement refondue et augmentée: orné de 6 nouvelles gravures (par *G. L. Schuler*). Strasb. 1817, in-12, XII—120 p., cart.

1877 — — — *Description historique de la Cathédrale* de Strasbourg. 2e édit. revue et ornée de (6) figures, soignée par *Th. Schuler.* Strasb., s. d., in-12°, XII—115 p., cart.

1878 — — — *Edel, Friedr. Wilh.* Die astronomische Münsteruhr in Strassburg. Mittheilungen zur Kenntniss ihrer ältern und neuern Geschichte. Strassb. 1843, in-8°, 31 p., br. Av. 1 planche s. cuivre.

1879 — — — *Erinnerungsbüchlein* für fremde und einheimische Freunde des Strassburger Münsters. Strassb. 1836, in-8°, 57 p., br.

1880 — — — *Frischlinus. Nicodemus.* Carmen de astronomico Horologio Argentoratensi. Argentorati 1575, pet. in-4°, 87 p., br.

Strasbourg :

1881 — **Eglises. — Cathédrale.** — *Grandidier, (abbé).* Essais histor. et topogr. sur l'Eglise Cathédrale de Strasbourg. Strasb. 1782. in-18, XVI—436 p., rel. veau, tr. rouges.

1882 — — — *Guerber, V.* Essai sur les Vitraux de la Cathédrale de Strasbourg. Strasb. 1848, in-8⁰, VII—124 p., br. Av. 4 pl. col. (Très rare).

1883 — — — *Klotz, G.* Cathédrale de Strasbourg. Réparations des dégats causés au sommet de la flèche par le bombardement. Strasbourg 1871. gr. in-8⁰, 23 p., br. Av. 4 pl. grav.

1884 — — — (—) Cathédrale de Strasbourg. Projet de couronnement à établir sur la coupole du choeur. 1ʳ et 2ᵉ rapports. Strasb. 1875 et 1878. 2 brochures de 7 et 15 p. Av. 9 planches phot.

1885 — — — (—) Ueber die Bedachung der Vierungskuppel am Münster zu Strassburg. 1. u. 2. Bericht. Strassb. 1875 et 1878. 2 brochures de 7 et 15 p. Av. 9 planches phot.

1886 — — — — Recherches sur un bas-relief en bronze attribué aux anciennes portes de la cathédrale. Strasb. 1876, gr. in-8⁰. 35 p., br. Av. 2 planches.

1887 — — — *Kraus, Dr. F. X.* Strassburger Münsterbüchlein. Eine populäre Darstellung. Nebst einem Führer durch Strassburg. Strassb. 1881, in-18, 60 p., br. Av. 2 grav., 1 plan et 1 carte.

1888 — — — *Meyer, Ernst.* Die Sculpturen des Strassburger Münsters. 1. Theil: Die älteren Sculpturen bis 1789. („Studien zur deutsch. Kunstgeschichte", H. 2). Strassb. 1894. gr. in-8⁰. III—81 p., br. Mit 35 Abbildungen.

1889 — — — *Näher, J.* Panorama von der Plattform des Strassburger Münsters. Strassb. 1890. Plié in-8⁰, sous couverture. (Ce panorama est long de 1,40 m.)

1890 — — — *Piton, Fréd.* La Cathédrale de Strasbourg. (Extr. de „Strasb. illustré"). Illustrée de 8 photogr., par *Ch. Winter,* et de 7 lithogr. Strasbourg 1861, gr. in-8⁰, 120 p., br.

1891 — — — — Même ouvrage, cart.

1892 — — — *Pour le Grand Chapitre* de la Cathédrale de Strasbourg. Strasb. 1789, in-4⁰, 3 p., br.

1893 — — — *Save, G.* La Panagia du Dôme de Strasbourg. Strasbourg 1877, in-16, 75 p., br. Av. 1 planche. (Tiré à 50 ex. numérotés. — No. 34.)

1894 — — — *Schadaeus, Os.* Summum Argentoratensium templum : Das ist: Aussführl. u. eigendtl. Beschreibung dess viel künstlichen . . . Münsters zu Strassburg, etc. Strassb. 1617, pet. in-4⁰, XII—116 p., cart. Av. grav. dans le texte et 6 planches hors texte. (Très rare).

1895 — — — *Schnéegans, Louis.* Essai historique sur la Cathédrale de Strasbourg. (Extr. de la „Rev. d'Alsace"). Strasbourg 1836, in-8⁰, 52 p., br.

1896 — — — — Das Königsbild auf den Gräten am Münster zu Strassburg. Eine historisch-archäologische Abhandlung. (Extrait de l'„Alsatia 1856 et 1857"). Mülhausen 1857, in-8⁰, 47 p., br.

1897 — — — *Schweighaeuser, Th.* Historische Notizen über die Astronomische Münsteruhr zu Strassburg. Strassb. 1876, in-18, 64 p., br. Av. 2 photogr.

1898 — — — *Schwilgué, Ch.* Description abrégée de l'Horloge astronomique de la Cathédrale de Strasbourg. 2ᵉ édit. Strasb. 1844, in-18, 70 p., br. Av. vue de l'horloge.

1899 — — — *Stöber, Ehrenfried.* Der Sommerabend auf dem Münster zu Strassburg. Strassburg, s. d., in-16, 23 p., br.

Strasbourg:

1900 — **Eglises. — Cathédrale.** — *Straub, A.* Le Symbolisme de la Cathédrale de Strasbourg. Discours du 13 août 1855. Strasb. 1855, in-8⁰. 15 p., br.

1901 — — — Même brochure. 2e édit. Strasb. 1856, in-8⁰, 16 p., br.

1902 — — — *Strobel. A. W.* Das Münster zu Strassburg, geschichtlich . . . . geschildert. 3. Aufl. Strassb. 1853. in-16, 36 p., br. Av. 4 pl. gravées sur acier.

1903 — — — — Même brochure. 19. Aufl. Strassb. 1887, in-16, 36 p., br. Sans gravures.

— — — voir aussi No. 603.

1904 — **Eglise française.** — *Reuss, Rod.* Notes pour servir à l'histoire de l'église française de Strasbourg, 1538—1794. Strasb. 1880, in-8⁰, III—147 p., br.

1905 — **Eglise de la Garnison.** — *Müller, Louis.* Die neue evangelische Garnison-Kirche zu Strassburg i. E. Mit Lichtdruckbildern nach photogr. Aufnahmen auf 14 Tafeln. Strassb. 1898, in-fol., 62 p. à 2 colonnes, rel. toile orig.

1906 — **Saint-Etienne.** — *Straub, l'abbé A.* L'abbaye de Saint-Etienne. Discours prononcé à la distribution des prix, 1860. Strasbourg 1860, gr. in-8⁰, 24 p., br. Av. 3 pl. lith.

1907 — **Saint-Pierre-le-Jeune.** — *Festgesang auf die dritte Jubelfeier* der Uebergabe des evang. Glaubensbekenntnisses . . . zu Augsburg. Für die jüngre St. Petersgemeinde zu Strassburg. Strassb. 1830, in-18, 4 p., br.

1908 — — *Horning, Fréd.* Examen de la proposition faite par la Municipalité de Strasbourg au Conseil presbytérial et au Consistoire de l'Eglise de Saint-Pierre-le-Jeune (Confession d'Augsbourg) de céder son église paroissiale à la paroisse catholique. Strasbourg 1866, in-8⁰, 37 p., br.

1909 — — *Horning, W.* Urkundliches über die Jung-St.-Peter-Kirche u. -Gemeinde. 2 Theile. Strassburg 1888—1890. 2 vol. in-8⁰, VIII—116 et VIII—61 p., br. Av. 2 pl.

1910 — — — Die Jung-Sanct-Peterkirche u. ihre Kapellen. Eine archäologische Studie. Festschrift zur 600jähr. Feier der Grundsteinlegung der Kirche (1290). Strassburg 1890, gr. in-8⁰, VII—60 p., br. Av. 11 pl. lith.

1911 — — — ( ) Mittheilungen aus der Geschichte der Jung-St.-Peterkirche. Strassb. 1898, in-8⁰, 54 p., br.

1912 — — — Wichtige Gedenktage und -jahre in der Geschichte der Jung St. Peterkirche. Mit 15 Bildern. Strassb. 1898, in-12, 18 p., br.

1913 — — *Lambs, J. Ph.* Die Jung-St.-Peter-Kirche in Strassburg. Eine gesch. Darstellung. Strassb. 1854, in-8⁰, IV—108 p., br.

1914 — **Saint-Pierre-le-Vieux.** — *Das St. Petrus-Bild* auf dem Thurm der Kirche alt St. Peter in Strassburg. Strassb. 1849, in-8⁰, 8 p., br.

1915 — **St. Thomas.** — *Description du mausolée* du Maréchal Comte de Saxe, érigé dans l'Eglise de Saint-Thomas à Strasbourg en 1777. Suivi de la Description de quelques autres monumens qui se trouvent dans la même église. Strasbourg, impr. Schuler, s. d. (avant 1830), in-8⁰, 7 p., br.

1916 — — — — Même plaquette. Strasb., impr. Schuler, s. d. (après 1830), in-8⁰, 8 pages, br.

1917 — — — *Heitz, Fr. C.* Die St. Thomaskirche in Strassburg. Ein Beitrag z. Gesch. unserer Vaterstadt. Strassb. 1841, in-8⁰, III—140 p., br.

Strasbourg:

1918 — **Eglises. — St. Thomas.** — *Schmidt, Charles.* Histoire du chapitre de Saint-Thomas de Strasbourg pendant le moyen-âge: suivie d'un recueil de chartes. Strasb. 1860. in-4⁰, VIII—480 p., cart. Avec 2 planches.

1919 — — — *Schnéegans, I.* L'église de Saint-Thomas à Strasbourg et ses monuments. Strasb. 1842, in-8⁰, XVI—318 p., br. Orné de 5 planches.

1920 — — — — Même ouvrage. cart.

1921 — — **Sainte-Aurélie.** — *Heinemann, J. G.* Die Kirche Sanct-Aurelien in Strassburg. Strassb. 1865. in-8⁰. IV—118 p., br. Av. vue de l'Eglise.

1922 — — — *Secularfeier (Die erste)* der Erbauung der evang. Kirche Sanct-Aurelien in Strassburg. am 28. Mai 1865. S. l. ni d., in-8⁰, 20 p., br.

1923 — — **Temple-Neuf.** — *Edel, Fr. W.* Die Neue-Kirche in Strassburg. Nachrichten von ihrer Entstehung etc., besonders auch v. neuentdeckten Todtentanze. Ein Beitrag zur Geschichte unserer Vaterstadt. Strassb. 1825, in-8⁰, IV—90 p., br. Av. 5 pl. lith.

1924 — — — *Einweihung der Neuen Kirche* zu Strassburg am 4. Oktober 1877. Strassb. 1877, in-8⁰, 38 p., br.

1925 — — — *Kopp, G.* Rückblicke auf die Geschichte der Neuen Kirche in Strassburg. Eine Conferenz am 6. Februar 1872 zu Alt St. Peter gehalten. Strassb. 1872, in-8⁰. 43 p., br. Av. 1 pl.

1926 — — — *Sengenwald, J.* Bericht über den Wiederaufbau der Neuen Kirche, dem Konsistorium am 29. Nov. 1875 . . ., vorgetragen. — Exposé des faits relatifs à la reconstruction du Temple-Neuf etc. (Texte allem. et franç.) Strasb. 1876. in-8⁰, 19 p., br.

1927 — — — *Straub, A.* La première pierre de l'ancienne église des Dominicains, autrement appelée Temple-Neuf à Strasbourg. Strasbourg 1875. gr. in-8⁰, 15 p., br. Avec 1 pl. photoglypt. (Tiré à 300 exempl.)

1928 — — — *Thurm- und Glockenreihe* der Neuen Kirche zu Strassburg 15. Juli 1888. Strassb. 1888. in-8⁰. 20 p., br. Av. vue photolith.

1929 — — **Temple réformé.** — *Berton, Eug.* L'Eglise de Calvin à Strasbourg (1538—1541). Montauban 1881, in-8⁰, 50 p., br. (Thèse).

1930 — — — *Graf.* Geschichte der reformirten Gemeinde zu Strassburg. (Ausz. aus d. „Kirchen- u. Schulblatt"). Strassb. 1834, in-8⁰, 22 p., br.

1931 — — — *Leblois, L.* Comment une église tombe et se relève. Une page de l'histoire de Strasbourg. Discours prononcé au Temple-Neuf, le 29 Mai 1864, à l'occasion du troisième anniversaire séculaire de la mort de J. Calvin. Strasbourg 1864, in-8⁰, 26 p., br.

1932 — — — *Maeder.* Service funèbre à la mémoire de . . . . Louis dix-huitième de nom. roi de France et de Navarre. célébré dans l'église consistoriale réformée de Strasbourg, le 30 sept. 1824. Strasb. 1824, in-8⁰, 16 p., br.

1933 — — — — Notice historique sur la paroisse réformée de Strasbourg. et recueil de pièces probantes. Strasbourg 1853, in-8⁰, VIII—123 p., cart.

1934 — **Evêché.** — *Fischer, Dag.* Quelques mots sur les armoiries des Evêques de Strasbourg. (Extr. de la „Feuille du Samedi"). Strasb. 1868, gr. in-8⁰, 7 p., br.

1935 — — — Les anciennes archives de l'Evêché de Strasbourg. et le véritable auteur de l'inventaire de ces archives. S. l. 1872, in-8⁰. 25 p., br.

1936 — — — Recherches sur les revenus de l'évêché de Strasbourg, et état de ses recettes et dépenses. (Extr. de la „Revue d'Alsace"). Mulhouse 1875. gr. in-8⁰, 16 p., br.

Strasbourg:

1937 — **Evêché.** — *Fritz, Dr. Joh.* Das Territorium des Bisthums Strassburg um die Mitte des XIV. Jahrhunderts und seine Geschichte. Köthen 1885, in-8°. XVI—223 p., br. Avec 1 carte.

1938 — — *Glöckler, L. G.* Geschichte des Bisthums Strassburg. Strassburg 1879—1880. 2 vol. in-8°, br.

1939 — — *Grandidier (l'abbé).* Etat ecclésiastique du diocèse de Strasbourg en 1454. (Extr. du „Bull. de la Soc. des Mon. hist.") Strasb. 1897, gr. in-8°, 70—IX p., br.

1940 — — *Schmid, G.* Geschichte des Bisthums Strassburg. (Aus „Schmid, Die säcularisirten Bisthümer Teutschlands"). Gotha 1858. in-8°, 64 p., br.

1941 — **Evénements et Fêtes.** — *Ludwig, Hermann (v. Jan).* Deutsche Kaiser und Könige in Strassburg. Blätter aus der Geschichte der Westmark des Reichs. Strassb. 1889, gr. in-4°. VIII—228 p., br. Av. gravures et frontisp. col. (Bannière de Strasb. de 1208).

1942 — — Même ouvrage. Rel. toile grise orig., à fers spéc., tranches dorées.

1943 — **1473.** — *Ebrard, Dr. Fr.* Der Besuch Kaiser Friedrichs III in Strassburg im Jahre 1473. (Extr. de la „Gemeinde-Zeitung f. Els.-Lothr.") Strassb. 1880, gr. in-8°. 22 p., br.

1944 — **1576.** — *Fischart, Joh.* Das glückhafft Schiff von Zürich. La nave avventurosa di Zurigo. Prima versione metrica del *Dr. Aristide Baragiola.* Strasburgo 1884, in-4°, 58 p., br.

1945 — — *Maurer. H. R.* Der warme Hirsbrey von Zürich auf dem Freyschiessen zu Strassburg (von 1576). Eine Legende aus dem 16. Jahrh. Mit Kupfern. Zürich 1792, in-4°, XII—108 p., br. (Ouvrage recherché).

1946 — — *Reuss, Rud.* Zur Geschichte des grossen Strassburger Freischiessens und des Züricher Hirsebreies, 1576. Strassb. 1876, in-8°. XI—91 p., cart., dos perc. Av. 1 planche lith.

1947 — — — Le grand tir strasbourgeois de 1576 et la venue des Zurichois à Strasbourg. Strasbourg 1876, in-8°, 48 p., br.

1948 — — *Usteri, Joh. Martin.* Liebesabenteuer eines Zürichers vom Glückhaften Schiff auf dem Freischiessen zu Strassburg im Jahre 1576. Novelle. Aus dem Originalmsc. herausg. von *Dr. Cam. Wendeler.* Halle 1877, in-12, 47 p., br. (Taches de rousseur).

— — voir aussi **Strasbourg. — Siège de 1870. — *Römer, M.***

1949 — — **1681.** — (*Rathgeber, J.*) Zur Geschichte der Strassburger Kapitulation von 1681. Historische Rückblicke eines Elsässers auf die Zeit von 1648 bis 1697. Strassburg 1882, gr. in-8°, V—96 p., br.

1950 — — *Relation des réjouissances* ordonnées et faites par la ville de Strasbourg dans les derniers jours du mois de Sept. 1781, à l'occasion de l'époque séculaire de la soumission de cette ville à la France en 1681. Strasb. 1781, in-4°, 12 p., br. Av. 1 planche gravée.

1951 — — *R(obert). E.-H.* Toast porté aux femmes d'Alsace et de Lorraine à l'occasion du 200e anniversaire de la Réunion de Strasbourg à la France (30 Sept. 1681) et pendant le repas fraternel des Alsaciens et Lorrains d'Alger (30 Sept. 1881). Alger 1881, in-12, 16 p., br.

1952 — — **1770.** — *Müller, E.* L'Archiduchesse Marie-Antoinette à Strasbourg, le 7 et le 8 Mai 1770. Strasbourg 1862, in-18, III—68 p., br.

1953 — — *Rautenstrauch, Joh.* Der glücklichste Frühling für den unschätzbaren Flor des Französischen Lilien-Gartens betr. die von Gott gefügte Allerhöchste Vermählung des . . . Dauphins von

Strasbourg:

Frankreich und Navarra etc. etc. mit Ihro Königl. Hoheit der . . . Prinzessin Antonia . . . Strassb. 1770, in-4⁰, 13 p, rel. parch., av. fers spéc., non rogné. Av. portr. et pet. vue phot. (Réimpression moderne publ. par les soins de *M. Thiébault*).

1954 — **Evênements et Fêtes. — 1774.** — *Voeu de la ville de Strasbourg*, pour la conservation du Roi, prononcé solemnellement par les Magistrats en l'Eglise Cathédrale. S. 1. 1794, in-4⁰. 2 pages.

1955 — — **1802.** — *Petersen, P.* Eine Predigt über die Wasserfluth des 12. Nivos 10. — 2. Jänner 1802. Strassb. 1802, in-12. 20 p., br.

1956 — — **1807.** — *Blessig, Jean-Laurent.* Discours prononcé à l'anniversaire du couronnement de Sa Majesté Impériale, et de la bataille d'Austerlitz, en l'Eglise Neuve des Protestans . . . à Strasbourg, le 6 déc. 1807. Traduit de l'allemand. Strasb. 1808, in-4⁰, 20 p., br.

1957 — — **1810.** — *Chant lyrique* pour la fête donnée à Sa Majesté . . . Marie Louise, par la ville de Strasbourg, le 23 mars 1810. S. 1. ni d. in-4⁰, 6 p., br.

1958 — — — *Extrait du régistre* des procès-verbaux du Conseil municipal de la ville de Strasbourg, séance du 13 Mars 1810 (relative à la fête à donner à l'Impératrice). Strasb. (1810), in-12. 11 p., br.

1959 — — — *Jaegle, J. J.* Ode an Ihro Majestät die Kaiserin Koenigin Marie Louise von Oesterreich. Strasb. (1810), in-4⁰. 4 p., br.

1960 — — — *Réception de S. M. l'Impératrice-Reine, Marie-Louise d'Autriche.* Strasbourg (1810), in-4⁰, 10 p., br.

1961 — — **1811.** — *Fêtes pour la célébration* de la naissance du Prince Impérial Roi de Rome. 13 Avril 1811. Strasb. (1811). in-12. 4 p., br.

1962 — — **1814.** — *(Petersen).* Trauerfest zum Andenken an Ludwig den XVIten; gefeyert von der reformirten Consistorialkirche Strassburgs, Sonntags den 19. Juny 1814. Strassb., s. d., in-12, 16 p., br.

1963 — — **1820.** — *Fêtes pour célébrer* la naissance de Son Altesse Royale le Duc de Bordeaux. (Programme publié par le Conseil municipal de Strasbourg le 3 Oct. 1820). S. 1. ni d., in-4⁰. 3 pages.

1964 — — — *Matter, Jacques.* Discours prononcé à Strasbourg, à l'église du Temple-Neuf, le 8 Octobre 1820, au service solennel célébré en actions de grâces de la naissance de S. A. R., le duc de Bordeaux. Strasbourg, s. d., in-8⁰, 8 p., br.

1965 — — — *Réjouissances publiques* pour la naissance de S. A. R. Monseigneur le Duc de Bordeaux. Relation. Mairie de Strasbourg, 9 Oct. 1820. S. 1. ni d., in-16, 6 p., br.

1966 — — **1842.** — *Bruch, J. F.* Anrede und Gebet bei der Todes-Feier Seiner Königlichen Hoheit des Herzogs von Orléans. Strassburg 1842, in-8⁰, 12 p., br.

— — **1870. — voir Strasbourg. — Siége de 1870.**

1967 — — **1877.** — *Mühl, Gustav.* Ein elsäss. Gruss an Kaiser Wilhelm I. am Tage der Ankunft seiner Majestät in Strassburg, den 1. Mai 1877. Strassb. 1877, gr. in-8⁰, 6 p., br.

1968 — — — *Perrot, Karl Herrmann.* Die Kaiserdenkmünze. Jubelschrift auf die Stiftung einer Denkmünze zur Erinnerung an den Einzug Seiner Majestät des Kaisers Wilhelm I. in Strassburg am 1. Mai 1877. Strassburg 1879, in-8⁰, 56 p., br. Av. une planche photolith.

1969 — — **1903.** — *Zur Erinnerung* an das Strassb. Bienenfest vom 18.— 24. Juli 1903. Hoch die Bienenzucht. Strassb. (1903), gr. in-8⁰, 52 p., br. Av. gravures.

Strasbourg :

1970 — **Expositions.** — **1873.** — *Atelier.* Souvenir de notre première exposition. 15 Mai 1873. Album de 21 pl., pet. in-4⁰. pl. rel. mar. brun, tête dorée, non rogné, larges dentelles sur les plats et intér., dans un étui. (Superbe exempl.)

1971 — — **1893.** — *Exposition rétrospective* d'Objets d'Art et de Curiosité relatifs à l'Alsace. Catalogue. Maison Kammerzell. Mai 1893. (Strasbourg 1893), in-18, 81 p., br.

1972 — — — — Même Catalogue, édition allemande.

1973 — — — *S(eyboth).* **Ad.** Exposition rétrospective d'Objets d'Art et de Curiosité relatifs à l'Alsace. Mai-Juin 1893. Maison Kammerzell. (Extr. du „Journal d'Alsace") (Strasb. 1893), in-18, 40 p., br.

1974 — — **1895.** — *Katalog der Ausstellung* von Kunst und Alterthum in Elsass-Lothr. Orangerie-Gebäude. Strassb. 1895, in-12, 163 p., br.

1975 — — **1903.** — *Catalogue de l'Exposition* d'Armes, d'Uniformes et de Documents militaires. Strasbourg 20 Sept.—20 Oct. 1903. Place du Château No 2. (Strasb. 1903), in-16, 84 p., br. Av. 6 planches.

1976 — — — *Katalog der Ausstellung* von Waffen und Militär-Kostümen. 2 Teile. (Strassb. 1903), in-16, VI -68—75 p., br. Av. grav. dans le texte et hors texte.

1977 — **Fargès-Méricourt, P. J.** Description de la ville de Strasbourg. Strasb. 1825, in-18, VIII- 284 p., br. Av. 3 planches lith. et 2 vign.

1978 — — Même ouvrage, cart.

1979 — **Friese, Johannes.** Neue vaterländische Geschichte der Stadt Strassburg und des ehemaligen Elsasses. Zwote Aufl. Strassb. 1792—1801. 5 vol. in-16, cart. Av. qques. portr. et 1 plan. — Plus le vol. du même auteur: „Histor. Merkwürdigkeiten des Elsasses, aus den Silbermann'schen Schriften gezogen. Strassb. 1804, in-16, cart.

1980 — **Graffenauer, J. P.** Topographie physique et médicale de la Ville de Strasbourg. Strasb. 1816, in-8⁰, VIII—312 p., br. Av. vue et plan.

1981 — **Gutenberg.** — *Bericht von Erfindung der Buch Truckerey* in Strassburg. Strassb. 1640. pet. in-4⁰, 64 p., br. (Très rare).

1982 — — *Brucker.* Urkunden über die Verhältnisse des Buchhandels und der Presse in Strassburg im 18. Jahrhundert. (Pages 123 à 163 de „Archiv f. Gesch. d. deutsch. Buchhandels", Bd. VIII). S. l. ni d., in-8⁰, br.

1983 — — *Gesänge bei der vierten Säcularfeier* der Erfindung der Buchdruckerkunst, in der Neuen-Kirche zu Strassburg, Mittwoch, den 24. Juni 1840. Strassb. (1840), in-8⁰, 8 p., br.

1984 — — *Gutenberg à Strasbourg,* ou l'Invention de l'imprimerie. Divertissement en un acte, mêlé de chant et de danses, pour l'inauguration de la statue de Gutenberg. Strasbourg 1840, in-8⁰, 35 p., br. Av. 1 lithogr.

1985 — — *Gutenberg, Erfinder der Buchdruckerkunst.* Eine hist. Skizze mit mehreren Zeichnungen u. Facsimile autogr. ausgeführt von den Zöglingen der Strasb. Industrie-Schule. Strasb. 1840, in-4⁰, 26 p., br.

1986 — — *Histoire de l'Invention de l'Imprimerie* par les Monuments. Album typogr. exécuté à l'occasion du jubilé européen. Paris 1840, in-fol., 30 feuillets. br.

1987 — — *Hofmann, Georg.* Verband der els.-lothr. Buchdrucker. Festschrift zur Feier d. 25 jähr. Jubiläums des Bezirks-Vereins Strassburg. Ein Beitrag z. Gesch. der Strassb. Buchdrucker seit der Erfindung der Buchdruckerkunst. Strassb. 1896, in-8⁰, VIII—56 p., br. Av. vue du monument.

Strasbourg:

1988 — **Gutenberg.** — *Laborde. Léon de.* Débuts de l'Imprimerie à Strasbourg.
ou recherches sur les travaux mystérieux de Gutenberg dans cette
ville, et sur le procès qui lui fut intenté en 1439 à cette occasion.
Paris 1840, gr. in-8⁰, 85 p., br. Av. figures dans le texte et 3
planches.

1989 — — — Même ouvrage, demi-rel. veau.

1990 — — *Lacroix. Paul, Ed. Fournier et Ferd. Seré.* Histoire de l'Imprimerie et des Arts et Professions qui se rattachent à la Typographie. Paris, s. d., gr. in-8⁰. 160 p., br. Av. grand nombre de
gravures et de planches en noir et en couleurs. (Taches de
rousseur).

1991 — — *Lamartine, A. de.* Gutenberg. inventeur de l'imprimerie (1400—
1469). Paris 1853, in-18. III—49 p., br. (Taches de rousseur).

1992 — — *Lichtenberger, Joh. Friedr.* Geschichte der Erfindung der Buch-
druckerkunst zur Ehrenrettung Strassburgs und vollständiger
Widerlegung der Sagen von Harlem. Mit einem Vorberichte von
Hrn. *Joh. Godfr. Schweighäuser.* Strassb. 1824, in-8⁰. VI—90 p., cart.
Av. portr. et 6 modèles d'écritures.

1993 — — — Histoire de l'invention de l'imprimerie, pour servir de défense
à la Ville de Strasbourg contre les prétentions de Harlem. Avec
une préface de *J. G. Schweighäuser.* Strasbourg 1825. in-8⁰. VIII—
100 p., br. Avec portrait et 8 pl. de modèles d'écriture.

1994 — — — Même ouvrage, demi-rel. veau.

1995 — — *Linde. A. v. d.* Gutenberg. Geschichte u. Erdichtung aus den
Quellen nachgewiesen. Stuttg. 1878. gr. in-8⁰, VIII—582—XCVII p.,
br.

1996 — — *Mäder.* Der Segen der Buchdruckerkunst. Strassb. 1840. in-12.
14 p., br.

1997 — — *Meyer. Dr. Heinrich.* 1840. Gutenbergs Album. Braunschweig
1840. in-8⁰, XXVII—372 p., demi-rel. veau. Av. portrait.

1998 — — *Mohr, Louis.* Die Jubelfeste der Buchdruckerkunst und ihre
Literatur. (Aus d. „Oesterr. Buchdruckerzeitung" abgedruckt und
erweitert). Wien 1882, pet. in-4⁰. 119 p., demi-rel. amat., dos et
coins en mar. bleu, tête dorée, non rogné, dans un étui.

1999 — — *Relation complète des Fêtes de Gutenberg,* célébrées à Strasbourg.
les 24, 25 et 26 juin 1840. Strasb. 1841, in-8⁰. 172 p., cart. Avec
grand album in-fol. obl. de 53 planches noires, cart.

2000 — — *Rundgesang beim Bankett* des Alsatischen Sing-Vereins bei der
4ᵗᵉⁿ Gedächtnissfeier Guttenbergs zu Strassburg. den 3ᵗᵉⁿ April
1836. Strasb., s. d., in-8⁰, 4 p., br.

2001 — — *Schoepflin, Joh. Dan.* Vindiciae typographicae. — Documenta
typographicarum originum. Argentor. 1760. 1 vol. in-4⁰, VI—120
—42 p. et index. br. Av. 7 tab.

2002 — — *Silbermann. G.* Album typographique, publié à l'occasion de la
4ᵉ fête séculaire de l'Invention de l'Imprimerie. Strasb. 1840. in-
fol.. 39 feuillets. cart. (Grandes taches d'eau).

2003 — — *Stöber, Aug.* Die Erfindung der Buchdruckerkunst. Ein Gespräch
der elsäss. Schuljugend gewidmet. Strassb. 1840. in-12. 16 p., br.
(Taches de rousseur).

2004 — — *Triqueti, H. de.* Gutenberg (Jean Gensfleisch de Sulgeloch. dit).
Découverte de l'Imprimerie. Discours . . . du 3 août 1856. Paris
1856. in-12, 15 p., br.

2005 — **Hackenschmidt, Christian.** Die Judengasse in Strassburg. Hrsg.
von *Jos. Pick.* Missionspred. in Krakau. Barmen 1894. in-8⁰, 31 p.,
br.

Strasbourg:

2006 — **Hartmann. C. F**. Der Geist der Strassburger Nationalgarde an die Gäste des Bankets zu Ehren der heil. Barbara. im J. 1834. Strassb.. s. d.. in-18. 4 p., br.

2007 — **Hermann, Jean-Fréd.** Notices histor.. statist. et littéraires sur la ville de Strasbourg. Strasb. 1817—1819. 2 vol. in-8⁰. demi-rel. veau.

2008 — **Hirtz, Daniel.** Der Jakobstag. Eine vaterländ. Erzählung. 2. Aufl. Strassburg 1842. in-24, 116 p.. demi-rel. chagr. Av. 2 grav.

2009 — **Holl, Paul.** Souvenirs du Vieux Strasbourg. Avec 15 planches, dont 7 en couleurs. Strasb. 1901. pet. in-fol. obl., 40 p.. br.

2010 — **Hollaender, Dr. Alc.** Strassburg im Schmalkaldischen Kriege. Strassburg 1881, in-8⁰, VII—94 p., br.

2011 — **Hugueny, F.** Le coup de foudre de l'île du Rhin (13 juillet 1869) (Extr. du T. VI des „Mém. de la Soc. des sciences nat. de Strasb.“) Strasb. 1869. in-4⁰, 40 p.. br. Av. 1 carte et 3 plans.

2012 — **Impression de 1513.** (*Wimpheling, Jac*) Hymni de tempore et de sanctis: in eam formam qua a suis autoribus scripti sunt denuo redacti: et sym legem carminis diligenter emendati atque interpretati. Argent.. Joannem Knoblouch, Anno dni. 1513, in-8⁰. IV *fllets* non num. et 80 *fllets* num., br. Titre av. encadrement par *J. Wechtelin*.

2013 — **Impression de 1523.** *Martin Butzers* an ein christlichen Rath vnd Gemeyn der statt Weissenburg Summary seiner Predigt daselbst gethon. Mit anhangender vrsach seines Abscheydens . . . S. l. ni d., pet. in-4⁰. sans paginat.. signat. a—m, br. L'encadrement du titre représente un parc avec divers animaux: au bas le monogramme de Jean Schott, à la dernière page. sa marque.

2014 — **Imprimerie.** — *Heitz. Paul.* Der Initialschmuck in den elsäss. Drucken des XV. und XVI. Jahrhunderts. **1. Reihe:** Zierinitialen in den Drucken des Thomas Anshelm (Hagenau 1516—1523). **2. Reihe:** Zierinitialen in Drucken des Joh. Grüninger (Strassb. 1483—1531) u. des Joh. Herwagen. (Strassb. 1522—1528). Strassb. 1894—1897. 2 vol. pet. in-fol.. br.

2015 — *List, Dr. W.* Zur Strassburger Buchdruckergeschichte. (Pages 289—301 de „Centralblatt f. Bibliothekswesen“. IV. Jhrg.) S. l. 1887. in-8⁰, br.

2016 — — *Schmidt. Charles.* Répertoire bibliographique strasbourgeois jusque vers 1530. 7 parties en 5 vol. Strasb. 1893—1895, gr. in-8⁰, br.

2017 — **Kentzinger, Ant. de.** Documens historiques relatifs à l'Histoire de France. tirés des Archives de la ville de Strasbourg. Strasb. 1818—1819. 2 tomes en 1 vol. in-8⁰, cart.

2018 — Strasbourg et l'Alsace. ou Choses mémorables des vieux temps. Strasbourg 1824. in-8⁰, 201 p., demi-rel. veau.

2019 — **Koenigshoffen.** — *Brasserie* Koenigshoffen - Strasbourg. Gruber & Reeb. Strasb. 1869. gr. in-8⁰, 16 p., br., couv. ill. Av. 2 vues.

2020 — **Krieger, J.** Topographie der Stadt Strassburg, nach ärztlich-hygienischen Gesichtspunkten bearbeitet. Strassburg 1885, gr. in-8⁰, XII—496 p.. br. Av. 2 planches, 5 cartes et fig. dans le texte.

2021 — **Laquiante, A.** Deux Touristes à Strasbourg (1792—1801). (Extr. de la „Rev. alsac.“) Paris 1890, gr. in-8⁰, 50 p., br. Av. 1 dessin inédit de *B. Zix*.

2022 — **Legrelle, A.** Louis XIV et Strasbourg. D'après des documents officiels et inédits. Gand 1878, in-8⁰. 253 p.. br. (Edit. origin.)

Strasbourg:

2023 — **Legrelle, A.** Louis XIV et Strasbourg. Nouv. édition. Paris 1881, in-8⁰, XIV—424 p., demi-rel. veau.

2024 — — Même ouvrage, 4e édit. corrigée et augmentée, avec un appendice et 1 carte. Paris 1884, XVI—808 p., br. Edit sur Hollande, à laquelle est ajouté un compte-rendu de 29 p., en allemand, de *Erich Marcks*, tiré de „Göttinger gel. Anzeiger" 1885, No. 2.

2025 — **Löper, C.** Die Rheinschifffahrt Strassburgs in früherer Zeit und die Strassburger Schifflent-Zunft. Nebst einer einleit. Abhandlung: Das Zunftwesen und die Stadtverfassung der alten Reichsstadt Strassburg, von *E. Trauttwein von Belle*. Strassb. 1877, in-8⁰, VIII—310 p., br.

2026 — **Ludwig, Hermann (von Jan).** Strassburg vor hundert Jahren. Ein Beitrag zur Kulturgeschichte. Mit Ansicht v. Strassb., ill. Titelblatt u. vielen Kopfleisten. Stuttgart 1888, in-8⁰, XII—348 p., demi-rel. toile.

2027 — **Martin, Dr. Ernst.** Die Meistersänger von Strassburg. Vortrag gehalten am 5. März 1882. Strassb. 1882, in-8⁰, 18 p., br. Avec 2 planches.

2028 — **Morlet, le Colonel de.** Notice sur l'Enceinte d'Argentoratum. Strasb. 1861, in-8⁰, 25 p., br. Av. 1 planche et 2 plans.

2029 — **(Morpain, Ad.) C. des Trois-Ponts.** Bords du Rhin. Daniel le rogneur d'or. Episode strasbourgeois du 15e siècle. Types archéologiques. Strasb. 1857, in-18, 56 p., br.

2030 — **(Müllenheim von Rechberg, Hermann Frhr. von).** Das alte Bethaus Allerheiligen zu Strassburg im Elsass und Regesten zur Familiengeschichte der Freiherren von Müllenheim. Strassb. 1880, gr. in-8⁰, 60 p., br. Av. 4 planches.

2031 — — Même ouvrage. Demi-rel. chagr.

2032 — **Musée des Beaux-Arts.** — *Verzeichnis* der städtischen Gemälde-Sammlung in Strassburg. Strassb. 1899, in-12. VII—135 p., br. Av. plan.

2033 — — — Même ouvrage, édit. ill., br. Mit 25 Nachbildungen in Lichtdruck.

2034 — **Musique.** — *Berg, Conr.* Aperçu historique sur l'état de la musique à Strasbourg, pendant les cinquante dernières années. Strasb. 1840, in-8⁰, IV—86 p., br.

2035 — — *Lobstein, J.-F.* Beiträge zur Geschichte der Musik im Elsass und besonders in Strassburg von den ältesten bis auf die neueste Zeit. Strassb. 1840, in-8⁰, VIII—147 p., demi-rel. veau. Avec 8 grandes planches lithographiées.

2036 — **Nerlinger, Ch.** Le Surnom de Maiselocker donné aux Strasbourgeois. Avec un dessin de *A. Touchemolin*. Strasb. 1898, gr. in-8⁰, 12 p., br.

2037 — **Neuhof.** — *Cuvier, Ch., et A. Kreiss.* Notice sur l'établissement du Neuhof, depuis son origine en 1825 jusqu'en 1837. Strasbourg 1837, in-8⁰, 81 p., br.

2038 — — *Reuss, Rud.* Geschichte des Neuhofes bei Strassburg. Eine histor. Skizze nach ungedruckten Dokumenten des Stadtarchivs. Strassburg 1884, in-8⁰, 108 p., br.

2039 — **Ohorn, Anton.** Der Uhrmacher von Strassburg. Dramatisches Gedicht in fünf Aufzügen. Frei nach einer Erzählung). Leipzig 1876, in-8⁰, II—69 p., br.

Strasbourg :

2040 — **Ordonnances. — 1552.** — *Constitution vnd Satzung* eines löblichen Rahts der Freyen Statt Strassburg / wie es mit dem Vngeerbten Aussgohn hinfürter gehalten werden soll. (Strassb. 1552). in-fol., 8 p., br.

2041 — — **1668.** — *Hochzeit-Ordnung* / des Heyligen Reichs Freyen Statt Strassburg. (Strassb.) 1668. in-fol., 11 p., br.

2042 — — **1670.** — *Der Ammeyster Audientzien Ordnung.* (Strassb. 1670), in-fol., 7 p., br.

2043 — — **1671.** — *Ordnung der Statt Strassburg* / Die Zusammenkunfften und Strafften der Ehrsamen Haudwerck betreffend. (Strassb.) 1671. in-fol., 12 p., br.

2044 — — **1673.** — *Der Statt Strassburg Leichen-Ordnung.* (Strassb.) 1673, in-fol., 11 p., br.

2045 — — **1674.** — *Leicht-Anstalten* bey jetzigen gefährlichen Kriegs-Läufften. (Strassb.) 1674, in-fol., 8 p., br.

2046 — — **1679.** — *Revidirte Würth- und Wein-Ungelds-Ordnung* der Stadt Strassburg. Gedruckt im Jahr 1679. In-fol., 12 p., br.

2047 — — **1685.** — *Extract aus der Stadt Strassburg Kleider-Ordnung* de anno 1660 u. 1678. Gedruckt im Jahr 1685. In-fol., 11 p., br.

2048 — — **1687.** — *Hochzeit-Ordnung,* der Königlichen freyen Stadt Strassburg. (Strassb.) 1687, in-fol., 12 p., br.

2049 — — **1690.** — *Der Statt Strassburg Kornwerffer-Ordnung.* (Strassb. 1690), in-fol., 4 p., br.

2050 — — *Der Statt Strassburg Erneuerte Inventir-Schreiber-Ordnung.* Strasb. 1690, in-fol., 8 p., br.

2051 — — **1692.** — *Instruction derer Herren Deputirten* / betreffend die veräusserung der Burgerlichen Häusser und Güther an fremdde und unverburgerte Personen. Strassb. 1692. in-fol., 8 p., br.

2052 — — **1693.** — *Anhang und Revision* der Statt Strassburg Fewr-Ordnung de anno 1688. (Strassb.) 1693, in-fol., 7 p., br.

2053 — — **1781.** — *Der Stadt Strassburg Regiments-Verfassung* in Anno 1781. Strasb. (1781), in-32, 88 p., interfol. de papier blanc, rel. veau anc.

2054 — — **1786.** — *Der Stadt Strassburg erneuerte Feuer-Ordnung* de Anno 1786. Strassb. 1786, in-fol., 48 p., br.

2055 — — **1790.** — *Dienstreglement der Strassburger Nationalgarde* im Fall eines Lärms. (Strassb.) 1790. in-8°, 13 p., br.

2056 — — **1791.** — *Instruction pour la tenue des assemblées de la Commune,* convoquées à l'effet de délibérer sur l'admodiation de la chasse dans les isles et forêts communales. Strasb. 1791. in-8°, 16 p., br.

2057 — — **1792.** — *Délibération du Corps municipal* de la commune de Strasbourg. du 5 janv. 1792. concernant la Police des Spectacles. S. l. ni d. 1 affiche gr. in-fol. à 2 colonnes.

2058 — — **1802.** — *Beschluss des Maire der Stadt Strassburg,* vom 16ten Erndtemonat (Messidor) 10ten Jahrs der Republik, die Freiheit und Bequemlichkeit der öffentlichen Strassen betreffend. Strassb., an X, in-4°, 8 p., br.

2059 — — **1861.** — *Recueil des arrétés et autres actes* relatifs à la police de la ville de Strasbourg. Strasb. 1861, in-8°, IX—581 p., cart.

2060 — **Pack, Joh. Dan.** Glückwunsch an den guten Herrn R. . mit den geschwollenen Füssen durch *Thomas Knüttler* von Pfuhlgriesen, gebracht in teutsche Reimelein anno 1759 . . . wie der gute Herr R. . . zum letztenmal auf dem neuen Kirchhof gewohnt. S. l. ni d., in-18, 16 p., br.

2061 — — Alterthum am Zaberner-Thore zu Strassburg. S. l. ni d., in-18, 4 p., br.

Strasbourg :

2062 — **Pastorius, Joh. Mart.** Kurze Abhandlung von den Ammeistern der Stadt Strassburg. Strassburg 1761. in-18, VI—212 p., cart. Av. qques. grav. et nombr. armoiries. (Tache d'encre sur le titre).

2063 — **Piton, Fréd.** Strasbourg illustré, ou Panorama pittor., histor. et stat. de Strasbourg et de ses environs. Strasb. 1855. 2 vol. gr. in-4⁰, demi-rel. chagr. Av. nombr. planches color. et noires et 1 plan de la ville. (Les 4 grands panoramas manquent. Taches de rousseur.

2064 — **Ravenèz, L.-W.** Mémoire sur la bataille dite de Tolbiac et le lieu où elle s'est livrée. Reims 1857, in-12, 57 p., br.

2065 — **Réformation.** — *Correspondenz (Politische) der Stadt Strassburg* im Zeitalter der Reformation. Bd. I: 1517—1530. Strassburg 1882, gr. in-8⁰, XV—598 p., br.

2066 — — *Hauth, Louis.* Les Anabaptistes à Strasbourg au temps de la Réformation. Strasb. 1860, in-8⁰. IV—36 p., br. (Thèse).

2067 — — **Jubilé de 1817.** — 11 brochures diverses in-8⁰. de *J. J. Beck, J. D. Brunner, F. C. T. Emmerich, C. C. Gambs, G. J. Schaller et E. Stoeber.*

2068 — — *Jung, A.* Geschichte der Reformation der Kirche in Strassburg und der Ausbreitung derselben in den Gemeinden des Elsasses. Bd. I. Strassb. 1830, in-8⁰, XV—387 p., cart. (Seul vol. paru).

2069 — — *Leblois, L.* Comment une église tombe et se relève. Une page de l'histoire de Strasbourg. Discours prononcé au Temple-Neuf. le 29 Mai 1864, à l'occasion du troisième anniversaire séculaire de la mort de J. Calvin. Strasbourg 1864, in-8⁰, 26 p., br.

2070 — — *Meister, Aloys.* Der Strassburger Kapitelstreit 1583—1592. Ein Beitrag zur Geschichte der Gegenreformation. Strassb. 1899, gr. in-8⁰, XX—428 p., br.

2071 — — *Rathgeber, Julius.* Strassburg ims echzehnten Jahrhundert. 1500—1598. Reformationsgesch. der Stadt Strassburg dem evangel. Volke erzählt. Stuttg. 1871, in-8⁰. VIII—412 p., demi-rel. chagr. orl.

2072 — — *Schuler, D. Th.* Kurze Geschichte der Reformation für die protestantische Jugend. Strassb. 1836. in-16, 79 p., br.

2073 — — *Wölbling, Fr.* Blicke in die Reformations-Geschichte Strassburgs. Ein Vortrag. Neu-Ruppin 1871, in-8⁰, 30 p., br.

2074 — **Reiber, Ferd.** Küchen-Zettel und Regeln eines strassburger Frauenklosters des XVI. Jahrhunderts. (Les règles de cuisine des nonnes de St-Nicolas-aux-Ondes). Strassburg 1891, pet. in-4⁰, 52 p., pap. à la cuve, texte encadré de vieux bois, br. (Tiré à 150 exempl. numérotés). Epuisé et rare.

2075 — **Reuss, Rudolf.** Beiträge zur Geschichte des Elsasses im dreissigjährigen Kriege. Strassburg und die evang. Union bis zur Auflösung derselben; 1618—1621. (Extrait de l'„Alsatia"). Mülhausen 1868. in-8⁰, 95 pages, br.

2076 — — Strassburg im dreissigjährigen Kriege. (1618—1648). Fragment aus der Strassburgischen Chronik des Malers Joh. Jac. Walther, nebst Einleitung u. biographischer Notiz. Strassb. 1879, in-4⁰. 41 p., br. (Programm des Protest. Gymnasiums).

2077 — — La Justice criminelle et la Police des moeurs à Strasbourg au 16⁰ et au 17ᵉ siècle. Causeries historiques. (Extr. des „Affiches de Strasbourg"). Strasb. 1885. in-18. 286 p., br.

2078 — **Révolution.** — *Appel de la Commune de Strasbourg* à la République et à la Convention Nationale. Strasb., s. d., in-8⁰, 35 p., br.

Strasbourg:

2079 — **Révolution.** — *Bailly.* Discours prononcé . . dans l'Assemblée générale des sections de la commune de Strasbourg, . . . le 28 Nivôse troisième année républ. Strasb., s. d., in-4º, 20 p., br.

2080 — — *Beschreibung (Aktenmässige)* der Feyerlichkeiten bei der Einsetzung der Municipalität zu Strasburg und Sammlung der dabey gehaltenen Reden. Strasb. 1790, in-8º. 130 p., br.

2081 — — — Même ouvrage, cart.

2082 — — *Blessig.* Gedächtnis-Rede auf die Bürger und Krieger, die den 31. Aug. 1790, als Vollzieher des Gesetzes, u. Märtyrer des Vaterlandes zu Nancy fielen. (Strassb. 1790), in-18, 36 p., br.

2083 — — — Rede bei Anlass der öffentl. Feierlichkeit über den glücklichen Erfolg unserer Waffen, in der neuen Kirche gesprochen. Strassb. 1792, in-18. 20 p., br.

2084 — — — Ordinations-Rede den 22. Jun. 1797 a. St. in der Prediger-Kirche gesprochen. Strassb., s. d., in-16, 31 p., br.

2085 — — — Discours sur la paix des peuples et la liberté des consciences. Prononcé à Strasbourg à l'Eglise neuve des Protestans de la Confession d'Augsbourg . . . . le 19 floréal X. Traduit de l'allemand. Strasb. (an X). in-4º, 31 p., br.

2086 — — *Boy.* Discours prononcé dans le Temple de la Raison à Strasbourg. le Décadi 30 Pluviôse. 2e année de la République françoise, une et indivisible. Strasb. (an II), in-4º, 15 p., br.

2087 — — — Même plaquette, en allemand : Rede gesprochen im Tempel der Vernunft in Strassburg . . . Strassb. (an II), in-4º, 14 p., br.

2088 — — *Brief vom Meister Gradheraus* an den Schreiber des patriot. Wochenblatts. S. l. ni d., in-18, 16 p., br. — Noch e paar Wort vom Meister Gradheraus zu guter lezt und ein vor allemal an den patriotischen Wochenblattschreiber. S. l. ni d., (1790), in-18, 16 p., br. (Attribués à *Ehrenfried Stoeber*).

2089 — — *Brief an den Herrn Maire von Strasburg.* Den 3. Brachmon. 1791. — Schreiben eines Strasburgers an seinen Freund. Den 1. Brachmon. 1791. S. l. ni d., in-12, 4 p., br.

2090 — — *Champy, Claude.* Discours prononcé à la société des amis de la Constitution de Strasbourg le 31 décembre 1791. S. l. ni d., in-18, 20 p., br.

2091 — — — Correspondance et conversation avec M. Roland, ex-ministre de l'Intérieur. (Strasb. 1792), in-8º, 23 p., br.

2092 — — *Conversation patriotique.* (Strasb. 1791). in-12, 24 p., br.

2093 — — *Deklaration der Stadt Strassburg* bey der Nationalversammlung. S. l. ni d. (1789), in-4º. 15 p., br.

2094 — — *Délibération du corps municipal de la Commune de Strasbourg* portant une nouvelle dénomination des rues. S. l. ni d., in-12, 16 p., cart.

2095 — — — du 19 Déc. 1791, sur l'emploi de la force publique et la police. S. l. ni d., in-12, 44 p., br.

2096 — — *Dereser, Thaddäus Anton.* Kann ein vernünftiger Mensch, der Gott und Jesum kennet, seinen Mitmenschen um der Religion willen hassen und verfolgen? Eine Amtspredigt üb. Joh. 16, 2. 3. in der bischöfl. Pfarrkirche zu Strassburg, am 6. Sonnt. nach Ostern 1792 gehalten. Strassb. (1792), in-12, 16 p., br.

2097 — — *Description de la fête de la Raison,* célébrée pour la première fois à Strasbourg, le jour de la 3e décade de Brumaire de l'an 2 . . . . . (Strasb. 1793), in-18, 16 p., br.

2098 — — *Dienstreglement für die Strassburger Bürgerwache.* Strassb. 1790, in-12, 21 p., br.

Strasbourg :

2099 — **Révolution.** — *Dietrich, Baron de.* Discours prononcé le 2 janv. 1790 à l'Assemblée de MM. les Echevins, représentans de la Bourgeoisie de Strasbourg. Strasb., s. d., in-8⁰. 16 p., br.

2100 — — *Discours à MM. les Commissaires du Roi* . . . . à leur arrivée à Strasbourg, par MM. les Président et Membres du Directoire du département du Bas-Rhin . . . le 27 Janvier 1791, à 6³/₄ heures du soir. S. l. ni d., in-4⁰, 3 p., br.

2101 — — *Engel, Phil. Jac.* Beytrag zur Geschichte der neuesten Religions-Revolution in Strassburg in Beziehung auf die protest. Religionslehren. (Strassb. 1791), in-18, 48 p., br.

2102 — — *Frühpost.* Drittes blatt, Dienstags den 18. August 1789. S. l. ni d., in-4⁰, 3 p., br.

2103 — — *Germain, F. H.* Réponse à Mad . . . . sur diverses questions, rélatives aux feuilles publiques de Strasbourg. Strasb. 1792, in-18, 4 p., br.

2104 — — *Gnilius, J. H.* Patriotische Predigt, am Feste der vollendeten Konstitution, den 25ᵗᵉⁿ Sept. 1791 . . . in der Kirche zu St. Wilhelm. Strassb., s. d., in-18, 24 p., br.

2105 — — *Haffner, Isaak.* Predigt über den Gehorsam gegen die Gesetze. Strassb. 1790, in-16, 43 p., br.

2106 — — *Heitz, F. C.* Les Sociétés politiques de Strasbourg pendant les années 1790 à 1795. Extraits de leurs procès-verbaux. Strasb. 1863, in-8⁰, VIII—400 p., br.

2107 — — *Kiechel, Johann Friedrich,* in der Gesellschaft der Jacobiner an seine Mitbürger. Erste u. zweyte Rede, Strassburg, den 14 October 1792. Strassb. (1792), in-18, 45 p., cart.

2108 — — *Kratz, Lt.* Vorschlag zu Einführung eines verbesserten Steuerfusses. (Strassb. 1789), in-4⁰. IV—35 p., br.

2109 — — *Lettre des Citoyens catholiques* de Strasbourg à notre St. Père le Pape Pie VI. En franç., allemand et latin. Strasb. 1791, in-4⁰, 6 p., br.

2110 — — *Meiners, E.* Beschreibung einer Reise nach Stuttgart und Strasburg im Herbste 1801, nebst einer kurzen Geschichte der Stadt Strasburg während der Schreckenszeit. Göttingen 1803, in-18. 534 p., br., non rogné. (Très recherché et rare).

2111 — — *Monnet, P. F.* Die Priester wollen Menschen werden. S. l. ni d., in-16, 28 p., br.

2112 — — — Les Prêtres abjurant l'imposture. S. l. ni d., in-16. 29 p., br.

2113 — — *Municipalité.* — 18 pièces diverses : Procès-verbaux, rapports, délibérations, etc. etc. des années 1790 à 1794, in-8⁰, in-4⁰, et in-fol.

2114 — — *Munizipal-Beamten (Die)* der Gemeinde von Strassburg an ihre Mitbürger. S. l. 1792, in-16, 58 p., br.

2115 — — *Non-conformistes (Les) de Strasbourg* aux corps administratifs du département du Bas-Rhin. Strasb. 1792, in-18, 4 p., br.

2116 — — Ordonnance de l'an II (28 Oct. 1793) relative aux passeports et cartes de sûreté. Affiche in-fol., à 2 colonnes. (Raccommodée).

2117 — — — (29 Oct. 1793) relative aux vivres de campagne accordés à la garnison de Strasbourg. Affiche in-fol., à 2 colonnes, texte franç. et allem.

2118 — — — (12 Nov. 1793) relative à la somme employée au soulagement des familles indigentes de Strasbourg et aux soins à donner aux défenseurs de la Liberté. Affiche in-fol., à 2 colonnes, texte franç. et allem.

Strasbourg :

2119 — **Révolution.** — *Recueil de pièces authentiques* servant à l'histoire de la révolution à Strasbourg, ou les Actes des représentants du peuple en mission dans le Département du Bas-Rhin sous le règne de la tyrannie . . . . Strasb. An II & III. 2 vol. in-8⁰, demi-rel. veau. (Ouvrage rare et recherché, généralement connu sous le nom de „Livre bleu“).

2120 — — *Reden gehalten bei der Eides-Leistung* der National-Garden und der Garnison von Strassburg, den 14. Julius 1791 im dritten Jahre der Freiheit. (Strassb. 1791), in-12, 19 p., br.

2121 — — *Règlement provisoire* pour la Garde Nationale strasbourgeoise. (Strasb. 1789), in-4⁰, 8 p., br.

2122 — — *Sammlung authentischer Belegschriften* zur Revolutions - Geschichte von Strasburg, oder Aktenstücke der . . . . Volksrepräsentanten. Strasb., s. d. 2 vol. in-8⁰, demi-rel. veau. (Connu généralement sous le titre de: „Das blaue Buch, von Ulrich“).

2123 — — *Schweikard an seine Mitbürger.* Strassb. (1795), in-16, 15 p., br.

2124 — — *Schwendt.* Lettre à M. de Dietrich, maire de Strasbourg, du 4 février 1790. S. l. ni d., in-8⁰, 19 p., br.

2125 — — *Séance extraordinaire* de l'Assemblée générale des autorités constituées de Strasbourg convoquée par les citoyens Milhaud et Guyardin . . . Strasb. (1793), in-8⁰, 16 p., br. — Même brochure en édit. allemande. Strasb. (1793), in-8⁰, 15 p., br.

2126 — — *Seinguerlet, E.* L'Alsace française. Strasbourg pendant la Révolution. Paris 1881, in-8⁰, XII—364 p., br.

2127 — — *Send-Schreiben (Apostolisches)* Sr. päbstlichen Heiligkeit an die Katholischen Einwohner der Stadt Strassburg. (Texte allem. et latin). S. l. ni d. (1791), in-4⁰, 8 p., br.

2128 — — *Société des Amis de la Constitution (La)* séante à l'auditoire du Temple-Neuf à Strasbourg à toutes les Sociétés des Amis de la Constitution de l'Empire et à tous les patriotes françois. Strasb. 1792, in-8⁰, 24 p., br.

2129 — — *Stimme eines Kothschiffers* aus der Wüsten zum Preis unserer heiligen Constitution . . . S. l., 1791, in-16, 18 p., br.

2130 — — *Treuttel, J.-G.* Tyrannie exercée à Strasbourg par Saint-Just et Lebas. Versailles, an II, in-8⁰, 31 p., br.

2131 — — *(Türckheim, Jean, Baron de).* Mémoire de droit public sur la ville de Strasbourg et l'Alsace en général. Strasb. 1789, in-4⁰, 135—10 p., br.

2132 — — *Weber.* Etat de la situation des finances de la ville de Strasbourg à la fin de l'année 1789. S. l. 1790, in-4⁰, 27 p., br.

— — voir aussi **Schneider, Euloge.**

2133 — **Ristelhuber, P.** Heidelberg et Strasbourg. Recherches biographiques et littéraires sur les étudiants alsaciens immatriculés à l'Université de Heidelberg de 1386 à 1662. Paris 1888, gr. in-8⁰, VIII—143 p., br.

2134 — **Robertsau.** — *Grandidier (l'abbé).* Ruprechtsau. (Extr. des manuscrits inédits de Grandidier). S. l. ni d., in-8⁰, 6 p., br. (Tiré de la „Revue d'Alsace“).

2135 — **Romanus, Ed.** *(pseud. de E. Halter).* Winke in Scherz und Ernst für den Touristen in Strassburg. Strassburg 1886, in-18, II—30 p., br.

Strasbourg :

2136 — **Saint-Thomas (Affaires de).** — *Braun, Th.* Les Biens protestants de la Confession d'Augsbourg et les attaques dont ils sont l'objet. Note. Paris 1854, in-8⁰, 32 p., br.

2137 — — — Einige Worte über die Güter der Protestanten Augsburgischer Confession und die gegen dieselben gerichteten Angriffe. Aus dem Französischen. Strassburg 1854, in-8⁰, 30 p., br.

2138 — — *Bussierre, Baron Alfred Renouard de.* Lettre sur les fondations de Saint-Thomas adressée à Mᵣ Coulaux, Maire de Strasbourg et député de Saverne. 2ᵉ édit. Paris 1854, in-12, 16 p., br.

2139 — — *Chauffour, J.* Observations du Séminaire protestant de la Confession d'Augsbourg sur la demande portée par M. le maire de Strasbourg . . . Paris 1855, in-4⁰, 56 p., br.

2140 — — — Même ouvrage, 2ᵉ édit. in-8⁰. Paris 1855, 126 p., br.

2141 — —(—) Réponse aux observations publiées par M. Emile Detroyes, membre du Conseil municipal, à l'appui de la demande d'autorisation du Maire de Strasbourg, pour se pourvoir au Conseil d'Etat contre l'arrêté du Conseil de Préfecture pris le 17 Octobre 1855. Colmar 1856–57. 2 vol. in-4⁰, 371 p., br.

2142 — — *Coulaux.* Revendication des Biens connus sous le nom de Fondation de Saint-Thomas, . . . Rapport. Strasbourg 1855, in-12, 20 p., br.

2143 — — *Detroyes, Emile.* Observations à l'appui de la demande d'autorisation du maire de Strasbourg pour se pourvoir au Conseil d'Etat, contre l'arrêté . . . du 17 nov. 1855. Strasb. 1855–56. 4 parties in-8⁰, en 1 vol. br.

2144 — — — Un mot à Mᵉ Chauffour. Strasb. 1856, in-12, 7 p., br.

2145 — — *Heinhold, Auguste-Guillaume.* Affaire de Saint-Thomas. Relevé détaillé des biens dont jouissent certains protestants du Bas-Rhin au détriment des communes, du département et de l'Etat, précédé d'une notice historique. Strasb. 1854, in-8⁰, 148 p., br.

2146 — — *Humboury, A. de.* Conspiration des Sinécuristes de Saint-Thomas. Strasbourg (1843), in-8⁰, 8 p., br.

2147 — — *(Jung, André).* Notice sur les fondations administrées par le Séminaire protestant de Strasbourg. Strasb. 1854, in-8⁰, 158—CLIX p., br.

2148 — — *Kugler, Th.* Qu'en est-il des affaires de Saint-Thomas? 2ᵉ tirage. Strasb. 1854, in-8⁰, 40 p., br.

2149 — — — Wie verhält es sich mit dem Thomas-Stift? Aus dem Französischen. Strassb. 1854, in-8⁰, 39 p., br.

2150 — — *Mot de rappel (Un)* sur la Fondation de Saint-Thomas. Strasb. 1848, in-8⁰, 16 p., br.

2151 — — *Pétition déposée à la Chambre des Députés,* le 15 janv. 1843, demandant à ce que le contrôle de l'autorité publique soit appliqué aux biens des établissements protestants en Alsace, et Mémoire à l'appui. Strasb. (1843), in-8⁰, 60 p., br.

2152 — — *Revendication par la ville de Strasbourg* des biens détenus par le Séminaire prot. de cette ville. Strasb. 1855, in-8⁰, III—107 p., br.

2153 — — *Schauenburg, Baron de.* Notes recueillies aux archives de la ville sur d'anc. fondations de Strasbourg. Strasb. 1855, in-8⁰, 24 p., br.

2154 — — — Humble Confession à l'occasion de la réponse de M. A. Jung aux Notes sur d'anc. fondations. Strasb. 1855, in-8⁰, 16 p., br.

Strasbourg :

2155 — **Salomon, E.** Notice sur une ancienne maison de Strasbourg. (Extr. du „Bull. de la Soc. des Mon. hist.“) Strasbourg 1877, gr. in-8⁰, 7 p., br. Avec 1 planche lith.

2156 — — Notice sur le Breuscheckschlösslein. (Extr du „Bull. de la Soc. des Mon. hist.“) Strasb. 1884, gr. in-8⁰, 7 p., br. Avec une héliotypie et 2 fig.

2157 — **Sängerhaus (Strassburger).** Sammlung bisher ungedruckter musikalischer und poetischer Blätter in autographischer Darstellung, dem Strassburger Männer-Gesangverein gewidmet. Strassburg 1886, in-fol., 107 p., rel. toile orig., av. fers spéc. Portraits et grav.

2158 — **Scherer, H.** Der Verrath Strasburgs an Frankreich im Jahre 1681. (Extr. de „Hist. Taschenbuch“ N. F. IV). (Leipzig 1843). in-12, 135 p., br.

2159 — **Schmidt, Charles.** Notice sur la ville de Strasbourg. Strasb. 1842, in-18, IV—302 p., cart., non ill.

2160 — (—) Strassburger Gassen- und Häuser-Namen im Mittelalter. Strassburg 1871, in-8⁰, VII—192 p., br. (Tiré à 250 exempl.)

2161 — **Schmoller, Gustav.** Strassburgs Blüte und die volkswirthschaftliche Revolution im XIII. Jahrhundert. Rede gehalten . . . am 31. Oct. 1874. Strassb. 1875. in-8⁰, 35 p., br.

2162 — — Strassburg zur Zeit der Zunftkämpfe u. die Reform seiner Verfassung und Verwaltung im XV. Jahrh. Rede gehalten . . . . am 1. Mai 1875. Strassb. 1875, in-8⁰, XI—164 p., br.

2163 — **Schnéegans, L.** Les Architectes de Strasbourg. (Pages 147 à 154 et 185 à 193 du T. VIII des „Annales archéologiques“). S. l. ni d., in-4⁰, br.

2164 — **(Schrag, Fr.)** Libertas Argentoratensium stylo Rysvicensi non expuncta. S. l. 1707, pet. in-4⁰, IV—158 p., cart. (Recherché).

2165 — **Schricker, August.** Pfingstsonntag und Pfingstmontag. Eine altstrassburger Erzählung nach dem alemannischen Lustspiel des Daniel Arnold „Pfingstmontag“. Nördlingen 1880, in-12, XIV—124 p., cart. orig., couv. ill.

2166 — **Schützenberger, G. F.** Esquisse historique de la Constitution de Strasbourg. Strasb. 1843, in-4⁰, 30 p., br.

2167 — **Schweighaeuser, J. G., fils.** Mémoire sur les antiquités romaines de la ville de Strasbourg, ou sur l'ancien Argentoratum. Strasb., s. d., in-12, 56 p., cart.

2168 — **Séjour de Princes. — 1414. —** *Spach, Ludwig.* Kaiser Sigismund in Strasburg. Ein histor. Singspiel in fünf Aufzügen. Strassburg 1866, in-18, 88 p., br.

2169 — — **1777 –1789. —** *Rathgeber, Julius.* Erinnerungen an den Prinzen Max und an die schöne Strassburger Zeit. Strassburg 1892, in-12, 46 p., br.

2170 — — — — Même ouvrage, rel. orig., tranches argentées.

— — voir aussi **Strasbourg. — Evènements et fêtes.**

2171 — **Séminaire protestant. —** *Dahler.* Bericht über das Stift St. Wilhelm, an die Protestanten des Ober- u. Nieder-Rheins. Strasb. 1829, in-8⁰, 16 p., br.

2172 — *Erichson, Alfred.* Das theolog. Studienstift Collegium Wilhelmitanum 1544—1894. Zu dessen 350jähr. Gedächtnisfeier. Strassb. 1894, gr. in-8⁰, VIII—212 p., br. Av. portr. et 2 pet. vues.

2173 — — *Gesetze des protestantischen Seminariums* bey der Neuen Kirche und bey St. Thomae in Strassburg. Strassburg 1807, in-12, 16 p., br.

Strasbourg:

2174 — **Séminaire protestant.** — *Lehr, Ernest.* Coup d'oeil rétrospectif sur le pensionnat de Saint-Guillaume, internat du Séminaire protestant de Strasbourg, et en particulier, sur les circonstances qui en ont amené et accompagné la fondation en 1543. Paris et Strasbourg 1860, in-8°, 55 p., br.

2175 — — *R(öhrich), T. W.* Das dreihundertjährige Bestehen des geistlichen Studienstifts St. Wilhelm zu Strassburg. Strassb., s. d., in-8°, 15 p., br.

2176 — — *(Schmidt, Ch.)* Notice sur le Séminaire protestant de la Confession d'Augsbourg, sur son origine, sa situation et son enseignement. Strasb. 1844, in-8°, 48 p., br.

2177 — — *Statuts du Collége de St.-Guillaume,* pensionnat attaché au Séminaire protestant de Strasbourg. Strasb. 1829, in-12, 14 p., br.

— — voir aussi   (**Friderici, Jean-Reinbold.**
             (**Strasbourg. — Saint-Thomas (Affaires de).**

2178 — **S(eyboth), Ad.** Souvenirs du vieux Strasbourg. Cinquante planches avec texte explicatif de XII p. Strasbourg, s. d., in-fol., en portefeuille.

2179 — **Siége de 1814.** — *(Dahler, G.)* Das blokirte Strassburg vom 6. Jänner bis zum 16. April 1814. — Zum Andenken für meine Mitbürger. Strassburg, s. d., in-8°, 15 p., br.

2180 — — *Heitz, F. C.* Strasbourg pendant ses deux blocus et les cent jours. Strasbourg 1861, in-8°, VII—272 p., br. Av. le plan du siége de 1815.

2181 — — *Rey, J., et E. Rémy.* Un général dauphinois: Le général Baron Bourgeat 1760—1827. Grenoble 1898, gr. in-8°, 145 p., cart. orig., tête dorée. Av. 1 portr., fac-similé d'autogr. et armoiries.

2182 — **Siége de 1870.** — *Blätter aus dem Tagebuche* eines Strassburgers während der Belagerung in den Monaten August u. September 1870. Altona 1870, in-8°, 74 p., br.

2183 — — *Bodenhorst, G.* Campagne de 1870—1871. Le Siége de Strasbourg en 1870. Av. planches, cartes et tableaux. Bruxelles 1876, in-8°, VIII—169 p., br.

2184 — — *Broutta, F.* Strasbourg bombardé, 1870. Vingt croquis à deux teintes d'après nature. Nancy, s. d. (1871). Album in-8° oblong, sous enveloppe.

2185 — — *Caïn, Léon.* Souvenirs du siége de Strasbourg 1870. Le combat du pont d'Illkirch (Sortie du 16 août). Paris 1902, gr. in-8°, 40 p., br. Av. carte, vue et portrait.

2186 — — *Delabrousse, Lucien.* Un héros de la défense nationale: Valentin et les derniers jours du siège de Strasbourg. Nancy 1898, in-8°, XX—358 p., br. Av. un portr. et 2 cartes.

2187 — — *Dietrich, F.* Oeuvre Notre-Dame. Vote de crédits pour la réparation des dégats du Bombardement. Rapport. Strasb. 1872, in-8°, 10 p., br.

2188 — — *Erlebnisse eines schweiz. Malers in Strassburg* während der Belagerung im Jahre 1870. Mit 4 autogr. Illustr. Lausen, s. d., gr. in-8°, 16 p., br. (Rare).

2189 — — *Eschenauer, A.* Le Bombardement de Strasbourg (du 13 août au 27 sept. 1870). Conférence faite à Amsterdam, La Haye, Leyde et Rotterdam. La Haye 1870, in-8°, 39 p., br.

Strasbourg:

2190 — **Siége de 1870.** — *Fischbach, G.* Guerre de 1870. — Le siége et le bombardement de Strasbourg. (1re édit.) Strasbourg 1870, in-12, IV—175 p., br.

2191 — — — Même ouvrage. 4e édit. Strasbourg 1870, in-12, IV—172 p., br.

2192 — — — Même ouvrage. 5e édition revue et augm. Ornée de 2 portr., de 8 vues et du plan de la ville. Strasb. 1871, in-8⁰, 268 p., br.

2193 — — — Krieg von 1870. — Die Belagerung und das Bombardement von Strassburg. 3te Aufl. mit Porträt & Unterschrift des Generals Uhrich. Strassb. 1871, in-16, IV—185 p., demi-rel. chagr. ord.

2194 — — — Guerre de 1870. — Album du siége et du bombardement de Strasbourg. 3e édit. Strasb. (1871), in-4⁰, IV—160 p., br. Av. atlas de 20 planches col., lith. par A. Münch, in-fol. obl., cart.

2195 — — — Même album, texte et atlas reliés en un seul volume in-4⁰, demi-rel. chagr. rouge.

2196 — — *Flach, J.* Comité de Secours Strasbourgeois pour les Victimes du Siége. Rapport à Mr le Maire sur les travaux du Comité du 2 Oct. au 5 Nov. 1870. Strasb., autog. F. Groskost, s. d., in-4⁰, 9 p., br.

2197 — — — Strasbourg après le bombardement. 2 octobre 1870 — 30 sept. 1872. Rapport sur les travaux du Comité de secours strasbourgeois. Strasbourg 1873, gr. in-8⁰, VIII—160 p., br.

2198 — — *Kanonir (Der deutsche) vor Strassburg.* Eine Erzählung für das deutsche Volk aus dem glorreichen Kampfe der deutschen Heere gegen Frankreich in den Jahren 1870 und 1871. Stuttgart 1871, in-18, IV—120 p., br.

2199 — — *Klotz, G.* 1870. Cathédrale de Strasbourg. Réparation générale des dégats causés par le bombardement. Rapport. Av. 5 photogr. Strasb. 1872, gr. in-8⁰, 58 p., br.

2200 — — (*Lereboullet fils*). La Défense de Strasbourg, jugée par un républicain. Lettre à un patriote de la Suisse. Neuchâtel 1871, in-8⁰, 22 p., br.

2201 — — *Malartic, de.* Le Siége de Strasbourg pendant la campagne de 1870. Paris 1872, in-18, 184 p., br. (Rare).

2202 — — *Marchand, Alfred.* Le Siége de Strasbourg: La Bibliothèque. — La Cathédrale. 2e édit. Paris 1871, in-12, XII—204 p., br.

2203 — — *Mois (Un) terrible.* Août-Septembre 1870. Paris 1875, in-24, III—138 p., br.

2204 — — *Molk. A., et H. Villard.* Compte rendu des opérations du Restaurant Populaire et réception des prisonniers de passage à Strasbourg à la halle couverte 1870—1871. Strasb. 1871, in-8⁰, 18 p., br.

2205 — — *Reuss, Rod.* A. Schillinger. Souvenirs pour ses amis. Avec des extraits du Journal de Schillinger pendant le siége de Strasbourg. Strasb. 1883, in-12, XI—292 p., br.

2206 — — *Ristelhuber, P.* 1870. Siége et Bombardement de Strasbourg. Album de 25 dessins par Touchemolin d'après les photographies de Baudelaire, Saglio et Peter. Strasbourg (1871), in-8⁰ oblong, cart. orig. Texte franç. et allemand.

2207 — — *Römer, M.* Strassburg und Zürich in den Jahren 1576 und 1870. Historische Reminiscenzen. Zürich 1884, in-8⁰, 39 p., br.

2208 — — (*Schnéegans, A.*) Strasbourg! Quarante jours de bombardement, par un refugié strasbourgeois. Neuchâtel 1871, in-8⁰, 71 p., br.

2209 — — (—) Zwei Monate in einer bombardirten Stadt. Nach dem Französischen eines Strassburgers deutsch bearbeitet. Bern 1871, in-8⁰, 48 p., br.

Strasbourg:

2210 — **Siége de 1870.** — *Sengenwald, Jules.* Lettre autogr. du 7 août 1871 adressée à Mr Klein, adjoint faisant fonction de Maire, dans laquelle il explique les motifs qui l'ont déterminé à quitter Strasbourg assiégée le 29 août 1870, au milieu des projectiles. In-4⁰, 4 pages.

2211 — — *Signouret, P. Raymond.* Souvenirs du bombardement et de la capitulation de Strasbourg. Bayonne 1872, in-12, 374—IV p., br. Avec le plan de Strasbourg après le bombardement.

2212 — — *Staehling, Ch.* La Mission suisse à Strasbourg pendant le bombardement en Septembre 1870. Strasbourg 1874, in-8⁰, 61 p., br. Av. 1 vue photogr. (Pas dans le commerce).

2213 — — *Uhrich (le Général).* Documents relatifs au Siége de Strasbourg. Paris 1872, in-8⁰, V—207 p., demi-rel. chagr. Avec plan du siége.

2214 — — *Walther, Alfred.* Oeuvre internationale. Soc. franç. de secours aux blessés et malades militaires. — Rapport du comité auxiliaire de Strasbourg. Strasbourg 1871, gr. in-8⁰, 71 p., br.

2215 — — *Zopff, A.* Quelques explications adressées à ses concitoyens au sujet de ses fonctions municipales pendant le siége de Strasbourg et de son voyage à Tours. Strasbourg 1871, in-8⁰, 56 p., br.

2216 — **Silbermann, Johann Andreas.** Local-Geschichte der Stadt Strassburg. Strassb. 1775. 1 vol. in-fol., cart. anc. Av. 16 plans. (Les 3 premiers feuillets avec grandes taches d'encre, autrement bel exempl.)

2217 — **Société biblique.** — *Bericht über die allgemeine Versammlung* der Bibelgesellschaft in Strassburg. Années 1 à 14 et 16 à 27. Strassb. 1817—1844. 2 vol. in-16, cart.

2218 — **Spach, L.** Une maison à Strasbourg avec cinq annexes. (Extr. du „Bull. de la Soc. des Mon. hist.“) Strasb. (1870), gr. in-8⁰, 11 p., broché.

2219 — — Dramatische Bilder aus Strassburgs Vergangenheit. Strassb. 1876. 2 vol. in-12, br.

2220 — **Spindler, F. X.** Archives de l'ancien corps des marchands de Strasbourg. Documents publ. av. l'autorisation de la Chambre de Commerce. Strasbourg 1861 et 1863. 2 brochures gr. in-8⁰ de 35 et 29 p.

2221 — **Staehling, Ch.** Histoire contemporaine de Strasbourg et de l'Alsace (1830—1852). Nice 1884, in-8⁰, XII—431 p., br.

2222 — **Stöber, E.** Bei der Auflösung der Strassburger Nationalgarde. Juli 1834. Derselben Nationalgarde gewiedmet. (Strassb. 1834), in-12, 4 p., br.

2223 — **Stoeber, V., et G. Tourdes.** Topographie et histoire médicale de Strasbourg et du Département du Bas-Rhin. Paris et Strasbourg 1864, gr. in-8⁰, 617 p., demi-rel. chagr. vert, non rogné.

2224 — **Strasbourg.** Nouveau petit guide dans la ville et ses environs. Strasb. 1871, in-18, 62 p., br.

2225 — **Strasbourg,** ses monuments et ses curiosités, ou Description de sa Cathédrale et de ses autres édifices publics, musées . . . . Strasbourg 1831, in-24, XXVI—234 p., cart. Avec 5 planches lithogr.

2226 — **Tableau (Petit) de Strasbourg,** ou Notices topogr. et histor. sur cette ville. 2e édit. Strasb. 1821, in-24, 32 p., br. (Très rare).

2227 — **Taschenkalender (Strassburger)** für das Schaltjahr 1852. Strassb. (1852), in-32, 72 p., br.

2228 — **Théâtre.** — *Fischbach, Gust.* Le Théâtre de Strasbourg et la dotation Apffel. Strasbourg 1884, in-8⁰, III—232 p., br. Texte français, av. traduction allem.

Strasbourg:

2229 — **Tolmer, S. L. A.** La Garde Nationale de Strasbourg aux Parisiens. Chant patriotique. Strasb., s. d., in-12, 3 p., br.

2230 — **Touchemolin, A.** Strasbourg militaire. Avec nombreuses compositions de l'auteur. Paris 1895, in-fol., VII—150 p., br. Edit. sur **papier vélin**, tirée à 500 exempl.

2231 — — Même ouvrage. Edition sur **papier du Japon,** tirée à 5 exempl.: No. 1. Avec emboitage orig. rouge.

2232 — — Même ouvrage. Edit. sur **papier Whatman,** tirée à 20 exempl.: No. 20. Broché.

2233 — — Quelques souvenirs du Vieux Strasbourg. Strasbourg 1903. in-fol., 15 p. de texte et 21 planches, br.

2234 — **Université.** — *Adresse de l'Université protestante* de Strasbourg au Comité d'Instruction publique de l'Assemblée Nationale. Strasb. 1792, in-8⁰, IV—32 p., br.

2235 — — *Erichson, Alfred.* Denkschrift der Theologischen Studentenverbindung Wilhelmitana zu Strassburg. Zur 25 jähr. Jubelfeier 1855 —1880. Strassb. 1882, in-8⁰, 101 p., br.

2236 — — — Das Strassburger Universitätsfest vom Jahre 1621. Ein Rückblick. Strassb. 1884, in-16, 15 p., br. Av. 2 pet. vues.

2237 — — *Einweihung (Die) der Strassburger Universität* am 1. Mai 1872. Officieller Festbericht. Strassb. 1872, gr. in-8⁰, 135 p., demi-rel. perc.

2238 — — *Einweihung (Die) der Neubauten* der Kaiser-Wilhelms-Universität. Strassburg 26.—28. October 1884. Officieller Festbericht. Strassb. 1884., gr. in-8⁰, 68 p., br.

2239 — — *Festprogramm zur Feier des 25 jähr. Stiftungsfestes* der Kaiser-Wilhelms-Universität Strassburg. Strassb. 1897, in-8⁰, 4 p., sous couverture illustrée par *L. Schnug.*

2240 — — *Festschrift zur Einweihung der Neubauten* der Kaiser-Wilhelms-Universität Strassburg. 1884. Strassburg 1884, in-4⁰, VII—151 p., br. Av. 16 pl. photolith. et grav.

2241 — — *Heitz, Dr. Emil.* Zur Geschichte der alten Strassburger Universität. (Rectoratsrede). Strassb., s. d., gr. in-8⁰, 29 p., br.

2242 — — *Hirsch, Rich.* Strassburg. Ein Ruf an die deutsche Studentenschaft, zugleich eine Schilderung der Strassburger Universitäts- und Lebensverhältnisse. 2. Aufl. Leipzig 1887, in-8⁰, 44 p., br.

2243 — — *Hoffet, Fritz.* Der Fall François-Martin oder der Strassburger Universitätsstreit. Strassb. 1897, in-8⁰, 31 p., br.

2244 — — *Hoseus, Dr. Heinr.* Die Kaiser-Wilhelms-Universität zu Strassburg, ihr Recht u. ihre Verwaltung. Eine Festschrift zum 1. Mai 1897. Strassb. 1897, gr. in-8⁰, VII—344 p., br.

2245 — — *Klatte, Alfred.* Nach zwanzig Jahren. Ein Gedenkblatt zur Geschichte der kaiserl. Universitäts- u. Landesbibliothek in Strassburg. (Separatabdruck aus der „Strassburger Post“). Strassb. 1890, in-8⁰, 20 p., br.

2246 — — *Lieder zur Feyer des fünfjährigen Bestehens* der Universität Strassburg. Strassb. 1877, in-4⁰, 10 p., br. (Les armoiries de la ville sur le titre).

2247 — — *Reuss, Rod.* Les statuts de l'ancienne Université de Strasbourg. d'après un manuscrit du XVII. siècle. (Extr. de la „Revue d'Alsace“). Mulh. 1873, in-8⁰, 56 p., br.

2248 — — *Schricker, August.* Zur Geschichte der Universität Strassburg. Festschrift zum 1. Mai 1872. Strassburg 1872, gr. in-8⁰, 68 p., br. Avec 2 planches.

Strasbourg :

2249 — **Université.** — *Schricker, August.* Kaiser-Wilhelms-Universität Strassburg. Strassb., s. d. (1884), gr. in-8⁰ oblong, cart. Avec 15 vues en photolith., par J. Kraemer. (Epuisé).

2250 — — *Séances annuelles de rentrée des Facultés.* Années 1856 à 1868. Strasbourg, 13 brochures in-8⁰.

2251 — — *Statuts, Ordonnances,* etc. divers. Strassb. 1872 à 1895. 8 brochures in-8⁰, in-4⁰ et in-fol.

2252 — — *Sturm, Carl.* Die Einweihung der neuen Gebäude der Kaiser-Wilhelms-Universität Strassburg, 26. bis 28. October 1884. Strassb. (1884), in-8⁰, VII — 80 p., br.

2253 — — *Thèses de la Faculté de Théologie* des années 1829 à 1831 et 1835 à 1836. Environ 55 pièces réunies en 2 vol., in-4⁰, cart.

2254 — — *Wieger, Dr. Friedr.* Geschichte der Medicin und ihrer Lehranstalten in Strassburg vom Jahre 1497 bis zum Jahre 1872. Strassburg 1885, in-4⁰, XIX — 173 p., br. Av. 1 planche.

2255 — **Wedekind, G. W. Freiherr von.** Der wissenschaftliche Congress von Frankreich zu Strassburg im Jahre 1842. Darmstadt 1842, in-16, 104 p., br.

2256 — **Weisgerber, Dr. Henri.** Quelques mots sur l'origine des noms de Strasbourg, d'après des documents inédits. Paris 1896, in-8⁰. 11 p., br.

2257 **Straub, A. (l'abbé).** Un mot sur l'ancien mobilier d'église en Alsace, suivi d'une note sur les peintures murales en Alsace, etc. (Extr. du „Compte rendu des séances archéolog. à Strasb. en 1859"). Caen 1860, in-8⁰, 54 p., br. Av. fig.

2258 — Les Villages disparus en Alsace. (Extr. du „Bull. de la Soc. . . . des Mon. hist. d'Alsace"). Strasb. 1887, gr. in-8⁰, 61 p., br.

2259 **Straus, Emile.** La nouvelle Alsace. Illustr. de *P. Braunagel, L. Hornecker, A. Koerttgé, L. Schnug, L. de Seebach, Ch. Spindler.* Paris 1902, in-18, 69 p., br.

2260 **Strobel, A. G.** Topographie abrégé de l'Alsace, suivie d'un Précis de l'histoire de ce pays. Strasb., s. d., in-8⁰, 78 p., br.

2261 — Sammlung kleiner zum kirchlichen und Schulgebrauch bestimmter Musikstücke. Strasburg 1827, in-8⁰, 84 p., cart. orig.

2262 — Vaterländische Geschichte des Elsasses, von der frühesten bis auf die gegenwärtige Zeit. Strassb. 1841 — 1849. 6 vol. in-8⁰. demi-rel. veau. (Taches de rousseur).

2263 — Französische Volksdichter in Biographien, Uebersetzungen und Auszügen. Baden 1846. 2 parties in-8⁰, br.

2264 **Strobel, Adam-Walther.** — *Discours prononcés aux obsèques* de M. A.-W. Strobel, Professeur au Gymnase protestant de Strasbourg, décédé le 28 Juillet 1850. Strasb. 1850. in-8⁰, 28 p., br. (Texte allem. et franç.)

2265 **Struve, G., & K. Heinzen.** Die Schilderhebung der deutschen Republikaner im April 1848. Strassburg 1848, in-8⁰, 14 p., br.

2266 **Stuber, Régina-Charitas.** — *Braunwald, E., & J. W. Baum.* Reden bei der Beerdigung der irdischen Hülle von Regina Charitas Stuber, am Ostermontage, 13. April 1846, gehalten. Strassb. 1846, in-8⁰. 16 p., br.

2267 **Studien (Strassburger).** Zeitschrift für Geschichte, Sprache u. Litteratur des Elsasses. herausgegeben von *Ernst Martin* u. *Wilh. Wiegand.* Bd. I u. II. Strassb. 1882 — 1884. 6 livr. in-8⁰, br.

2268 **Sturm, J.** Hermogenis Tarsensis rhetoris acutissimi. S. l., Jos. Ribelius, 1570—1571. 4 parties en 1 fort vol. in-16, rel. parch. anc., tranches rouges.

2269 **Sturm, Jean.** — *Kaiser*, *Fr. Karl*. Johannes Sturm, sein Bildungsgang und seine Verdienste um das strassburger Schulwesen. (Jahresbericht über die Realschule I. Ordnung zu Köln, f. d. Schuljahr 1871—1872). Köln 1872, in-4⁰, 37 p., br.

2270 — *Kückelhahn, Dr. L.* Johannes Sturm, Strassburg's erster Schulrector, besonders in seiner Bedeutung für die Geschichte der Pädagogik. Leipzig 1872. in-8⁰, III—162 p., br.

2271 — *Rieth, Dr. Hugo.* Leben und Wirken des berühmten Strassburger Rectors Johannes Sturm. (Progr. des Grossherz. Realgymnasiums zu Eisenach. Ostern 1864). Eisenach, s. d., in-8⁰, 19 p., br.

2272 **Sturm de Sturmeck, Jacques.** — *Baum, Prof.* Jakob Sturm von Sturmeck, Strassburgs grosser Stettmeister u. Scholarch. Standrede geh. bei d. Enthüllung seines Denkmals am 14. Juni 1870. Strassb. 1870, gr. in-8⁰, 15 p., br.

2273 — — Même plaquette. Nebst einem Vorwort herausg. von *Dr. Carl Manchot*. Berlin 1870, in-12, 16 p., br.

2274 — *Baumgarten, Herm.* Jacob Sturm. Rede gehalten . . . am 1. Mai 1876. Strassb. 1876, gr. in-8⁰, 34 p., br.

2275 — *Fritz, C. M.* Jacob Sturm v. Sturmeck. Strassburg 1817, in-8⁰, 16 p., br. Av. portr. gravé par *Schuler* 1817.

2276 **Suisse.** — *Keller, Dr. Ferd.* Archäologische Karte der Ostschweiz. 2. durchgesehene Aufl. Zürich 1874, gr. in-8⁰, XVI—34 p., br. Av. 2 planches et 1 grande carte.

2277 — *Pack, Joh. Dan.* Die Strassen und Wege von Basel aus durch ganz Helvetien oder die sogenannte Schweiz. Strassb. 1800. in-18, 48 p., cart.

2278 — *Stoeber, Adolf.* Reisebilder aus der Schweiz in Gedichten. St. Gallen 1850. in-24, 128 p., cart.

2279 — Neue Reisebilder aus der Schweiz. St. Gallen 1857, in-24, IV—139 p., br.

2280 **Sundgau (Le).** — *Grad, Charles.* Le Sundgau, Mulhouse et Belfort. (Extr. du „Tour du Monde"). Paris 1887, in-4⁰, III—112 p. à 2 colonnes. br. Av. nombr. grav.

2281 **Sundhoffen.** — *Parrot, Delaborde et Martin.* Mémoire pour le Consistoire de l'Eglise protestante de Sundhoffen, . . . contre la Fabrique de l'Eglise catholique de la même commune. Paris 1844, in-4⁰, 32 p., br.

2282 **Surbourg.** — *Spach, L.* Lettre d'Indulgence en faveur du chapitre de Surbourg. (Pages 189 à 196 du T. III des „Oeuvres choisies de Louis Spach"). S. l. ni d., gr. in-8⁰, br. Av. planche chromolith.

2283 **Suzel.** Lequel? Paris, s. d., in-16, III—284 p., br., couv. ill.

2284 **Tableau des distances** . . . . de chaque commune du département du Bas-Rhin, aux chefs-lieux du canton, de l'arrondissement et du département. dressé en exécution de l'art. 93 du réglement du 18 Juin 1811. Vu et arrêté . . . par *Choppin d'Arnouville*. Strasbourg 1833, in-4⁰, 42 p., cart.

2285 **Taschenbuch (Alsatisches)** für das Jahr 1806. Strassb. (1805), in-24, 192 p., cart.

2286 **Tauler, Jean.** — *Edel, F. W.* Johannes Tauler, Prediger zu Strassburg im vierzehnten Jahrhundert. Strassb. 1852, in-18, 27 p., br.

2287 — (*Fuchs, Carl Theodor*). Ein christliches Lebensbild aus der Geschichte Strassburgs im 14. Jahrhundert. Strassb. 1863, in-12, 20 p., br.

2288 **Ténot, Eugène.** Les nouvelles Défenses de la France. La Frontière

1870 -1882. Paris 1882, gr. in-8⁰, III—452 p., br. Av. carte et croquis.

2289 **Territorien (Die alten) des Elsass**, nach dem Stande vom 1. Januar 1648. Herausgegeben von dem statist. Büreau des kais. Ministeriums für Elsass-Lothringen. („Statistische Mittheilungen" XXVII). Strassburg 1896, gr. in-8⁰, VII—186 p.. demi-rel. chagr. Mit Ortsverzeichniss u. zwei Karten-Beilagen.

2290 **Thann.** — *Baumeister (Der) in Thann*, oder Wohl dem, der barmherzig ist, u. gerne leihet. Strassburg 1850, in-24, 35 p., cart. Av. 1 fig. et 1 pet. vue de Thann.

2291 — *Erny, C.* Reden an die Jugend der Stadt Thann. Mülh. 1840, in-8⁰, 33 p., br.

2292 — *Nerlinger, Ch.* Etat du Château de Thann en Alsace au XVᵉ siècle. Suivi de: Les Revenus d'n Duc de Bourgogne à Thann à la fin du XVᵉ siècle. Strasb. 18.9, gr. in-8⁰. 18—15 p., br.

2293 — *Tschamser, Malachias.* Annales oder Jahrs-Geschichten der Baarfüseren oder Minderen Brüdern S. Franc. ord., insgemein Conventualen genannt, zu Thann. 1724. Colmar 1864. 2 vol. gr. in-8⁰, demi-rel. chagr. rouge. non rognés. Av. 2 planches lith.

2294 **Thann (Comté de).** — *Ingold, A.* Le Comté de Thann et la Prévôté de Traubach en 1759. (Pages 137 à 142 du T. VI du „Bulletin du Musée hist. de Mulhouse"). S. l. ni d. (1881), gr. in-8⁰, br.

2295 **Thévenin, Evariste.** En Vacance. Alsace et Vosges. Paris 1865. in-12, 188 p., demi-rel. chagr. rouge. non rogné. Avec gravures sur bois.

2296 **Thiriat, Xavier.** Journal d'un Solitaire et Voyage à la Schlucht par Gérardmer, Longemer et Retournemer. Nouv. édition. St-Dié 1874, in-12, XIX—254 p., br.

2297 — Même ouvrage, 4ᵉ édit. Paris 1883, in-18, 302 p., br.

2298 **This, J.** Traité d'analyse raisonnée des élémens dont se compose le discours. Colmar 1821, in-18, 144 p., demi-rel. parch.

2299 **Tischert, Dr. Georg.** Elsass-Lothringen und die Handelsverträge. Leipzig 1898, in-16, 80 p., br.

2300 **Tisserand, E., et Lefébure, Léon.** Etude sur l'Economie rurale de l'Alsace. Paris et Strasb. 1869, in-16, 287 p., br.

2301 — Même ouvrage, autre composition. Paris et Strasb. 1869. in-16. 287 p., br.

2302 **Titot, Frédéric-Auguste.** — *Chauffour, V., Schaeffer, etc.* Frédéric Titot. Colmar 1888, in-16, 38 p., br.

2303 **Touriste en Alsace (Le).** — Der Wanderer im Elsass. Journal hebdomad. ill., publié par *F. X. Sailé.* Années 1 à 7 (tout ce qui a paru). Colmar 1888 à 1895. 7 vol. in-4⁰. T. I en rel toile orig., les autres années en Nᵒˢ·

2304 **Toutey, E.** Charles le Téméraire et la ligue de Constance. Paris 1902, gr. in-8⁰, V—475 p., br.

2305 **Traber, Ulric.** — *Mossmann, X.* Un Chef de Bande des Guerres de Bourgogne. (Extr. du „Bull. de la Soc. Ind. de Mulhouse"). Mulhouse 1873, gr. in-8⁰, 24 p., br.

Traubach (Prévôté de). — voir **Thann (Comté de).** — *Ingold, A.*

2306 **Trauttwein von Belle, E.** Das Elsass im 17. und 18. Jahrhundert. Vortrag gehalten im wissenschaftl. Verein zu Berlin am 28. Januar 1865. Berlin 1865, in-8⁰, 24 p., br.

2307 **Treuttel, Jean-George.** — *Obsèques* de M. Jean-George Treuttel, décédé à Paris le 14 décembre 1826, à l'âge de 82 ans 57 jours: et inhumé . . . le 17 décembre 1826. Paris, s. d., in-8⁰, 32 p., br.

2308 **Trifels.** — *Coste.* Notice sur le château de Trifels près Landau. (Pages 441 à 452 d'un vol. de la „Revue d'Alsace"). S. l. ni d., in-8⁰, br. Av. 1 planche lith.

2309 **Trois-Epis.** — *Beuchot, J.* Notre-Dame des Trois-Epis dans la Haute-Alsace. Rixheim 1891, in-8⁰. X—162 p., br. Av. 6 phototyp.

2310 — *Ferraris, J.* Notice historique sur le pèlerinage de Notre-Dame des Trois-Epis. Colmar 1867, in-18, 81 p., br. Avec 4 pl. lith. et 1 carte.

2311 — (*Foltz, Ch.*) Guide, vue et carte des Trois-Epis. Colmar 1867, in-24, 23 p., cart. orig. Av. vue et carte.

2312 — *Hystory (Gründliche u. Wahrhaffte),* Ursprung und Anfang der weitberühmbten Wallfahrt Unser Lieben Frawen zu Dreyen Ahren im Elsass. Zu Colmar wiederum gedruckt 1869, in-24, 144 p., cart. Av. frontisp. lith.

2313 — *Levrault, L.* Trois-Epis et environs. Katzenthal, Wineck . . . . et Hohenack. (Pages 73 à 80 du „Musée hist. et pitt. de l'Alsace"). Dessins et illustrations par *J. Rothmüller.* 3 planches. Colmar 1860, in-fol., demi-rel. perc.

2314 — *Reinhard, Aug.* Stations climatériques des Vosges d'Alsace. — Trois-Epis et environs. Guide du touriste. Strasbourg 1892, in-12. XIV—200 p., br. Avec vues et cartes.

2315 — *Stoeber, Aug.* Drei-Aehren im Ober-Elsass. Gedichte. Mülhausen 1873, in-12, V—74 p., br.

— voir aussi **Muess, Ign.**

2316 **Trolé, Valterre et Peugnet.** — *Précis du procès* de MM. Trolé et consorts, ex-officiers d'artillerie, prévenus d'attentat contre le gouvernement royal et d'associations sécrèttes dans leurs corps respectifs. Strasbourg 1822, in-12. 128 p., br.

2317 **Trompeter (Der wackere).** Eine Kriegsscene aus den Feldzügen Napoleons. Strassb. 1850, in-24, 34 p., cart. orig. ill. Av. frontisp. et titre lith.

2318 **Türckheim. Frédéric-Guillaume.** — *Edel, Fr. W., & Em. Braunwald.* Reden bei dem Leichenbegängnisse von Wilhelm von Türckheim, gesprochen in der Neuen-Kirche, den 13ten Jänner 1831. Strassb. 1831. in-12. 16 p., br.

2319 **Türckheim, Jean-Frédéric de.** — *Braun & Kratz.* Discours prononcés le 13 décembre 1850, sur la tombe de M. Frédéric de Türckheim, président honoraire du Consistoire général de l'Eglise de la Confession d'Augsbourg, anc. Maire de la ville de Strasbourg. S. l. ni d, in-8⁰. 11 p., br.

2320 — (*Spach, L.*) Frédéric de Türckheim, maire de Strasbourg. (Pages 459 à 482 du T. II des „Oeuvres choisies de Louis Spach"). S. l. ni d., gr. in-8⁰. br.

2321 **Türckheim, Lilli de, née de Schoenemann.** — *Dürckheim, Ferd. Eckbrecht von.* Lilli's Bild geschichtlich entworfen. Mit Photogr. nach dem besten Familienbilde u. einem Anhang, Lilli's Briefwechsel enthaltend. Nördlingen 1879, in-8⁰, VII—126 p., br.

— voir aussi **Goethe.** — *Goethevorträge (Strassburger).*

Turckheim. — voir **Colmar. — Chauffour, I.** *Observations* . . . .

2322 **Turquestein.** — *Fischer, Dag.* Die ehemalige Bergveste Turkstein in Lothringen. Topographisch u. historisch dargestellt. Zabern 1879, in-18, III—28 p., br.

2323 — *Lepage, Henri.* Les seigneurs, le château, la châtellenie et le village de Turquestein. (Extr. des „Mémoires de la Société d'Archéol. lorr.") Nancy 1886, in-8⁰, 92 p., br. Avec figures, plan et carte

Valentin, Edmond. — voir **Strasbourg. Siège de 1870. —** *Delabrousse.*

Valterre (Officier d'Artillerie). — voir **Trolé. —** *Précis du procès* . . .

2324 Veilleur de Nuit (Le). Album d'Alsace et de Lorraine, illustré par *P. Ballet, E. Boetzel, Jundt, Lallemand, Laville, Th. Schuler, Touchemolin, etc. etc.* 1re année (seule parue). Strasbourg 1857. 1 vol. in-4º, br.

2325 Véron-Réville. Essai sur les anciennes juridictions d'Alsace. Colmar 1857, gr. in-8º, XV—248 p., broché.

2326 — Même ouvrage. Demi-rel. chagr. rouge. av. coins, non rogné. (Bel exempl.

2327 Versuch einer deutschen Sprachlehre. Strassburg 1803, in-18, 160 p.' br.

2328 Verzeichniss (Alphabetisches) der Gemeinden in Elsass-Lothringen mit Angabe der Einwohner- und Häuserzahl derselben nach der Zählung von 1871. (Extr. du „Jahrbuch für Elsass-Lothringen"). Strassb. 1874, in-8º. 62 p., cart.

2329 Verzeichniss sämmtlicher Ortschaften, sowie der einzeln liegenden Anwesen, Gehöfte, Förstereien u. s. w. von Elsass-Lothringen. Zusammengestellt bei d. Kais. Ober-Post-Direction in Strassburg (Els.). Berlin 1894, gr. in-8º, XV—183 p., cart. Mit Nachträgen.

2330 Villé (Val de). — *Nartz, l'abbé Th.* Le Val de Villé. Recherches historiques. Strasb. 1887, gr. in-8º. VIII 511 p., br. Av. carte, vues et écussons.

2331 V(inaty). Résumé de l'histoire d'Alsace. Paris 1825, in-24. III—375 p.. demi-rel. chagr. rouge, non rogné.

2332 — Même ouvrage. br.

Vogesenclub. — voir **Club vosgien.**

2333 Vorschläge (Vorläufige) zu einer zweckmässig eingerichteten Kirchen-Verfassung der Protestanten Augsburgischen Bekenntnisses in den Departements des Ober- u. Nieder-Rheins. der Saône u. des Doubs. Strasb. 1790, in-12, 84 p., br.

2334 Vosges. — *Aux Vosges alsaciennes.* Paris, s. d., gr. in-8º, 7 p.. br,

2335 — *Ganier, Henry, et Jules Froelich.* Voyage aux Châteaux historiques des Vosges septentrionales. Paris 1889, gr. in-8º. VIII—511 p.. demi-rel. chagr. rouge, plats toile. fers spéc. Avec 207 dessins originaux, un frontispice colorié et une carte.

2336 — *Golbéry, P. de.* Mémoire sur quelques anciennes fortifications que l'on voit au sommet des Vosges. (Pages 334 à 402 d'un recueil). S. l. ni d., in-8º, br.

2337 — *Imlin, Emanuel Friedrich.* Vogesische Ruinen u. Naturschönheiten. Mit 14 Abbild. Strassburg 1821. in-8º, VI—103 p., br.

2338 — *Roehrich, Mme Ernest.* Les Vosges alpestres: Autour du Hohneck et du Ballon. Paris 1897, in-12. V—106 p., br.

2339 — *Voulot, F.* ABC d'une Science nouvelle. Les Vosges avant l'Histoire. Etude sur les Traditions. les Institutions, les Usages, les Idiomes . . . des Habitants primitifs de ces Montagnes. Mulhouse 1872. 1 vol. in-fol., demi-rel chagr., plats toile, tr. jaspées. Av. 80 planches. (Taches d'encre sur 2 planches, autrement bel exempl.)

2340 Voulot, F. Petite Géographie historique et politique des départements du Haut- et du Bas-Rhin (ancienne Province d'Alsace). 7e édition. Strasbourg 1867, in-24, 80 p., br.

2341 Waag, Catherine-Salomé. — *Hitschler, J. Ch.* Worte gesprochen am Grabe der weiland Demoiselle Catharina Salome Waag, den 16. Juny, gestorben den 14ten Juny 1838. Colmar 1838, in-16, 8 p., br.

2342 Wachter, Elisabeth. — *Haffner, Isaak.* Predigt bey der Beerdigung von Elisabeth Wachter, geborener Büchel. Sie entschlief den

14ten Julius 1819 in einem Alter von 84 Jahren. Strassb. (1819), in-8⁰, 23 p., br.

2343 **Wagner, Bernhard**. — *Hertzliche Freuden-Bezeugung* / welche / als der Hoch-Ehrwürdig / Hoch-Achtbar / und Hoch-Gelehrte Herr Bernhard Wagner / . . . . den 12. Maji des 1701 Jahrs zum zweyten mahl Rector Magnificus Löblicher Universität zu Strassburg sollenniter renunciret wurde / auss schuldigster Observantz ablegen sollen Ihro Magnificentz Höchst-verbundenes Collegium Wilhelmitanum. Strassb. (1701), in-fol.. 4 p., br.

2344 **Walbourg**. — *Spach, L.* Charte de l'Evêque Guebhard de Strasbourg confirmant les priviléges accordés à l'abbaye de Sainte-Walpurge (Walbourg) par l'Empereur Henri V. . . . . (Extr. du „Bull. de la Soc. des Mon. hist. d'Alsace"). Strasb., s. d.. gr. in-8⁰, 4 p. à 2 col., br.

— voir aussi { **Niederhaslach**. — *Straub, A.*
{ **Sainte-Walpurge**. — *Spach, L..*

2345 **Waldhambach**. — *Spieser. J.* Schriftdeutsche Wörter mit abweichendem Sinn in der Mundart des Dorfes Waldhambach. (Extr. du „Jahrbuch f. Gesch., Sprache u. Litter. Els.-Lothr.") Strassb. 1898, in-8⁰, 16 p., br.

2346 **Waldner, Eugène**. Catalogue sommaire des principaux ouvrages publiés sur l'Alsace. Corbeil, s. d. (1888), in-fol, 11 pages à 2 colonnes, br.

2347 **Walter, Hermann**. Sechs Monate Gefängniss. Aufzeichnungen eines demokratischen Redakteurs während seiner Gefängnisshaft. Colmar 1898, in-18, VI—304 p., br.

2348 **Wangenbourg**. — *Fischer, Dag.* Wangenburg, Freudeneck, Schacheneck & Haselburg. Histor.-topogr. dargestellt. Zabern 1875, in-12, 32 p., br.

2349 **Warnod, Emma**. — *Roehrich, Mᵐᵉ Ernest.* Emma Warnod. Notice biographique. Paris 1893, in-18, VII—99 p., br., convert. ill.

2350 **Waser, Henri**. — *Spach, Ludw.* Heinrich Waser. Ein Drama in 5 Aufz. mit Gesängen. Strassb. 1875, in-12, 130 p., br.

2351 **Wasselonne**. — *Fischer, Dagobert.* Das ehemalige Amt Wasslenheim nach gesch. Quellen dargestellt. Strassb. 1871, in-8⁰, 55 p., br.

2352 — *Helmer, M.* Sammlung von geschichtlichen Notizen der Umgegend von Wasslenheim und Molsheim. Wasslenh. 1851, in-18, 137 p., br. Av. répert. manuscrit ajouté. (Rare).

2353 — *Stolz, Joh. Christ.* Die merkwürdige Begebenheit der franz. Staats-Veränderung, dargestellt in einer Predigt über Psalm 87, 1 . . . den 2. Oktober in Wasslenheim gefeiert. Strassb. 1791, in-12, 15 p., br.

2354 **Wattwiller**. — *(Heuschel, Dr.)* Notice sur les bains de Wattwiller à propos de la construction projetée d'un nouvel établissement. Belfort 1865, in-8⁰, 15 p., br.

2355 — (—) Quelques nouvelles observations sur les eaux ferro-arsénicales de Wattwiller. Mulhouse 1868, in-8⁰, 36 p., br.

2356 — *R(obert), A.* Notice sur Wattwiller (Haut-Rhin). (Extr. de la „Revue d'hydrologie médicale). Nancy 1880, in-24, 15 p., br.

2357 — *Stoeber, Aug.* Das ehemalige Städtchen Wattweiler im Ober-Elsass. Geschichtl. Aufzeichnungen. 2. verm. Bearbeitung. Mülhausen 1873, in-8⁰, 59 p., br.

2358 **Wegweiser durch das Elsass** oder Genaue Beschreibung aller Haupt- und Nebenstrassen in den beiden rheinischen Departementen, mit Benennung aller Städte, Dörfer, und richtiger Angabe der Entfernung der Ortschaften einer von der andern. Strassburg, s. d., in-24, 110 p., br.

2359 **Weisgerber, Dr. Henri.** L'Alsace au commencement du XVIII⁰ siècle, d'après un Mémoire inédit de l'Intendance. (Extr. de la „Revue d'Alsace"). Belfort 1897—98, gr. in-8⁰, 51 p., br.

2360 **Weiss, Jean - Daniel.** — *Küss, J. J.* Rede an der Bahre des Herrn Johann Daniel Weiss, evang. Pfarrers von Lingolsheim, . . . Gehalten am 3. Oktober 1823. Strassb., s. d., in-8⁰, 7 p., br.

2361 **Weitbruch.** — *Quirin, F. A.* Die Hexe von Weitbruch. Geschichtliches Zeit- u. Sittengemälde aus dem Elsass, für das Volk bearbeitet. Strassb. 1879, in-12, 95 p., cart.

2362 **Wencker, Daniel.** — *Monumentum pietatis,* quod honori et memoriae viri . . . Dn. Danielis Wenckeri, Reipubl. Argentoratensis consularis amplissimi, ... die XXVI. Januarij 1675 . . . consecrarunt Collegii Wilhelmitani Alumni. Argentor. (1675), in-fol., 4 p., br.

2363 **Wencker, Jacques.** — *Rühmlichst geführter und seelig geschlossener Lebens-Lauff* / weiland des Hoch-Edlen . . . . Herrn Jakob Wenckers / In der Königl. Freyen Statt Strassburg gewesenen Höchstverdienten ältesten Ammeisters / Dreyzehners und Scholarchen / welcher von hohem Alter entkräfftet / . . . den 22. Octobr. 1715 . . . . seelig entschlaffen / Seines Alters 82. Jahr / weniger 11 Tage. Strassb. (1715), in-fol., 8 p., cart.

2364 **Wesserling.** — *Wesserling et la vallée de Saint-Amarin.* („L'Europe illustrée", Nᵒˢ 83/84). Zürich (1887), in-18, 33 p., br. Avec 21 illustr. par *J. Weber* et 1 carte.

2365 **Weyermüller, Friedrich.** Die Völker Südafrika's, nach Augenzeugen geschildert; und die Geschichte der Mussetse. Strassb. 1842, in-24, V—143 p., cart. Avec frontispice et carte.

2366 **Wickram, Georges.** — *Scherer, Wilh.* Die Anfänge des deutschen Prosaromans und Jörg Wickram von Colmar. Eine Kritik. („Quellen u. Forschungen z. Sprach- u. Culturgeschichte d. german. Völker", H. 21). Strassb. 1877, in-8⁰, 103 p., br.

2367 — *Stoeber, Aug.* Jörg Wickram, Volksschriftsteller und Stifter der Colmarer Meistersängerschule im 16. Jahrh., und dessen vorzüglichste Schriften. 2. Aufl. Mülhausen 1866. in-18, VII—57 p., br.

2368 **Wiegand, Prof. Dr.** Die Schlacht zwischen Cäsar u. Ariovist. Vortrag gehalten . . . am 17. Febr. 1892. (Extr. du „Bull. de la Soc. des Mon. hist. d'Alsace"). Strassb. 1893, gr. in-8⁰, 11 p., br.

2369 **Wihr-en-Plaine.** — *Herrenschneider, E. A.* Versuch einer Ortsgeschichte von Weier auf'm Land. Colmar 1890, in-8⁰, 86 p., br. Av. 2 planches lith. et quelques figures.

2370 **Wimpfeling, Jacques.** — *Martin, Ernst.* Jacob Wimpfelings Germania. 1501. (Strassb. 1884), gr. in-8⁰, 16 p., br.

2371 — *Germania von Jacob Wimpfeling,* übers. u. erläut. v. *Ernst Martin.* Mit ungedr. Briefen von Geiler u. Wimpfeling. Strassburg 1885, in-8⁰, 119 p., br.

2372 **Winkler, C.** Beitrag zur Kunstgeschichte des Mittelalters im Elsasse und speciell der elsässischen Burgen. Strassburg 1881, in-18, 20 p., br.

2373 — Versuch zur Aufstellung einer archäologischen Karte des Elsass. Mit 1 Karte des Elsass im Massstabe von 1 : 200,000. Colmar 1896, gr. in-8⁰, 24 p., br.

2374 — Neue Gesichtspunkte über die Lage des Cäsar-Ariovist'schen Kampfplatz. Mit einer Karte. Colmar 1896, in 12, 13 p., br.

2375 — Der Caesar-Ariovist'sche Kampfplatz. Mit Karten u. perspekt. Ansichten. Colmar 1898, gr. in-8⁰, 20 p., br.

2376 — Kaiserschloss und Burggrafenburg „Nürnberg", eine archäolog. Studie über ihren muthmasslichen Zustand zu Anfang des XV. Jahrhunderts. Mit 3 Zeichnungen. Colmar 1898, gr. in-8⁰. 15 p., br.

2377 **Winkler, C., & K. Gutmann.** Leitfaden zur Erkennung der heimischen Altertümer. Erläutert durch 300 Zeichnungen. Colmar 1894, gr. in-8°, 108 p., br.

2378 **Winkler, G.** — *Beleuchtung der Schrift:* „Warum bin ich katholisch geworden? von G. Winkler, ehemaligem protestantischen Schullehrer in Dorlisheim". Ein Wort zur Beherzigung f. d. evang. Volk. Strassb. 1859, in-8°, 24 p., br.

2379 **Winterer, L.** Le Socialisme contemporain. Paris et Rixheim 1878, in-12, V—200 p., br.

2380 — Der internat. Socialismus von 1885 bis 1890. Uebersetzt v. *Joh. Berg.* Köln 1891, in-8°, VIII—188 p., br.

2381 — Eine Pilgerfahrt zu den Heiligen des Bisthums Strassburg. 2. Ausg. Rixheim 1893. in-12, 16 p., br.

2382 **Wirth, Joseph.** Les Gloires militaires de l'Alsace. Paris 1899, pet. in-fol., 320 p., br. Av. gravures hors texte.

2383 **Wissembourg.** — *Boell, Balthasar.* Der Bauernkrieg um Weissenburg. Anno 1525. Nach einem bei dem Brande der Strassburger Bibliothek im Jahre 1870 zu Grunde gegangenen Manuscript. Weissenburg 1873, in-8°, 130 p., br.

2384 — *Jung, Jean-Frédéric.* Histoire de la Réformation à Wissembourg, précédée d'une Notice histor. sur cette ville jusqu'au 16ᵉ siècle. Strasb. 1841. in-4°, II—52 p., cart. (Thèse).

2385 — *Martin, Paul.* Guerre de 1870. Batailles sur la Lauter, la Sauer et la Sarre: Wissembourg-Reichsoffen-Forbach. Av. 5 cartes. Paris 1891. in-8°, VII—295 p., br.

2386 — *Ohleyer, Prof.* Die Kirche zu St. Peter und Paul in Weissenburg. Weissenburg 1863, in-24, 29 p., br. Av. 1 plan.

2387 — *Rheinwald, J.* L'abbaye et la ville de Wissembourg, avec quelques châteaux-forts de la Basse Alsace et du Palatinat. Monographie historique. Wissemb. 1863. in-8°, XIX—509 p., br.

2388 — *Ruff, Karl.* Weissenburg und Wörth. Strassb. 1895, in-12, 189 p., br. Av. portraits et vues.

2389 — *Spach, L.* L'Abbaye de Wissembourg. Monographie. Strasb. 1857, in-8°. 85 p., br.

2390 — — Même ouvrage, autre composition, extrait du T. III des „Oeuvres de Louis Spach". Strasb.. s. d., gr. in-8°, 85 p., br.

2391 — *Zeuss. C.* Traditiones possessionesque Wizenburgenses. Codices duo cum supplementis. Spirae 1842, in-4°, XX—390 p., cart.

2392 **Wissembourg (Canton de).** — *Rigaut, A.* Description et statistique agricole du canton de Wissembourg. Topographie et aperçu historique de chaque commune. Usages locaux qui y sont en vigueur. Strasbourg 1860. gr. in-8°. VII—391 p., br.

2393 — — Même ouvrage, cart.

2394 **Witte, Dr. H.** Die Armagnaken im Elsass, 1439—1445. („Beiträge zur Landes- und Volkskunde von Elsass-Lothringen", Heft XI). Strassburg 1889, in-8°, 159 p., br.

2395 — Die ältern Hohenzollern und ihre Beziehungen zum Elsass. Festschrift zur Einweihungsfeier des Kaiser-Friedrichs-Denkmals bei Wörth. Strassb. 1895, in-fol., XII—136 p., br. Av. 8 pl. photolith.

2396 **Witter, Jean-Jacques.** — *Heliconische Freuden-Stimme* | welche als der Hoch-Edel-Gebohrne, ... Herr Johann Jacob Witter | Philosophiae Doctor, Logices & Metaphysices Prof. Publ. Ord. auf hiesiger Welt-berühmten Universität in Strassburg | .... und des Collegi Wilhelmitani Hochverdienter Inspector Sammstags den 25.

Juli 1739 Sein hohes Namens-Fest . . . celebrirte | aus innerstem
Trieb derer Hertzen . . . . erthönete in dem Ihro Excellentz so
hoch verpflichteten Collegio Wilhelmitano. Strasb. (1739), in-fol..
4 p., br.

2397 **Wohlgemeint, Karl Gotthilf.** Einige Worte zur Beherzigung der Eltern
über die Schutzblattern, sonst auch Milchblattern, Kuhpocken,
Vaccine genannt. Strassb., s. d., V—52 p., br.

2398 **Wohlwill, Dr. Adolf.** Geschichte des Elsasses in kurzer Uebersicht.
2. Aufl. Hamburg 1871, in-8⁰, 78 p., br.

2399 **Wolff, Nicolas.** — *Nerlinger, Ch.* Nicolas Wolff, et la défense des Vosges, 1814—1815. (Petite collection alsacienne). Strasbourg 1897,
in-18, 40 p., br.

2400 **Woltmann, Dr. Alfr.** Geschichte der deutschen Kunst im Elsass. Mit
74 Illustrationen in Holzschnitt. Lpz. 1876. gr. in-8⁰, XVI—330 p.,
demi-rel. amat. (Rel. fatiguée).

2401 **Woog, Fr. Ign.** Elsässische Schaubühne, oder historische Beschreibung der Landgrafschaft Elsass etc. Strasburg 1784. in-18, 452 p..
br.

Woerth-sur-Sauer. — voir ⎰ **Wissembourg.** — *Martin, P.*
⎱   „   — *Ruff. K.*

2402 **Wurst, Christian.** Piltrud. Tragödie in 5 Aufzügen. Strassb. 1882, in-
8⁰, 400 p., br. Av. lettre autogr. de l'auteur.

2403 **Wurtemberg, Henri de.** — *Nerlinger, Ch.* Henri de Wurtemberg et
Etienne Grucker. (Extr. des „Annales de l'Est"). Strasb. 1899, gr.
in-8⁰, 26 p., br.

Würtz, Lisette. — voir **Rothenbach, Michel.**

2404 **Yves, Renaud.** — *Souvenirs de M. Yves.* Dijon 1885, in-8⁰, 32 p., br.

2405 **Zeitschrift (Juristische) für das Reichsland Elsass-Lothringen.** Jahrg.
I—VI. Mannheim 1876—1881. 6 vol. in-8⁰, cart. demi-perc.

2406 **Zell, Catherine.** — *Fac simile eines Briefes* von Luther in Stein-Druck.
Nebst einigen Notizen über die Frau von Matthäus Zell, an welche
dieser Brief geschrieben ist. Strassb. 1817, in-8⁰, 15 p., br. Avec
fac-simile in-fol.

2407 — *Frommel, Emil.* Catharina Zell, Luise Scheppler, Pfarrfrau u. Pfarr-
magd. Zwei Lebensbilder aus der elsäss. Kirchengesch. Berlin
1870, in-12, IX—89 p., demi-rel. toile.

2408 **Zell, Matthieu.** — *Erichson, A.* Matthäus Zell, der erste elsässische
Reformator und evangel. Pfarrer in Strassburg. Strassburg 1878.
in-18, 66 p., br.

2409 — — Même ouvrage, tirage sur papier fort, in-12, br.

2410 — *Lehr, Ernest.* Matthieu Zell, le premier pasteur évangélique de Strasbourg (1477—1548), et sa femme Catherine Schutz. Etude biogr. et
hist. Paris 1861, in-12, 94 p., br.

2411 — *Röhrich, T. W.* Meister Matthis Zell, der erste evangelische Pfarrer
in Strassburg, nach seinem Leben u. Wirken dargestellt. Strassb.
1855, in-8⁰, 20 p., br.

2412 — *Unselt, Ferdinand.* Matthieu Zell, premier réformateur de Strasbourg.
Strasb. 1854, in-8⁰, III—36 p., br. (Thèse).

— voir aussi **Kaysersberg.** — *(Rathgeber, J.)*

2413 **Zell, Matthieu & Catherine.** — *Walther, Jules.* Matthieu et Catherine
Zell. Strasb. 1864, in-8⁰, II—100 p., br. (Thèse).

Zeyssolff, Sophie. — voir **Dollfus, Pierre.** — *Bentz, Joh.*

2414 **Zickel-Koechlin, Franç.** Souvenir d'un Contemporain, sur les événements de 1820 à 1823 en Alsace. (Extr. de la „Rev. d'Alsace"). Colmar 1851, gr. in-8⁰, VIII—75 p., cart.

2415 **Ziegler, Clément.** — *Röhrich, T. W.* Clemens Ziegler, der Gartner zu Strassburg. Ein Charakterbild aus der Reformationszeit. Strassb. 1857, in-8⁰, 15 p., br.

2416 **Zorn de Bulach.** — *A la Mémoire* de M. le Baron Ernst-Maximilien Zorn de Bulach. Strasb. (1868). in-8⁰, 16 p., br.

Zornhofen. — voir **Monswiller.** — *Fischer, Deg.*

2417 **Zuber, Jean.** — *Stoeber, Adolph.* Reden bei der Beerdigung des Herrn Johannes Zuber, Präsidenten der Mülhauser Bibelgesellschaft, den 26. Sept. 1853. Mülh. 1853, in-8⁰, 14 p., br.

2418 **Zündel, Laurent.** — *Gide, Gustave.* Biographie mulhousienne: Laurent Zündel comme diacre et historien 1720—1760. Rixheim 1898, gr. in-8⁰, 15 p., br.

2419 **Zwilling, Carl.** Die französische Sprache in Strassburg bis zu ihrer Aufnahme in den Lehrplan des Protestantischen Gymnasiums. (Pages 255 à 304 de la „Festschrift z. Feier des 350jährigen Bestehens des Protest. Gymnas.") S. l. ni d., gr. in-8⁰, br.

2420 **Zwilling, Philippe.** — *Hüter, E.* Zum Andenken an Philipp Zwilling, gewesenen Pfarrer in Neuweiler. Rede am Grabe, gehalten den 27ⁱᵉⁿ März 1856. Strassb. 1856, in-8⁰, 7 p., br.

Ouvrages omis.

2421 **Collier (Affaire du).** — 36 Mémoires judiciaires **in-18**, brochés:

  1) *Lettre à l'occasion de la détention de S. E. M. le Cardinal de Rohan à la bastille. S. l. 1785. 24 p.*

  2) *Coup-d'oeil philosophique à l'occasion de M. le Cardinal de Rohan. Av. des notes essentielles. S. l. 1785. 14 p.*

  3) *Mémoire pour Louis-René-Edouard de Rohan, Cardinal . . . . contre M. le procureur-général; en présence de la Dame de la Motte, du Sr. de Villette, de la Demoiselle d'Oliva, et du Sieur Comte de Cagliostro, Co-Accusés. A Paris, de l'Impr. de Lottin, 1786. 175 p.*

  4) *Pièces justificatives pour M. le Cardinal de Rohan. Déclarations authentiques selon la forme angloise. S. l. 1786. 41 p.*

  5) *Même plaquette, autre composition, avec Table des Pièces justificatives. S. l. ni d. 36 p.*

  6) *Réflexions rapides pour M. le Cardinal de Rohan sur le Sommaire de la dame de la Motte. Av. les Pièces justific. de son Mémoire. A Paris, de l'Impr. de Lottin. 1786. 26 p.*

  7) *— Même plaquette, autre composition. S. l. 1786. 32 p.*

  8) *Recueil de pièces authentiques et intéressantes, pour servir d'éclaircissement à l'affaire concernant le cardinal, Prince de Rohan, etc. S. l. 1786. 70 p.*

  9) *Requête justificative adressée à Nosseigneurs du Parlement à Paris, par M. le Cardinal de Rohan. A Paris. 1786. 60 p.*

  10) *— Même plaquette, autre composition, sous le titre de: Requête au parlement, les chambres assemblées, par Monseigneur le Cardinal Prince Louis de Rohan-Soubise, etc. S. l. 1786. 55 p.*

  11) *Sommaire pour la Comtesse de Valois-La Motte, accusée, contre M. le Procureur-général; accusateur; en présence de M. le Cardinal de Rohan, et autres co-accusés. Paris, de l'Impr. de L. Cellot, 1786. 64 p.*

  12) *Mémoire fait par M. l'Avocat Doillot, pour Dame Jeanne de Saint-Remy de Valois, épouse du comte de La Motte, pour l'affaire du fameux collier. S. l. 1785. 71 p.*

  13) *Réponse pour la Comtesse Devalois-Lamotte, au Mémoire du Comte de Cagliostro. A Paris, de l'Impr. de L. Cellot, 1786. 48 p.*

  14) *Mémoires justificatifs de la Comtesse de Valois de la Motte. Ecrit par Elle-même. Av. figures. En 3 parties, plus un cahier supplémentaire de 59 pages, contenant les pièces justificatives. S. l. 1789. IV—100—110—114 p. Demi rel. maroq. brun.*

2421 Collier (Affaire du). — 36 Mémoires judiciaires **in-18**, brochés:

15) *Mémoire pour la demoiselle La Guay d'Oliva*, fille mineure, émancipée d'âge, accusée; contre M. le procureur-général, accusateur; en présence de M. le, Cardinal-Prince de Rohan, de la Dame de la Motte-Valois, du Sieur de Cagliostro. et autres; tous Co-Accusés. A Paris, chez P. G. Simon et N. H. Nyon, 1786. 63 p.

16) *Second Mémoire pour la demoiselle Le Guay d'Oliva*, fille mineure . . . . Analyse et résultat des récolemens et confrontations. Av. Pièces justificatives. A. Paris, chez P. G. Simon & N. H. Nyon, 1786. 61 p.

17) *Requête pour le sieur Marc-Antoine Rétaux de Villette*, ancien gendarme, accusé; contre M. le procureur général, accusateur: en présence de M. le Cardinal-Prince de Rohan, de la dame de la Motte-Valois, du sieur Cagliostro, de la demoiselle d'Oliva, et autres: tous co-Accusés. S. l. 1786. 26 p.

18) *Mémoires authentiques pour servir à l'histoire du comte de Cagliostro.* S. l. 1785. 91 p.

19) *Le Charlatan démasqué ou les aventures et exploits du Comte de Cagliostro.* Précédé d'une lettre de M. le Comte de Mirabeau. A Francfort sur le Mayn, 1786 30—62 p.

20) *Cagliostro démasqué à Varsovie*, ou Relation authentique de ses Opérations alchimiques & magiques faites dans cette Capitale en 1780. Par un Témoin oculaire. S. l. 1786. VI—63 p.

21) *Mémoire pour le Comte de Cagliostro*, accusé: contre M. le procureur-général, accusateur; en présence de M. le Cardinal de Rohan, de la Comtesse De La Motte, et autres Co-Accusés. S. l. 1786. 76 p.

22) *Requête à joindre au Mémoire du Comte de Cagliostro. A Nosseigneurs du Parlement*, la Grand'-Chambre assemblée. De l'Impr. de Lottin. Mai 1786. 14 p.

23) *Lettre d'un Garde du Roi*, pour servir de suite aux Mémoires sur Cagliostro. Epigraphe. A Londres 1786. 34 p.

24) *Requête au parlement*, les Chambres assemblées, par le Comte de Cagliostro. signifiée à M. le Procureur-Général, le 24 févr. 1786. S. l. ni d. 7 p.

25) *Mémoire instructif*, remis à S. M. la Reine le 12 août 1785 par les Sieurs Bohmer et Bassange. Av. les Plaintes du Procureur-Général et autres pièces relatives à l'Affaire du Collier. S. l. 1786. 24 p.

26) *Mémoire pour Jean-Charles-Vincent de Bette-d'Etienville*, Bourgeois de St. Omer en Artois, accusé; contre le Sieur Vaucher, Marchand-Horloger, & le Sieur Loque, Marchand Bijoutier à Paris, Plaignants. Défense à une accusation d'escroquerie. Mémoire à consulter et consultation. A Paris, de l'Impr. de L. Cellot, 1786. 56 p.

27) *Second Mémoire à consulter et Consultation*, sur la défense à une accusation d'escroquerie, pour Jean-Charles-Vincent de Bette d'Etienville, Bourgeois de Saint-Omer en Artois, détenu ès Prisons du Châtelet de Paris, Accusé. A Paris, de l'Impr. de Cailleau, 1786. 24—23 p.

28) *Mémoire pour le Sieur de Bette d'Etienville*, servant de réponse à celui de M. de Fages. A Paris, de l'Impr. de Cailleau, 1786. 38 p.

29) *Supplément et suite aux Mémoires du Sieur de Bette d'Etienville*, ancien chirurgien sous-aide-major, pour servir de Réponse aux différens Mémoires faits contre lui. A Paris, de l'Impr. d'André-Charles Cailleau, 1786. 71 p.

30) *Mémoire pour M. le Bon de Fages-Chaulnes*, Garde-du-Corps de Monsieur, Frère du Roi, accusé, contre les Sieurs Vaucher et Loque, marchands bijoutiers, accusateurs, et encore contre M. le Procureur-Général. A Paris, chez Prault, 1786. 46 p.

31) *Mémoire pour les Sieurs Vaucher, Horlogers, et Loque, Bijoutier.* Accusateurs: contre le Sieur Bette d'Etienville, le Baron de Fages-Chaulnes, et autres Accusés; en présence de Monsieur le Procureur-Général. S. l. 1786. 96 p.

32) *Compte rendu* de ce qui s'est passé au Parlement rélativement à l'affaire de M. le Cardinal de Rohan. Av. Pièces justificatives. S. l. 1786. 157—31 p.

33) *Arrêt du Parlement*, la Grand'-Chambre assemblée. Du 31 mai 1786. A Paris de l'Impr. de Cl. Simon, 1786. 44 p.

34) *Rélation de l'Exécution* de l'arrêt, rendu contre Madame de la Motte, & les autres condamnés, dans l'affaire du Collier. A Paris le 21 juin 1786. 8 p.

35) *Mémoire pour le Comte de Cagliostro*, demandeur: contre Me. Chesnon, le fils, commissaire au Châtelet de Paris; et le Sieur de Launay, . . , . . Défendeurs. S. l. 1786, 40 p.

36) *La dernière pièce du fameux Collier.* S. l. ni d. 34 p.

2422 — 6 Mémoires judiciaires **in-4⁰**, réunis en 1 vol., demi-rel. cuir ord. Renferme en dehors des 5 Nᵒˢ suivants de la collection précédente: No. 3 (154 p.), 12 (46 p.), 13 (48 p.), 15 (46 p.), 21 (51 p.): „Lettre du Comte de Cagliostro au peuple anglois, pour servir de suite à ses Mémoires". S. l. ni d., 79 p.

2423 — *Campardon, Emile.* Marie-Antoinette et le Procès du Collier, d'après la procédure instruite devant le Parlement de Paris. Ouvrage orné de la grav. du collier et enrichi de divers autographes inédits. Paris 1863, gr. in-8⁰, VIII—452 p., demi-rel. chagr.

2424 — *Lamotte-Valois, Comte de.* Mémoires inédits sur sa vie et son époque

(1754—1830). Affaire du Collier. Publiés d'après le manuscrit autogr. . . . . par *Louis Lacour*. Paris 1858, in-12, XXXIX—398 p, demi-rel. chagr.

2425 **Colmar.** — *(Lerse, Franz)*. Geschichte der Reformation der ehemaligen Reichsstadt Colmar und ihrer Folgen bis 1632. (1re édit.) (Berlin) 1790, in-8⁰, 142 p., cart. (Cette 1re édit. est fort rare).

2426 **Conseil souverain d'Alsace.** — *Pillot et de Neyremand.* Histoire du Conseil souverain d'Alsace. Paris 1860, gr. in-8⁰, 568 p., demi-rel. chagr. brun.

2427 **Desaix, Louis-Charles-Antoine.** — *Goepp, Ed.* Desaix (1768—1800). Av. 1 portr. et 1 carte. (Pages 77—135 de „Goepp, Ed. Les grands hommes de la France“, 1re série). Paris 1872, in-12, br.

— voir aussi No. 2431.

2428 **Dietrich, Frédéric de, et Dominique.** — *Spach, Louis.* Frédéric de Dietrich, premier Maire de Strasbourg. Av. portr. dess. et gravé par *C. Guérin*. Strasb. 1857, 142 p. — *Spach, Louis.* Dominique Dietrich, Ammeistre de Strasbourg. Strasb. 1857, 66 p. — Les 2 ouvrages en 1 vol. gr. in-8⁰, demi-rel. chagr.

2429 **Erckmann-Chatrian.** Romans nationaux illustrés: La Guerre. — Waterloo. — Madame Thérèse. — L'Invasion. — Le Blocus. — Conscrit de 1813. — Histoire d'un Homme de Peuple. Paris 1872—1875. 1 vol. gr. in-8⁰, demi-rel. chagr. rouge, av. coins, tr. dor. Illustr. par *Riou et Th. Schuler*.

2430 — Histoire d'un Paysan. 1789—1815. Illustrée par *Théoph. Schuler*. Paris, s. d. 1 vol. gr. in-8⁰, demi-rel. chagr. vert.

2431 **Kléber, Jean-Baptiste.** — *Garat, le Cen.* Eloge funèbre des Genéraux Kléber et Desaix. Paris, an IX, in-8⁰, 107 p., br.

2432 — *Goepp, Edouard.* Kléber (1753—1800). Av. 1 portr. Paris 1872, in-12, 76 p., br. (Extr. de „Goepp, Ed. Les grands hommes de la France“, 1re série).

2433 — *Kléber.* (Pages 101—133 de l'ouvrage: „Les Généraux de la République“). S. l. ni d., gr. in-8⁰, br. Av. portrait et 2 vues de batailles.

2434 **Révolution française.** — *Administration provinciale d'Alsace.* Précis des opérations de la commission intermédiaire provinciale d'Alsace, jusqu'au 15 Février 1789. Strasbourg, Levrault, 1789, in-4⁰, III—121 p., cart.

2435 — *Archives d'Alsace*, ou Recueil des actes publics concernans cette province, pour servir de pièces justificatives aux considérations et aux questions d'état sur la même province. S. l. 1790, in-8⁰, 415 p., demi-rel. cuir ord.

2436 — *Considérations sur les droits particuliers* et le véritable intérêt de la Province d'Alsace, dans la présente situation politique de la France, . . . Strasb. 1789, in-8⁰, VI—198 p., cart.

2437 — *Constitution civile du Clergé.* Réunion de 17 brochures relatives à ce sujet:

 1) Daunou. Accord de la Foi catholique avec les Décrets de l'Assemblée Nationale, sur la Constitution civile du Clergé. Strasb. 1791, 21 p.
 2) Adresse d'un Ministre protestant à ses Concitoyens protestans, Electeurs du Département du Bas-Rhin. S. l. ni d., 4 p.
 3) Sermon civique d'un Prêtre du Département du Jura, à d'autres Prêtres en retraite. Strasb. 1791, 102 p.
 4) Rede Herrn Brendels, des öffentlichen Lehrers des geistl. Rechts, der Universität zu Strassburg, ehe derselbe in der Münster-Pfarrkirche dieser Stadt, seinen Eid abgelegt. Strasb., an II, 11 p.
 5) Profession de foi d'un Patriote, grand ami de la paix, et ennemi juré de tous les partis extrêmes. S. l. ni d., 7 p.
 6) Charier de la Roche. Examen des Principes sur les Droits de la Religion . . . Paris 1790, 74 p.

7) *Epître d'un Casuiste allemand* aux Evêques de France. S. l. ni d., 5 p.
8) *Principes généraux des Protestans* de la Confession d'Augsbourg et leur incompatibilité avec la Constitution civile du Clergé. S. l. ni d., 38 p.
9) *Schreiben eines Katholischen Bürgers* an seinen Schwager, im Unter-Elsass. S. l. ni d., 8 p.
10) *Gespräch eines Pfarrers* und eines Leinwebers über den kathol. und luther. Bischoff. S. l. ni d., 20 p.
11) *Instruction patriotique et canonique*, en réponse à l'Instruction pastorale de M. l'Evêque de Strasbourg. Strasb. 1791, 32 p.
12) *Rationabile sit obsequium vestrum.* Euer Gehorsam sey vernünftig. Röm. 12, 1 S. l. ni d., 14 p.
13) *Rumpler.* A Messieurs de la Société des Amis de la Constitution. Strasb. 1791, 8 p.
14) *Catéchisme des bons prêtres* et de la paix. Paris 1791. 8 p.
15) *Lettre d'un Ecclésiastique*, écrite à un autre qui va prêter le serment. . . . . S. l. ni d., 15 p.
16) *Gelin, Joh. Georg.* Rede gehalten vor der Ablegung seines Eides in der Pfarrkirche zu St. Ludwig, den 6. März 1791. Strasb., s. d., 19 p.
17) *Discours de Mr. Marotel*, administr. de la Cure de Rothau . . . . . tenu à la Soc. des Amis de la Constitution de Rothau, le 22 mai 1791 . . . S. l. ni d., 7 p.
Un vol. in-8⁰, cartonné.

2438 Révolution française. — *Correspondance du Révérend Evêque de Lydda,* avec ses commettans. S. l. ni d., XII—161—7—4—4—4 p., cart.

2439 — *Franzosen (Die alten) in Deutschland,* hinter der neufränkischen Maske verschlimmert. Oder: Cüstin's Heldenthaten vom 1. Oktober bis zu Ende des Jahres 1792. Deutschland, bei G. Kellermann. 1793, in-18, XVI—352 p., cart.

2440 — *Franzosen (Die) am Rheinstrome.* Heft 1–4, complet. S. l. 1794—1795. 2 vol. in-18, 254—315 p., cart. Av. 2 pet. portr. sur cuivre: Ad. Phil. Custine et A. Beauharnais.

2441 — *Heitz, F. C.* La Contre-Révolution en Alsace de 1789 à 1793. Pièces et documents relatifs à cette époque. Strasbourg 1865, in-8⁰. IV—332 p., demi-rel. chagr.

2442 — *Mathieu.* Alsace et Strasbourg. Nᵒˢ 1 à 3 complet. Strasb. (1790), in-4⁰, cart.

2443 — *Procès-verbal des séances* du Conseil général du département du Bas-Rhin. Année 1791. Strasb. 1792, in-4⁰. III—209—CIII p., br.

2444 — *Véron-Réville.* Histoire de la révolution française dans le département du Haut-Rhin, 1789—1795. Colmar 1865, gr. in-8⁰, X—301 p., demi-rel. chagr.

2445 — *Weis,* Ex-Curé à Thann. Les Inconséquences et les Conséquences, dévoilées devant le tribunal de l'Opinion publique . . . Belfort 1819, in-8⁰, 137 p., cart.

2446 Sainte-Odile. — (*Umbricht, l'abbé*). Le Mont Sainte-Odile et ses promenades. (Nancy) 1904, in-12. XV—107 p., br. Av. carte et illustrations.

2447 Schlestadt. — *Tableau de la Municipalité actuelle* de la ville de Schletstatt et des principales circonstances et nécessité de cet heureux changement. S. l. 1789, in-8⁰. 182 p., cart.

2448 Schneider, Euloge. — (*Cotta, F.*) Eulogius Schneider's ehemal. Professors in Bonn etc. Schicksale in Frankreich. Strassb. 1797. in-12. 247 p., cart. (Rare). (*L'auteur, F. Cotta, avait épousé la veuve d'Eul. Scheider, Thérèse Stamm, de Barr*).

2449 — *Heitz, F. C.* Notes sur la vie et les écrits d'Euloge Schneider. Strasbourg 1862, in-8⁰, IV—168 p., demi-rel. maroq. brun.

2450 Strasbourg. — *Procès-verbal des séances* de l'assemblée provinciale d'Alsace (tenues à Strasbourg aux mois de Nov. et Déc. 1787). Strasbourg 1788, in-4⁰. 283 p., demi-rel. chagr.

2451 — **Révolution.** — *Cotta, Friedr.* Strasburgisches politisches Journal, eine Zeitschrift für Aufklärung und Freiheit für 1792. Strasb. 1792. 2 vol. in-18, demi-rel. veau. (Très rare).

2452 **Strasbourg. — Révolution.** — *Heitz, F. C.* Les Sociétés politiques de Strasbourg pendant les années 1790 à 1795. Extraits de leurs procès-verbaux. Strasb. 1863, in-8⁰. VIII—400 p., demi-rel. maroq.

2453 — — *Procès-verbal d'installation* de la Municipalité de Strasbourg. Strasb. 1790, in-8⁰, 142 p. — *Aktenmässige Beschreibung* der Feyerlichkeiten bey der Einsetzung der Municipalität zu Strasburg. Strasb. 1790, in-8⁰, 130 p. — Les deux réunis en 1 vol. rel. basane, tr. rouges.

2454 — — *Procès-verbal des séances* du Conseil général de la Commune de Strasbourg. du 20 Août 1790, etc. Strasbourg 1791. 2 vol. in-8⁰. 335—483 p., cart.

2455 — — *(Turckheim, J. de).* Mémoire de droit public sur la ville de Strasbourg et l'Alsace en général. Strasb. 1789, in-4⁰, 135—10 p., cart. Bel exempl.

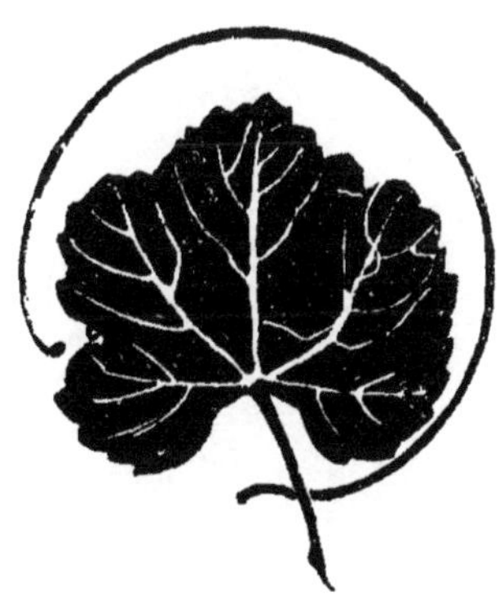

DEUXIÈME PARTIE.

Estampes.

DEUXIÈME PARTIE.

Estampes.

Notes et éclaircissements concernant la collection d'estampes.

La collection d'estampes comprend les dessins, gravures, lithographies, etc. ayant un caractère alsatique ou lorrain, tant par les sujets qu'ils représentent que par les artistes qui les ont produits, soit qu'ils aient été publiés isolément, soit qu'ils fassent partie de recueils ou autres productions bibliographiques.

Les estampes sont montées sur du papier fort gris bleuté. Comme les dimensions des estampes varient indéfiniment, on a adopté des formats différents désignés par les capitales A, B, C, O. pour la carte sur laquelle elles sont fixées : savoir:

A format jésus in-plano de 640 mm de hauteur sur 480 mm de largeur.

B format raisin in-folio de 480 mm de hauteur sur 320 mm de largeur.

C format raisin in-4⁰ de 220 mm de hauteur sur 176 mm de largeur.

O format comprenant les estampes in-fol. maximo dépassant les dimensions du format A.

Pour le classement méthodique, voir la table des matières à la fin du volume.

II. Estampes.

A. Portraits de Personnages nés ou ayant séjourné en Alsace.

2456 **André, Jean-François.** *(Né à Toul le 7 avril 1767, il prit grande part au mouvement de la Révolution. Maire de Strasbourg de 1794 à 1795, et plus tard, à partir de 1811, Conseiller à la cour de Colmar, il est mort dans cette dernière ville le 15 Oct. 1848).* In-8⁰, buste à droite, dans un ovale. Ant. Meyer, Photog., Colmar. (Pl. des „Biographies alsaciennes"). Av. marges. (B).

2457 **Andrieux, F(ranç.) G(uill.) J(ean) S(tanislas).** Membre de l'Institut. Professeur au Collège de France, né à Strasbourg le 6 mai 1759. *(Mort à Paris le 9 mai 1833).* Pet. in-fol., buste à droite. H. Garnier. Lith. de Ducarme. (Pl. de „Galerie universelle". publ. p. Blaisot). Pet. marges. (B).

2458 **Antin, Ludewig Anton, Hertzog von,** General-Lieutenant von Elsas, und Ober-Aufseher der königl. Gebäude, Academien etc. *(Fils de Mme de Montespan et de Henri-Louis de Pardeillan de Gondrin, marquis de Montespan, né en 1665, mort à Paris, le 2 Décbr. 1736).* In-12, buste en méd. ov., rogné. (B).

2459 **Aufschlager, J(ean) F(rédéric).** *(Prof. au Gymnase prot. de Strasbourg, né à Kuenheim en 1766, mort en 1833).* In-12, buste de face en méd. ov. J. D. Beyer fecit. Lith. de G. Engelmann. (Pl. de la „Galerie alsacienne"). Pet. marges. (B).

2460 **Bartenstein, Joh. Philippus,** in Argentoratensi Universitate Logices et Metaphysices Professor, etc. Natus Lindauiae Ao. 1650, d 3. Dec. St. v. defunctus Argentinae d. 12. Sept. 1726. Meyer Pinx., P. J. Lutherburg Argent. sculp. In-fol., à mi-corps, tonrné à droite, dans un encadr. ov., av. armoiries. Sans marges. (B).

2461 **Bartholmé.** *(Négociant en vins à Strasbourg).* In-4⁰, à mi-corps, assis dans un fauteuil, profil à droite, lith. de Simon fils. Sur Chine, av. marges. (A).

2462 **Bayle, Petrus.** Carla-Fuxiensis, Primum Sedanensis, postea Roterodamensis Professor .... Nat. A. 1647 d. 18. Nov. Den. A. 1706 d. 28. Decembr. In-12, buste à gauche. J. F. Schmidt sculps. A toutes marges. (B).

2463 **Bebelius, Balthasar,** Argentoratensis. SS. Theol. D. et PP. Ord. in Univ. .... 1669 *(né 1632, † 1686).* In-8⁰, buste à droite, en méd. ov. Barth. Hopffer pinx., Philip Kilian sculps. Lég. et huit vers lat. Rogné. (B).

2464 **Berckheim, Général Sigismond-Guillaume B^{on} de.** *(Né à Mannheim, le 24 mai 1819. Le 21 décembre 1866 il fut nommé général de brigade et choisi par Napoléon III pour officier d'ordonnance. Après la guerre de 1870/71, il passa général de division. Il est mort en 1892).* In-8⁰, à mi-genoux, tourné à gauche. Ant. Meyer. Photog., Colmar. (Pl. des „Biographies alsaciennes"). Av. marges. (B).

2464a — In-12, buste 3/4 à gauche dans un ovale. J. D. Beyer fecit. Lith. de Engelmann. (Pl. de la „Galerie alsacienne"). Av. marges. (B).

2465 **Bergmann, Gustave Adolphe.** *(Né le 6 mai 1816 à Strasbourg, † le 21 mai 1891).* Pet. in-4⁰, buste à gauche. P. B(éguin). (Portrait extrait de „D'r Meiselocker u. D'r Maikäfer"). (B).

2466 **Berneggerus, Matthias.** Histor. Profess. Argentorat. Obiit 5. Febr. 1640, natus annos 57. *(Né en 1582).* In-8⁰, buste à droite, en méd. ov. Av. encadr. et compositions allégor. Lég. et 4 vers lat. P e t r i A u b r y sculp. et exc. Arg. Av. marges. (B).

2467 — In-24, buste à droite, en méd. ov. M e l c h i o r H a f f n e r sculpsit Aug. Sans marges. (C).

2468 — In-24, à mi-corps, entouré de livres etc., lég. et 4 vers lat. de Jo. Freinshemius. Edebatur Argentorati, Anno Christiano MDCXL. Sans marges. (C).

2469 — In-64, buste à droite, sans marges, remonté. Lég. lat. (C).

2470 **Biaudos, André de,** Comte de Castéja . . . . Préfet du Départ. du haut Rhin etc. *(de 1815 à 1819).* In-fol., buste, ³/₄ à gauche, en méd. ov., av. armoiries. Dessiné par J o s. S c h o e n s c h u t z, Impr. Lith. de G. Engelmann. A gr. marges. (A).

2471 **Billing, Sigismond.** Pasteur. Né à Colmar en Alsace, le 21 Sept. 1742 . . . . mort le 26 décemb. 1796. In-fol., à mi-corps, profil à gauche, en méd. ov. Copié p. Fˢ W a c h s m u t, sur un dessin fait de mémoire . . . . p. J. J. K a r p f f, dit Casimir, de Colmar. Imp. lith. de God. Engelmann, 1822. A grandes marges. Av. billet-dédicace de Mme Vᵛᵉ Billing de Nov. 1822. (B).

2472 **Blessig, Joh Laur.** D. et Prof. Theol. aetatis 65. *(Né le 15 avril 1747, † le 17 févr. 1816).* In-4⁰, buste à droite, dans un ovale. Dessiné d'après Nature et Gravé par Ch. S c h u l e r en 1812. A toutes marges. (B).

2473 — In-8⁰, buste, profil à gauche, en méd. ov., lég. allem. S o p h i e D e b e y e r pinx., C. G u é r i n sculp. Petites marges. (C).

2474 **Boeclerus, Johannes.** Med. D. et Prof. Sacri . . . Cap. Thom. Canoni . . . . Natus Holmiae 1651, d. 11./21. Octob., denatus Argentorati d. 19. Apr. 1701. In-fol., buste à droite, dans un ovale, av. armoiries. M e r i a n pinx., J. A. S e u p e l sculp. Sans marges. (B).

2475 **Boeclerus, Joh. Henricus.** Sacr. Caes. Mai. et Elect. Mogunt. Consiliarius, Com. Palat. Histor. Prof. publ. et Capit. Thom. Canonicus. In-8⁰, buste à droite, dans un ovale encadré. (S e u p e l). Sans marges. (B).

2476 **Bonaparte.** In-18, buste, profil à gauche, dans un ovale. A Strasbourg chez J. G. Gerhardt Marchand d'Estampes & de Nouveautés. Rogné. (C).

2477 **Brand, Joh. Dan.,** des geh. Regiments der Herren dreyzehen in Strassburg, geb. d. 29. Dec. 1633, gest. den 15 Jan. 1700. In-fol., à mi-corps, en méd. ovale, av. encadr. orné et armoiries. (S e u p e l). Rogné. (B).

2478 **Brand, Sebastian.** *(Poète satirique, né à Strasbourg 1458, mort à Bâle 1520).* In-8⁰, buste à dr., av. encadr. octogone. Lég. et 12 vers lat. P. A u b r y exc. Belle épreuve, av. marges. (B.)

2479 — In-16, buste, profil à dr., grav. sur bois découpée et remontée. Lég. lat. impr., suivie d'une biographie manuscr. en latin. (B).

2480 — In-18, buste, profil à gauche. H. P. f: fecit. A gr. marges. (B).

2481 **Braun, Albert.** *(Compositeur alsacien, né à Mulhouse en 1808, † en 1882).* In-8⁰, buste à gauche, dans un ovale. Ant. M e y e r, Photog., Colmar. (Pl. des „Biographies alsaciennes"). Av. marges. (B).

2482 **Braun, Théodore.** *(Né à Béligny, près de Villefranche, le 17 janv. 1805. Conseiller à la Cour d'appel à Colmar, puis président du consistoire supérieur et du directoire de la Confession d'Augsbourg, à Strasbourg, de 1850—1871. Mort le 12 avril 1887 à Mulhouse, où il s'était retiré après la guerre de 1870/71).* In-8⁰, à mi-corps, tourné à gauche. Eau-forte de *Ley-Canzo (?)*, à gr. marges. (B).

2482a **Broglie, François Marie Duc de,** Maréchal de France, Gouverneur de Strasbourg, Commandant d'Alsace . . . . , né le 11 janv. 1671, mort le 23 May 1744. In-16, buste à dr., en méd. ov. encadré. R a n c pinx., M¹ S a l v a d o r C a r m o n a scul. Grav. sur cuivre, à gr. marges. (B).

2483 **Bruch, Jean-Frédéric.** *(Doyen de la Faculté de Théologie protest. de Strasbourg, né 1792, † 1874).* In-16, buste, ³/₄ à gauche. Eau-forte de M ᵐᵉ E. G é r o l d. Sur Chine, av. marges. (B.)

2484 **Bruckner, Auguste.** Né à Strasbourg, le 8 Févr. 1814. Capitaine d'Artillerie. Gr. in-8⁰, à mi-corps. Lith. d'après nat. par P a t o u t, Impr. Lemercier, E. D e s m a i s o n s direxit. Fond teinté, à toutes marges. (Pl. de „Galerie des Représentants du peuple, 1848. Bas-Rhin"). (B).

2485 **Bucer, Martin,** Theologus. *(Né à Schlestadt 1491: il fut de l'ordre de St.-Dominique et ensuite ministre à Strasbourg; il mourut à Cambridge en 1551).* In-18, à mi-corps, profil à gauche, av. encadr. architect. Monogr. B. R. Av. 2 vers lat. Sans marges. (B).

2486 — In-18, à mi-corps, profil à droite, grav. sur bois découpée et remontée. Lég. lat. impr., suivie d'une biographie manuscr. en latin. (B).

2487 — In-64, buste, profil à gauche, sans marges, remonté. Lég. lat. (C).

2487a **Bucher, Eugène.** *(Percepteur des contributions directes, né à Dambach, près Schlestadt, le 17 févr. 1844).* In-24, buste à gauche. Photolith., av. marges. (B).

2488 **Bussierre, Athanase-Paul, Vicomte Renouard de.** *(Né le 19 avril 1776, † le 18 avril 1846).* In-4⁰, à mi-corps, tourné à dr., accoudé sur une table, dans un encadr. ovale. A. D e m a r l e f. 1868. (Pl. de „Lehr, l'Alsace Noble"). Av. marges. (B).

2489 **Callot, Jacques.** *(Graveur, né à Nancy en 1592, † 1635).* In-18, buste à gauche, Photog. de E. S t r i b e c k. Planche tirée du „Mirliton", av. 2 dessins de L. Thiébault d'apr. Callot, et notice biogr. 1 feuille in-fol. (B).

2490 **Chaumont de la Galaizière, Ant. de.** Comes de Chaumont, Marchio de Bayon etc., ... in Alsatia Praefectus. Gr. in-8⁰, buste, dans un ovale encadré, av. armoiries. C h r. G u é r i n delin. ad vivum et sculp. 1781, dicat F. L. X. L e v r a u l t. Petites marges. (B).

2491 **Coehorn, Baro de** *(dit le Vauban hollandais, né en 1641 au château de Lettingastaate, dans la Frise, mort à La Haye, le 17 mai 1704).* In-18, à mi-corps, la main gauche appuyée sur un canon. Lég. lat. Sans marges. (C).

2492 **Conrad, le Général,** Colonel français *(né à Strasb. en 1788).* In-8⁰, buste à droite, lith. par S a n d m a n n, lith. de Simon fils. On s'abonne chez Bernard, Marché aux Herbes. (Strasb.) (Pl. de l'„Album alsacien"). A gr. marges. (B).

2493 **Cotler, Andreas.** In effigiem reverendi et clarissimi viri dni. M. Andreae Cotleri. Ecclesiae quae Argentinae ad D. Juniorem Petrum colligitur pastoris fidelissimi. Aetatis suae 44, obijt A⁰ 1625. In-8⁰, à mi-corps, tourné à droite, lég. et 8 vers lat. I s a a c B r u n n Argentinae sculps., rogné. (B).

2494 Dannhauer, Johannes Conradus. SS. Theol. Doctor Professor ordinarins ecclesiastes Cathedral. S. Thom. Collegii Canonicus in Acad. et Eccles. Argent. *(Né à Kendring (Brisgou), en 1603, † en 1666).* In-18, buste à gauche, dans un ovale. Lég. et 8 vers lat. P. Aubry sculpsit. A pet. marges. (B).

2495 — In-24, buste à dr., en méd. ov. Lég. lat. Melchior Haffner sculpsit Aug. (Pl. découpée d'un ouvr. lat.) Rogné. (C).

2496 — In-24, buste à dr., découpé d'un méd. ovale. Remonté, lég. lat. manuscr. (C).

2497 — In-8⁰, à mi-corps, tourné à dr., dans un ov. encadré. Lég. et 8 vers lat. B. Hopffer del., B. Kilian sculp. Rogné. (B).

2498 — In-8⁰, variante de la pl. précédente. Lég. et 12 vers lat. Rogné. (B).

2499 — In-8⁰, à mi-corps. tourné à dr., dans un encadr. ov. orné, sur socle av. inscription lat. Sans marges. (B).

2500 **Degermann, Jules.** Né le 5. 11. 1828, décédé le 11. 10. 1898 *(à Ste. Marie-aux-Mines).* D'après un pastel de Hornecker. In-24, buste à gauche. (Extr. du „Messager des Vosges"). A pet marges. (C.)

2501 **Delille, Jacques,** l'un des 40 de l'Académie Française. *(Poète franç., né à Aigues-Perse, en Auvergne, le 22 juin 1738, mort à Paris, le 1ʳ mai 1813. Il passa quelques temps à St. Dié et à Bâle).* In-18, buste à droite, dans un encadr. ovale orné d'attributs. Belle grav., à pet. marges. (C).

2502 **Desaix.** *(Louis-Charles-Antoine, célèbre général franç., né le 17 août 1768, au château d'Ayat, en Auvergne, mort à Marengo, le 14 juin 1800. En 1793 il contribua à la prise des lignes de Haguenau et devint. l'année suivante, commandant de la tête du pont de Kehl. qu'il défendit vaillamment).* In-8⁰, à pied, fig. entière: le général debout sur le balcon de son appartement en Egypte. Eug. Lami pinx., Ferd. Lanoix sc. Av. marges. (B).

2503 **Dietsch, Gustave,** 1830—1887. *(Fabricant à Lièpvre).* In-18, buste à gauche. en méd. ov. (Extr. du „Messager des Vosges"). A pet. marges. (C).

2504 **Dietz, Jacques.** Fabricant, maire de Barr . . . . . mort le 3 Sept. 1839. à l'âge de 70 ans. In fol., buste à gauche. Lith. de E. Simon fils. Sur Chine, avant la lettre. A gr. marges. (A).

2505 **Dietz, Jacques-Emile.** *(Pasteur à Rothau, né à Versailles le 31 oct. 1836, † à Rothau le 13 déc. 1902).* In-32, buste à gauche, dans un ovale. (Extr. du „Messager des Vosges"). A pet. marges. (C).

2506 **Dollfus, Auguste.** *(Manufacturier, président de la Soc. Industr., né à Mulhouse, le 12 avril 1832).* In-8⁰, buste à gauche, dans un ovale. Ant. Meyer, Photog., Colmar. (Pl. des „Biographies alsaciennes"). Av. marges. (B).

2507 **Dollfuss, Joh. Henricus.** Medic: Doct: Reipublicae Mühlhusinae Consul . . . Nat. 5. d. Martj. 1731. Electus. d. 31. Martj. 1778. *(† 1804).* Gr. in-8⁰, buste, profil à gauche. en méd. ov., av. encadr. architect. Joseph Schwertberger pinxit, J. Rod. Holzhalb sculpsit, Zürich 1784. Imp. A. Durand-Paris. Belle épreuve, av. marges. (B).

2508 **Dorsch, Joh. Georg.** SS. Theol. Doct. Prof. ord. acad. patr. Arg. etc *(Né à Strasb. en 1597, mort à Rostock en 1659).* In-8⁰, buste à gauche, en méd. ovale. P. Aubry excud. Lég. et 8 vers lat. Pet. marges. (B).

2509 — In-16, à mi-corps, tourné à dr., en méd. ov., av. encadr. orné de fig. I. B. (Isaac Brunn) 1637. Lég. et 8 vers lat. Rogné. (B).

2510 **Dorsch, Joh. Georg.** In-24. buste à dr., en méd. ov. Lég. lat. M e l -
c h i o r H a f f n e r sculpsit Aug. (Pl. extr. d'un ouvr. lat.) Rogné.
(C).

2511 — Pet. in-4⁰, à mi-corps, tourné à dr., en méd. ov., av. encadr. B. K i l i a n
fec. Lég. et 10 vers lat. Pet. marges. (B).

2512 — Pet. in-4⁰, à mi-corps, tourné à dr., en méd. ov. J. G. M e n t z e l sc.
Lég. lat., sans marges. (B).

2513 — Pet. in-4⁰, à mi-corps, tourné à dr., en méd. ov., av. encadr. I. C.
S t e i n b e r g e r sc. Lég. et 10 vers lat. Av. marges. (B).

2514 **Drolling, Michel-Martin.** *(Peintre, né en 1786, mort en 1851. En 1833.
Drolling succéda à Guérin comme membre de l'Acad. des Beaux-Arts).*
In-8⁰. à mi-corps. profil à gauche. F. V i o l l a t del., A. B o c h e r
sculp., belle épreuve avant la lettre, à grandes marges. (B).

2515 **Du Bourg. Maréchal Comte.** 1656 *(sic)*—1739. *(Léonie-Marie du Maine.
comte Du Bourg, maréchal de France. est né le 14 sept. 1655 et mort
à Strasbourg le 15 janv. 1739).* In-24. buste, en méd. ov. Reprod.
mod. A gr. marges. (B).

2516 **Eckstein, Henricus,** Argentinensis. Art. Lib. Magister civis et Typographus Joanisque Mentelini Socius, circa A. 1472. Ex collectione
Friderici Roth-Scholtzii Norimb. In-fol., buste, ³⁄₄ à dr., av. encadr.
architect. surmonté de 3 pet. bustes: Guttemberg, Faustus et
Gleditsch. Grav. sur cuivre, à toutes marges. (B).

2517 **Engelhardt, Frédéric.** Né à Strasb. le 31 Oct. 1796. *(Directeur de forges
à Niederbronn. élu dans le Bas-Rhin à l'Assemblée Nationale de
1848).* Gr. in-8⁰, buste en face. Lith. d'après nature par S o u l a n g e
T e i s s i e r, E. D e s m a i s o n s direx.. Imp. Lemercier. (Pl. de
„Galerie des représentants du peuple"). Fond teinté. à pet. marges.
Papier jauni. (B).

2518 **Engelmann, G**(odefroi). *(Lithographe, né à Mulhouse en 1788, † 1839).*
In-12. buste à dr., en méd. ov. J. D. B e y e r fecit, Lith. de Engelmann. (Pl. de la „Galerie alsacienne"). Av. marges. (B).

2519 In-8⁰. à mi-corps, assis, tourné à dr. Imp. Lith. de J. Engelmann.
à Paris. (Pl. de „L'Artiste"). A gr. marges. (B).

2520 **Erard, Sébastien** *(1752—1831. Facteur d'instruments de musique, né à
Strasbourg).* In-8⁰. buste à droite. H a r d i v i l l i e r 1830. Av.
marges. (B).

2521 **Erckmann et Chatrian.** *(Erckmann, Émile, né à Phalsbourg le 20 mai
1822, est mort en 1900. — Chatrian. Charles-Louis-Gratien-Aléxandre.
natif de Soldatenthal, près de Dabo — 18 déc. 1826 — mourut en
1890).* In-4⁰. à mi-genoux. Photogr. G o u p i l & C o, cliché P i e r r e
P e t i t. (Planche de la „Galerie contemporaine"). Av. 4 pages de
texte, donnant le cliché de la Maison de Chatrian, au Raincy, et
la biographie de MM. Erckmann & Chatrian. (Pièce non montée).

2522 **Erichson, Louis-Alfred.** *(Directeur du Collège de St. Guillaume à Strasbourg, né à Munster en 1843, † à Gênes en avril 1901).* In-24, buste
de face. (Extr. de „Ev. prot. Kirchenbote"). Rogné. (C).

2523 **Erlach, Joannes Ludovicus ab,** . . . . Gubernator Brisaci. *(Né à Berne
en 1595, † à Brisach, le 26 janv. 1650).* In-8⁰, buste à droite, en méd.
ov. Au fond, une bataille. Lég. et 4 vers lat. (Extr. de „Beschreibung merkwürdiger Geschichten"). A pet. marges. (B).

2524 **Ernst, Jacques-Antoine-Adolphe** *(Anc. avoué à la Cour d'Appel de Colmar.
né à Colmar le 28 janv. 1831. Après l'annexion, il quitta sa ville
natale et l'Alsace, pour se fixer à St.-Dié, où il est mort le 13 sept. 1886).*
In-8⁰, à mi-corps, assis, profil à gauche. Ch. G o u t z w i l l e r 1871.
Reproduction sur cuivre, fond brun, à très grandes marges. (A).

2525 — Le même. fond bleu-noir, à pet. marges. (B).

2526 Erythraeus, Valentinus, Lindaviensis. Suadae Medulla, Artis Oratoriae per XXIX. annos Argentinae Professor . . . . Obiit d. 29. Martii A⁰ 1576. (*Nat. 1521*). In-16, à mi-corps, assis, tourné à dr. Av. armoiries. Wolffg. Philip Kilian sculpsit. Sans marges. (B).

2527 — In-8⁰, à mi-corps, tourné à dr., un livre en main. Av. encadr. orné et armoiries. Grav. sur cuivre, non signée. Pet. marges. (B).

2528 Esmangart, Claude Flor(imond). Conseiller d'Etat, Préfet du Bas-Rhin (*de 1824 à 1830*). In-8⁰, buste à dr., av. des nuages. C. Guérin ft. 1826, Lith. de F. G. Levrault. Av. marges. Taches de rousseur. (B).

2529 Fabricius, J(oan.) Seobaldus, SS. Theol. D., Caesarei Palati Comes logices professor ordin. et ad D. Petri ecclesiates Heidelbergae an. aetat. 37 aerae Chr. 1660. (*Né à Spire, en 1622, mort vers 1700*). In-8⁰, buste à dr., av. 3 mots de grec, en méd. ov. encadré. Alaerd. Hind. de vos pin., Johan Schweizer sculpsit. A gr. marges. (B).

2530 Fagius, Paulus, Theologus. (*Fils de Petrus Buchlein, né à Rheinzabern en 1504, mort à Cambridge le 13 nov. 1549. Il occupa la chaire d'hébreu de Strasbourg de 1544 à 1549*). In-18, à mi-corps, profil à dr., grav. sur bois, découpée d'un ouvr. lat. et remontée sur pap. blanc in-fol. Lég. et 2 vers lat. impr., suivie d'une longue biogr. manuscr. en latin. (B).

2531 Faust, Isaac. SS. Th. D. in Argentorat. Universit. Prof. sen. Convent. eccl. Praeses etc. Natus Argentorati anno 1631, denatus 1702. Pet. in-fol., à mi-corps, en méd. ovale, av. encadrements. J. A. Seupel del. et sculp. Rogné. (B).

2532 Fleckenstein, Henricus Jacobus, Frey-Herr v., geb. in Strassb. Anno 1636, verschieden in Bühl Ao. 1720. (*Dernier baron de Fleckenstein*). Gr. in-8⁰, buste à dr., en méd. ov., avec armoiries. Franz Nicolas Haldenwanger sculp. Lég. all. Grav. en manière noire. A pet. marges. (B).

2533 Flückiger, F(réderic) A(uguste). (*Professeur de pharmacie à l'Université de Strasbourg, né à Langenthal, en Suisse, en 1828, † 1895*). In-18, buste à gauche. Photolith., av. marges. (C).

2534 Forget, Ch(arles) T. Prof. de Pathologie et de Clinique méd. à la Faculté de Médecine de Strasbourg. (*Né en 1802, † en 1861*). In-24, buste à dr. Photogr. montée sur carton blanc, av. facsimilé de signature de M. Forget. Av. marges. (C).

2535 Fournet, J(oseph-Jean-Baptiste). Né à Strasbourg le 15 mai 1801, mort à Lyon le 9 janv. 1869. In-16, à mi-genoux, assis, tourné à dr. Phot. Armbruster. Portr. monté sur carton blanc, à gr. marges. (B).

2536 Fridius, Johannes Jacobus (*Argentinensium Syndicus, natus 26. Nov. 1623, denat. 10 Marty 1677*). In-fol., à mi-corps, tourné à dr. Theodorus Roos pinxit, 1677. Bartholome Kilian sculps. Lég. de 12 vers lat. Rogné. (B).

2537 — Même tête, buste. (Tirage à part de „Seyboth, Strasb. hist. & pitt.") A gr. marges. (B).

2538 Friese, Johannes. Jugend-Lehrer in Strasburg, geb. in Kaufbeuren, A. 1741 d. 4. Sep. († 1804). In-18, buste, profil à droite, en méd. ovale. J. R. H. f. 1793. Lég. allem. (Pl. de „J. Friese, Vaterländische Geschichte"). Rogné. (C).

2539 Frischlinus, Nicodemus, Poetae, Oratoris & Philosophi clarissimi. (*Né à Balingen en 1547, de passage à Strasbourg en 1575, mort à Urach*

en 1590). In-18, à mi-corps, tourné à dr. Grav. sur bois, tirée d'un
ouvrage lat. Lég. et 2 vers lat. (C).

2540 **Froereisen, Isaac.** SS. Theologiae Doctor, eiusdemque in Academia
Patria Professor ordin. et Ecclesiastes, anno 1630 aetat. 40. (*Né en
1590, † en 1632).* In-8⁰, à mi-corps, tourné à dr., dans un ovale
encadré. Lucas Kilianus sculps. A⁰ 1630. Lég. et 10 vers lat.
A toutes marges. (B).

2541 **Froereisen, Johannes Leonhardus.** Reipublicae Argentorat. Consularis
Tredecim-Vir, Universit. Scholarcha. Nat. Argent. A. 1629, d. 2.
Aug., denat. 1690, d. 24. Nov. In-fol., buste, dans un ovale encadré
av. armoiries tenues par 2 anges. Bartholomaeus Hopffer
pinxit, J. A. Seupel Argentorati sculp. Sans marges. (B).

2542 **Froereissen, Johann-Leonhard.** Pfarrer zu S. Nicolai und Canonicus
zu S. Thomae in Strassb. Nat. d. 25. Apr. 1661, denat. d. 10. Febr.
1723. In-4⁰, à mi-corps, tourné à dr. P. J. Lutherburg Argent.
scul. 1724. Av. marges. (B).

2543 **Furstenberg, Franciscus Egon, Graef van.** Bisschop van Straesburg.
*(Né à Strasbg., le 10 avril 1625, mort le 1er avril 1682, peu de temps
après le rétablissement du culte cathol. dans la cathédrale de Strasbourg).* Pet. in-4⁰, à mi-corps, tourné à gauche; au fond, un château. Grav. hollandaise. A pet. marges. (B).

2544 **Furstenberg, Guillaume-Egon Cardinal de.** — „Guillelmus S. R. E.
Presbyter Cardinalis de Fürstenberg". *(Frère du précédent, né en
1629, mort à Paris le 10 avril 1704).* Gr. in-8⁰, buste à gauche, en
méd. ov., sur socle. Gravure de l'époque non signée. Av. marges.
(B).

2545 — „Wilhelm Egon von Fürstenberg, Cardinal und Bischof zu Strassburg". In-24, buste à gauche, en méd. ov. encadré, sur socle, non
signé. Sans marges. Probablement frontispice d'un pet. livre. (C).

2546 **Geiger, Joannes Jacobus.** Reipl. Argentoratensis Consilarius et Advo-
catus. Aetatus suae 45. *(Mort en 1701).* In-fol., buste à droite, dans
un ovale encadré, av. armoiries. J. A. Seupel sculp. Superbe
épreuve, à pet. marges. Avec faux pli au milieu. (B).

2547 **Geiler, Jean, dit de Kaysersberg.** *(Naquit à Schaffhouse, le 16 mars
1445. Il passa les premières années de sa vie à Ammerschwihr, en
Haute-Alsace. Ayant perdu son père à l'âge de 3 ans, il fut élevé
par son aïeul, bourgeois de la ville impériale de Kaysersberg. Après
avoir fait ses études à Fribourg (Brisgau) et à Bâle, il accepta, en
1478, la chaire de la Cathédrale de Strasbourg, qu'il occupa jusqu'à
sa mort, le 10 mars 1510).* — „Johannes Geilerus Caesaris-Bergius
Theologus, obijt Argent. Anno 1510". In-18, à mi-corps, tourné
à droite, av. encadr. octogone. Ad. Dannecker: Arg: sc:
Sans marges. (C).

2548 — „Dr. Johannes Geiler von Kaisersberg". In-18, à mi-corps, tourné
à dr. Lith. Engelmann p. & f. Mulhouse. Av. marges. (B).

2549 — „Johann Geiler à Kaisersberg". In-18, buste à gauche en méd.
ov., sur socle. Joh. H. Lips fecit, G. M. Kraus del. A pet.
marges. (C).

2550 — „Joannes Geylerus Caesaris Bergius Theologus". In-12, à mi-corps,
tourné à dr., av. encadr. architect. et allégor. Monogr. B. R. Lég.
et 2 vers lat. Rogné. (B).

2551 — „Joannes Geylerus Caesarisbergius, Argentinensis Ecclesiae Con-
cionator". In-24, à mi-corps, tourné à gauche. Grav. sur bois, tirée
d'un ouvrage lat. (C).

2552 Geiler, Jean, dit de Kaysersberg. — „Geiler von Kaisersberg, geb. . . . .". Av. courte notice biogr. In-12, à mi-corps, tourné à dr. Grav. sur bois moderne, av. marges. (B).

2553 — — Même tête, sans légende. In-32, photogr., montée sur carton blanc. Av. notice biogr. de 2 pages. (B).

2554 Gérard, Charles Alexandre Claude. Né à Longwy, le 24 janv. 1814. *(Avocat à la Cour d'Appel de Colmar, mort à Nancy, le 24 juillet 1877).* In-8⁰, buste de face. Eau-forte, avec marges. (B).

2555 Gerold, Théodore. *(Pasteur à Strasbourg, né en 1837).* In-18, buste, gravé à l'eau-forte par Mme E. Gerold, épreuve sur Chine, avant la lettre. (B).

2556 Geroldseck. — **Jacobus** Dominus in Hohengeroltzeck et Sultz. (N. 1565 † 1634). In-8⁰, à mi-corps, dans un ovale encadré. Lég., dédicace et 4 vers lat. Jaco. ab Heyden eiconographus Arge. Sans marges. (B).

2557 Geyling ab Altheim, Philippus Christophorus: Celsisimi Dn. Comiti-Honoico-Liechtenberg! Consiliarius intimus . . . Natus d. 1 Maij: Ao. 1654, denatus d. 28 Julij, Ao. 1705. Pet. in-fol., à mi-corps, tourné à dr., av. encadr. ov. orné et armoiries. J. C. Degen pinxit. J. A. Seupel sculp. Sans marges, planche jaunie. (B).

2558 Gisen, Johannes. Professoris apud Argentor. Theologi Philosophi et Polyglotti praestantiss. *(Natus 1577, denat. 1658).* In-12, à mi-corps, tourné à dr. J. v. Heyden sculp. 1621. Lég. et 10 vers lat. Rogné. (B).

2559 Golbéry, (Marie-) Ph(ilippe-Aimé) de. *(Député, Archéologue, né à Colmar en 1786, mort au Château de Kientzheim en 1854. Auteur des „Antiquités de l'Alsace").* In-12, buste de face, en méd. ov. J. D. Beyer fecit. Lith. de Engelmann. (Pl. de la „Galerie alsacienne"). Av. marges. (B).

2560 Gottfried von Strassburg. *(Minnesinger, fin du 12e siècle et commencement du 13e siècle).* In-8⁰, à pied, fig. entière, av. entourage allégor. „Selbst auf Holz gezeichnet von E. von Luttich". Av. marges. (B).

2561 Grandidier, Philippe-André. *(Historien franç., né à Strasb., le 9 nov. 1752, mort à l'abbaye de Lucelle, le 11 oct. 1787).* — **Koch, Christophe-Guillaume.** *(Prof. d'histoire, Recteur honor. de l'Acad. de Strasb., né à Bouxwiller 1737, mort à Strasbourg 1813).* — **Lambert, Jean-Henri.** *(Mathématicien savant, né à Mulhouse, le 26 avril 1728, mort à Berlin, le 25 sept. 1777).* — 3 portraits-bustes, sur 1 planche. lith. E. Lemaître, fond teinté. (Planche du „Supplt. à l'Alsace anc. et mod. par Jacques Baquol"). Av. marges. (B).

2562 Greuhm, Andreas. Pharmacop. Argent. Senior, natus 1624, d. 30. Nov. Coronaemont., denatus 1706, d. 6. Jun. Argent. *(Sénateur de la Bourgeoisie à Strasbourg en 1683 et 1684).* Pet. in-fol., à mi-corps. à droite, dans un ovale encadré, av. armoiries. J. A. Seupel delin. et sculp. Rogné. (B).

2563 Grison, Adolphe. *(Peintre, né à Bordeaux en 1845. Après la guerre de 1870, il vint se fixer à Strasbourg, où il se maria, en 1877, avec une Alsacienne. Il retourna en France en 1880, pour s'établir définitivement à Champigny, près de Paris).* Gr. in-fol., buste. Fusain par P. R(eiber). (A).

2564 — Même portrait, pet. in-fol. Thiébault d'après P. Reiber. Autogr. (Planche du „Mirliton"). (B).

2565 Gutemberg, Jean-Gensfleisch de. *(Inventeur de l'Imprimerie qu'il établit à Strasbourg en 1440. Né à Mayence vers 1400, mort en 1468).* ...Jean

Gutenberg, Inventeur de l'Imprimerie. Mort en 1468". In-8⁰, buste
à gauche, dans un ovale. Couché fils sc. 1811. Av. marges. (B).

2566 **Gutemberg, Jean-Gensfleisch de.** — „Hans Guttenberg von Strasburg,
Erfinder der Buchtrucker-Kunst". In-24, buste à dr., en méd. ov.
J. R. K. 1793. A pet. marges. (C).

2567 — „Jean Gutenberg, Inventeur de l'imprimerie". Gr. in-4⁰, buste à dr.
Lithogr. d'après un portrait de l'époque, de la Bibliothèque de
Strasbourg, par Ch. Aug. Schuler 1833. Imp. Lith. de Simon
père et fils. Epreuve sur Chine, à gr. marges. (A).

2568 — Même légende. Gr. in-8⁰, buste à dr. Lith. de E. Simon fils, à Strasb.
chez Schmidt & Grucker. Epreuve sur Chine, av. marges. (B).

2569 — Sans légende. In-32. buste à gauche. Monogr. J. H. E. Découpé
d'un ouvrage franç. Sans marges. (C).

2570 — „Jean Guttemberg, Inventeur de l'Imprimerie, Chapitre 97". In-8⁰,
à mi-corps, tourné à dr. Grav. sur bois tirée d'un ouvrage franç.
du 17e siècle. Rogné. (B).

2571 — „Statue de Gutenberg, par David d'Angers, inaugurée à Strasbourg,
le 24 juin 1840". Gr. in-8⁰. Lacoste jeune, à Strasbourg, Impr.
de G. Silbermann. A gr. marges. (B).

2572 — Même statue: „Gutenberg". Gr. in-8⁰, épreuve sur Chine. Travail
typogr. par V. Moulinei. Av. marges. (B).

2573 — „Guttenbergs Denkmal von Thorwaldsen". Statue érigée à Mayence
en 1837. Statue et 2 bas-reliefs. Lith. bei M. R. Thoma in Wien.
(Beigabe z. Zeitschrift „der Adler"). Av. marges. (B).

2574 **Habrecht, Isaac.** Argyropum automati inventor, fabricator, et autor etc.
Ano aetatis Christi 1608 Suae 64. In-18, à mi-corps, dans des
ornements archit. Lég. latine. Grav. sur bois, sans marges. (B).

2575 **Hammerer, Joh. Carolus.** Eminentissimi Principis Cardinalis & Epis-
copi-Argentinensis, ... Consiliarius & Medicus . . . . Natus
Argent. Anno 1645, denatus 1702. Pet. in-fol., buste à droite,
en méd. ov., av. armoiries. (J. A. Seupel?) Sans marges. (B).

2576 **Hans, Jean.** Peintre et lieutenant de la garde nationale (*A Strasbourg
de 1764 à 1805 ?*) In-24, sur papier in-fol., buste, profil à dr. (Tiré
à part de „Seyboth, Strasbourg hist. et pitt.") (B).

2577 **Hartmann, (Jacques)-Frédéric-(Félix).** (*Manufacturier, né à Munster,
le 14 janv. 1822, mort à Paris, le 4 juin 1880*). In-8⁰, buste à droite.
Ant. Meyer. Photog. Colmar. (Pl. des „Biographies alsaciennes").
Av. marges. (B).

2578 **Hartmann, Richard.** (*Grand industriel et machiniste, né en 1809*). Gr. in-
8⁰, à mi-genoux, debout, tourné à dr. Nach einer Photographie.
Stich u. Druck v. Wegen, Leipzig. A gr. marges. (B).

2579 **Hedio, Casparus.** Theol. Argentorat. (*Né à Ettlingen 1494, † à Strasbourg 1552*). Gr. in-8⁰, buste, profil à dr., en méd. ov., av. encadr.
architect. Rogné. Belle épreuve. (B).

2580 — „Hedio, Gaspar, Ecclesiast. Argent. Pastor". In-18, à mi-corps, profil à dr. Lég. et 2 vers lat. impr., suivis d'une biogr. manuscr. en
latin. Grav. sur bois découpée d'un ouvr. lat. et montée sur papier
blanc. (B).

2581 — Sans aucune légende. In-24, à mi-corps, profil à dr. Dans le coin
droit du haut, le No. 26. Grav. anc. montée sur papier blanc. (B).

2582 **Helbach, Fredericus ab.** Theologi et Histo. eximij. Natus 1568. In-8⁰,
à mi-corps, tourné à dr., avec armoiries. Lég. et 10 vers lat.
Rogné. (B).

2583 Helmsdorf, (Jean)-F(rédéric). *(Paysagiste à Strasbourg, né à Magdebourg, le 1 sept. 1783).* In-18, buste à gauche, dans un ovale. J. D. Beyer fecit. Lith. de Engelmann. (Pl. de la „Galerie alsac“.) (B).

2584 Hermann, Jean. Botaniste et Médecin, Prof. à l'Ecole de Médecine de Strasbourg. Né à Barr le 31 déc. 1738, mort à Strasb. le 4 oct. 1800. Dessiné par Guérin, et gravé par Ambroise Tardieu. Reprod. photolith. moderne. Av. marges. (B)

2585 Hermann, Jean-Frédéric. Maire de Strasbourg 1800—1805. *(Auteur des „Notices historiques. etc.“ Né à Barr en 1743, † 1820).* In-32, buste, profil à g., en méd. rond. (Tirage à part, sur papier in-fol., de „Seyboth, Strasb. hist. et pitt.“) A très gr. marges. (B).

2586 Herrenschneider, (Jean)-Louis. Prof. à la Faculté des Sciences et au Séminaire prot. de Strasb. Né le 23 mars 1760. *(† 1843).* In-fol., à mi-corps, tourné à dr., peint par Th. Strintz 1834, lith. en 1838 par Ch. Aug. Schuler, lith. d'E. Simon fils. A très grandes marges. (Petites taches de rousseur). (A).

2587 — Sans légende. In-32, buste à gauche, dans un ovale. Photogr. montée sur carton blanc. Av. notice biogr. de 2 pages. (B).

2588 Herrmann, Jean-Geoffroy. *(Nommé pasteur de St. Thomas en 1834).* In-4⁰, buste à droite, épreuve avant la lettre, fond teinté. Lith. de D. Baltzer. Av. marges. — Au verso, portrait de Sighicelli, violoniste, par Lix. (B).

2589 Hesse. — Ludovicus IX. Princeps Hereditarius Hassiae Landgravius. *(Le château de Bouxwiller étant revenu aux landgraves de Hesse-Darmstadt, après 1735, Louis IX—1768-1790) —plaça alors la résidence au milieu des vastes forêts de Pirmasenz).* In-16, à mi-corps, tourné à dr., au fond, une bataille, av. armoiries. M. B. Wachsmut sc. Sans marges. (B).

2590 Hirschel, Johann Jacob. Pfarrer zum Jungen St. Peter in Strassburg im Jahr 1738. Predigtampts 38, Pfarrdiensts 21, geboren A⁰ 1675 *(† 1743).* In-fol., à mi-corps, face, en méd. ov., av. encadr. architect. I. M. Weis Argent: sculps. 1738. Pet. marges. (B).

2591 Hoche, Lazare. *(Célèbre général franç., né à Montreuil le 25 juin 1768, mort au camp de Wetzlar le 18 sept. 1797. Après la défense de Dunkerque, il obtint le commandement de l'armée de la Moselle, avec l'ordre d'enlever toutes les positions de la chaîne des Vosges. Battu dans une série de combats par le duc de Brunswick, Hoche se borna à lancer au delà des Vosges un corps de 12000 hommes, afin d'opérer sa jonction avec l'armée du Rhin. Par suite de cette manoeuvre, il délogea les Autrichiens des lignes de Wissembourg, et procura le déblocquement de Landau et l'évacuation de l'Alsace).* In-18, buste à dr., dans un ovale. A Strasb., chez J. Gerhardt, Marchand d'Estampes. A pet. marges. (C).

2592 — In-16, à pied, fig. entière. Sotain Tourfaut. Bocourt. Grav. sur bois, av. marges. (B).

2593 Horning, F(rançois Nathanaël). Pfarrer in Eckwersheim bei Strassburg, d. 12. Märtz 1816. *(Né en 1774, † 1839).* In-8⁰, buste à gauche, en méd. ov., fond teinté. Lith. p. P. B. Av. marges. (B).

2594 Horning, Frédéric. *(Fils du précédent, né à Eckwersheim, le 25 oct. 1809. Nommé pasteur à Graffenstaden en 1836, il y resta 9 ans. En 1845 il devint pasteur à l'église de Saint-Pierre-le-Jeune à Strasbourg, poste qu'il occupa jusqu'à sa mort, le 21 janv. 1882).* In-8⁰, de face, dans un ovale. Ant. Meyer, Photog. Colmar. (Pl. des „Biographies alsaciennes“). Av. marges. (B).

2595 — Même tête, in-64, dans un D servant comme initiale. (C).

2596 **Hoerter, Philippe.** *(Compositeur de Musique, né en 1795, † en 1863).* In-12, buste, face, en méd. ov. Bossert. Lith. E. Simon. Fond teinté. Av. marges. (B).

2597 **Hugot, Louis-Philippe.** *(Bibliothécaire-archiviste de la ville de Colmar, né le 26 août 1805 à Strasbourg, où il est aussi mort le 7 juin 1864).* In-8⁰, à pied, fig. entière. Ant. Meyer, Photog. Colmar. (Pl. des Biographies alsaciennes"). Av. marges. (B).

2598 **Junius, Melchior.** Phil: et Eloquintiae Professor Argentoratensis *(Né 1545, † 1604).* In-12, buste à gauche, en méd. ov. Lég. et 2 vers lat. Sans marges. (B).

2599 **Kammerer.** *(Libraire à Strasbourg).* In-4⁰, buste à droite, gest. von C. Schuler in Strasburg 1846. Av. dédicace allem.: „Dein Leben war Liebe, etc." Belle épreuve à grandes marges. (B).

2600 **Karpff, J. J.,** dit **Casimir,** de Colmar. *(Peintre, † 1829).* In-4⁰, à mi-corps, tourné à gauche. Mauraisse fᵗ 1829. Lith. de Lemercier. Epreuve sur Chine, à gr. marges. (A).

2601 **Keller, Ch(arles).** *(Archéologue, né à Mulhouse, le 1ʳ mai 1843).* In-18, buste, profil à gauche. Photolith., av. marges. (B).

2602 **Kellermann, F. C.** Commandant en Chef de l'Armée des Alpes. Né à Strasbourg en 1737 (?) *(François-Christophe Kellermann, Duc de Valmy, Maréchal de France, est né le 28 mai 1735 et mort à Paris le 13 sept. 1820).* In-18, buste, profil à gauche, en méd. ov. A pet. marges. (C).

2603 — „Kellermann. Le Mˡ Duc de Valmy". In-18, buste à gauche. Lith. de Delpech. Av. fac-simile de signature. A gr. marges. (B).

2604 — „Le Gᵃˡ Kellermann". In-18, buste à dr. Lith., à pet. marges. (C).

2605 — „Kellermann". In-18, buste, profil à dr., en méd. ov. Au pointillé. A pet. marges. (B).

2606 — „F. C. Kellermann. Commandant en chef de L'armée des Alpes. Né à Strasbourg en 1737". In-8⁰, buste, profil à gauche, dans un ovale. F. Bonneville del. sculps. A Paris rue St. Jacques No. 195. Au pointillé. Av. marges. (B).

2607 - „F. C. Kellermann". In-12, buste, profil à gauche, en méd. ov. dans un cartouche. F. Bonnevile delin., L. A. Claessens sculp. A pet. marges. (B).

2608 - „Kellermann, Duc de Valmy". In-12, buste à gauche. Couché fils sc. Publié par A. J. Denain. Av. marges. (B).

2609 — „Kellermann". In-32, buste à dr. Duc del., (Couche sculp,) Extr. de la „France pittoresque". Sans marges. (C).

2610 — Sans légende. In-32, buste à gauche. F. M. Fontaine. A gr. marges. (B).

2611 — „Kellermann". In-18, même portrait par F. M. Fontaine, av. encadr. et emblèmes militaires. Leloy inv., Porret sc. Av. fac-simile de signature. (Pl. de la „Galerie Napoléon"). Av. marges. (B).

2612 — Sans légende. In-18, même portr. par F. M. Fontaine, av. encadr. orné. Epreuve sur Chine, à toutes marges. (B).

2613 — „Kellerman". in-8⁰, buste à gauche. Lambert, Ambr. Tardieu. direxit. Av. marges. (B).

2614 — „Kellerman". Pet. in-4⁰, buste, profil à gauche, en méd. ovale, av. encadr. architect. Pasquicci, del., T. de Roode, sculps., A. Loosjes. Pz. excud: 1792. A gr. marges. (B).

2615 — „Kellermann *(François-Christophe)* duc de Valmy, le 19 Mai 1804

Maréchal de France, † 1820". Gr. in-8⁰, à pied, fig. entière, costume
de cour. Peint par Ansiaux, gravé par Desjardins. Grav.
sur acier, av. marges. (B).

2616 **Kellermann, F. C.** — Même portrait, av. inscription supplémentaire:
Diagraphe et Pantographe Gavard. A pet. marges. (B).

2617 — „Le Maréchal Kellermann". In-8⁰, même portr., mais plus petit.
Ansiaux pinxit, Geoffroy sc., Imp. de Bougeard, Publié par
Furne à Paris. A gr. marges. (B).

2618 — „Le Mal Duc de Valmy". In-12, imitation de la planche précédente.
Ete David, Imp. de P. Bineteau. (Pl. de la „Galerie historique
des bulletins de la Grande Armée"). Av. marges. (B).

2619 — „Kellerman, Duc de Valmy, Maréchal et Pair de France". In-24,
à pied, fig. entière, sous un arbre, au fond, un moulin à vent. Gudin
del., Beyer sculp., Couché fils dirt. Belle épreuve, à gr. marges. (B).

2620 — „Kellermann". In-8⁰, à pied, de face, fig. entière. O. Penguilly,
Pred'homme. Grav. sur bois, papier teinté. A toutes marges.
(B).

2621 — „F. Christophe Kellermann. Général de Division. Journée de Valéni
en Champagne. 20. 7bre 1792". Gr. in-8⁰, à cheval, à la tête de
son armée. H. Couché sculp. aqua forti. Au-dessous, notice bio-
graph. A gr. marges. (B).

2622 **Kellermann fils, M. le Gᵃˡ, Pair de France.** *(François-Etienne Kellermann, fils du précédent, général de division, est né à Metz, le 4 août
1770. Comme son père, il fit une carrière militaire bien brillante, qu'il
termina à Waterloo, où il prit part aux fameuses charges dirigées
par Ney. Admis à la Chambre des pairs en 1820, par droit d'héré-
dité à la mort de son père, il mourut à Paris le 2 juin 1835. In-
8⁰, buste à dr., dans un ovale. Grav. sur acier, à gr. marges. (B).*

2623 — „Cte Kellermann". In-8⁰, à mi-corps, tourné à gauche. Fannelli
Pinx., Llanta, Lith. Paul Petit et Cie. Epreuve sur Chine, av.
marges. (B).

2624 **Kentzinger, François-Xavier-Antoine de.** Maire de Strasbourg 1815—
1830. *(Né 1759, † 1832. Auteur des „Documents histor. de la ville
de Strasbourg").* In-18, à mi-corps, en costume de cérémonie. (Tirage
à part de „Seyboth, Strasb. hist. et pitt.") A grandes marges. (B).

2625 — In-18, buste, de face, dans un ovale. J. D. Beyer fecit, Lith. de
G. Engelmann. Av. marges. (B).

2626 — In-18, buste à gauche, lég. franç. C. Guérin ft 1826, Lith de F.
G. Levrault. A pet. marges. Taches de rousseur. (B).

2627 **Kestner, Charles.** *(Fabricant de produits chimiques à Thann, né à
Strasb. le 30 juin 1803, mort le 12 août 1870).* In-8⁰, à mi-genoux.
Ant. Meyer, Photog. Colmar. (Pl. des „Biographies alsaciennes").
Av. marges. (B).

2628 **Kirschleger, Fr(édéric).** *(Professeur de botanique médicale à l'école de
Pharmacie de Strasbourg, né à Munster le 7 janv. 1804, mort le 15
nov. 1869).* In-12, buste à dr. A. Legénisel sculp., Imp. A. Salmon, Paris. Grav. sur acier, belle épreuve, à pet. marges. (B).

2629 **Kirstein** *(Jacques-Frédéric. Fameux ciseleur, orfèvre, né à Strasb. 1765,
† 1838).* In 8⁰, buste à gauche. Lithᵒ par Wittmann d'après le
portr. peint par Mercklé, Lith. de Simon à Strasbourg. Pet. marges. (Planche de l'„Album alsacien"). (B).

2630 **Kirstein, Adolphe,** Peintre. 1812—1873. *(Fils du précédent).* In-24, buste, d'après un dessin à la plume de P. R(eiber). Au-dessous, notice biogr. par Ferd. Reiber. (Tirage à part du „Mirliton"). (B).

2631 **Kléber, (Jean-Baptiste).** Général à l'Armée de la Descente en Angleterre. (*J. B. Kléber, Général français, né à Strasbourg en 1753, mort assassiné au Caire en 1800*). Gr. in-8°, à mi-corps, tourné à gauche, dans un ovale. L. Boilly pinx., L. C. Ruotte sculp. A Paris chez Basset . . . . Grav. au pointillé, avec marges. (B).

2632 — „Kléber". In-32, buste à gauche, tête tournée à dr. Couché sculp. (Extr. de la „France pittoresque".) Rogné. (C).

2633 — „Kléber". In-18, même tête. Couché fils sculp., Baudouin frères, à Paris. Av. marges. (B).

2634 — „Kléber". In-18, buste à dr., tête à gauche. I. lith. de Delpech. Av. fac-simile de signature. Belle épreuve, av. marges. (B).

2635 — „Kléber". In-8°, buste à gauche. Julien. Lith. de Ducarme. (Pl. No. 100 de la „Galerie Universelle, publ. par Blaisot"). A pet. marges. (B).

2636 — „Kleber". In-8°, buste à dr. Rémon sc. Zwickau, b. d. Gebr. Schumann. Grav. sur acier, à gr. marges. (B).

2637 — „Kleber". In-8°, buste à gauche, tête tournée à dr. Lith. par Sandmann. Lith. de Simon fils. A gr. marges. (Pl. de l'„Album alsacien"). (B).

2638 — „Kléber, Général français, assassiné au Caire . . . . 1753—1800". In-24, à pied, fig. entière. Aubry. Paris. Carte de réclame coloriée. (C).

2639 — „Kléber". Gr. in-8°, en pied, appuyé contre une palissade; au fond, la vallée du Nil, A. Guilleminot del., Chollet sc. Beau portrait colorié à la main. (Légère tache d'eau). (B).

2640 — „Kléber". In-fol., dessin moderne à la plume et en couleurs, entièrement à la main, par P. Hudry, 1903, d'après la planche précédente. A gr. marges. (A).

2641 — „Kleber". In-8°, à pied, fig. entière, dirigeant une bataille. Lacauchie del., Leguay sc. Belle épreuve, à gr. marges. Av. 4 pages de texte in-4°. (B).

2642 — Sans légende. In-16, à pied, fig. entière, en Egypte, son cheval au fond, tenu par un soldat. Ravérat. A pet. marges. (B).

2643 — „Kleber". Gr. in-8°, à pied, fig. entière, en Egypte. Av. encadr. allégor. (Pl. extr. de „Anquetil & Gallois, Histoire de France"). Av. marges. (B).

2644 — Sans légende. Gr. in-8° obl. Au milieu, scène archéologique: Trouvailles faites en Egypte; du côté gauche, statue de Kléber, du côté droit celle du général Rapp. Lith., fond teinté. A pet. marges. (B).

2645 — Portrait de „Souleyman-el Halebi. Assassin de Kléber". In-8°, à mi-corps, profil à gauche. Grav. sur acier. Av. marges. (B).

2646 **Kling, Joseph Auguste,** Représentant du Peuple, Bas-Rhin (*à l'Assemblée Nationale, Avocat à Schlestadt*). In-fol., à mi-corps, assis, tourné à dr. Camaret, Imp. Kœppelin & Cie. Lithogr. à gr. marges. (B).

2647 **Knoderer, Johannes Andreas,** Argentinensis ecclesiae ad Iun. Petr. Pastor. An. Aet. 33. (*Pasteur à St. Pierre-le-Jeune de 1638 à 1650; mort le 21 janv. 1650*). In-16, buste à dr., en méd. ov., av. ornements. Lég. et 6 vers lat. Belle grav. de l'époque, sans marges. (B).

2648 **Knoderer, Johannes Andreas.** In-8⁰, à mi-corps, tourné à dr., l'église de St. Pierre-le-Jeune au fond. Lég. lat. et 4 vers all. P e t e r A u b r y sculpsit. Rogné. (B).

2649 **Koch, Christophe-Guillaume**, né à Bouxwiller le 3 mai 1757, décédé à Strasbourg le 25 octobre 1813. Premier vice-président de la Société libre des sciences et arts de Strasbourg. (*Prof. d'histoire. Recteur honor. de l'Académie de Strasbourg, etc.*) In-18, buste à dr., dans un ovale. Reprod. photolith. d'un portrait de l'époque. Av. marges. (B).

    — voir aussi **Grandidier, Philippe-André.**

2650 **Koechlin, (Jean-Jacques).** Député du Departement du Haut-Rhin· *Né 1776; marié, en 1802, à Catherine Koechlin, sa cousine; mairé de Mulhouse de 1815 à 1816 et de 1819 à 1821; † 1834).* In-8⁰. buste à dr. D e l o r i e u x 1823, Lith de Villain. Av. marges. (B).

2651 — In-18, buste à dr., dans un ovale. J. D. B e y e r fecit, Lith. de Engelmann. (Pl. de la „Galerie alsacienne"). Pet. marges. (B).

2652 **Koechlin, (Jules-) Camille.** (*Neveu du précédent, chimiste à Mulhouse. Né le 6 mars 1811, décédé le 11 juin 1890*).In-8⁰, buste à dr., dans un ovale. Reprod. mod. photolith. Av. marges. (B).

2653 **Kolb, Eberhardus**, Ecclesiae Cathedralis apud Argentoratenses Pastoris. Natus 1593, 18. Augusti, denatus 1639, 30. Marty, Anno Ministery XXVI. In-8⁰, buste à dr., en méd. ovale. P. A u b r y. Lég. et 6 vers lat. Sans marges, remonté. (B).

2654 **Küss, (Emile).** (*Médecin, dernier maire de Strasbourg, né à Strasb. le 1ʳ févr. 1815, mort à Bordeaux le 1ʳ mars 1871*). In-18, buste à gauche. L. B r ü m m e r, Imp. E. Simon. A pet. marges. (B).

2655 **Laboulaye, Edouard.** Membre de l'Institut, Prof. au Collége de France. (*Candidat libéral de Strasbourg au Corps législatif, 1866: né à Paris, le 18 janv. 1811, mort en 1883).* In-12, à mi-corps, tourné à gauche. Lix. L é v y. Strasb., typogr. de G. S i l b e r m a n n. A pet. marges. (B).

   Lambert, Jean-Henri. — voir **Grandidier, Philippe-André.**

2656 **Lamey, Auguste.** (*Poète et publiciste, né 1778, † 1861).* In·12, buste à dr. C. S c h u l e r ad nat. del. et sculp. Grav. sur acier, av. marges. (B).

2657 **Lauth, Guillaume**, Représentant du Feuple, Bas-Rhin (*à l'Assemblée Nationale, Maire de Strasbourg).* In-fol., à mi-corps, assis, tourné à gauche. C a m a r e t, Imp. Kaeppelin & Cie. Lith. à gr. marges. Taches de rousseurs. (B).

2658 **Leblois, Georges-Louis.** (*Pasteur et écrivain religieux, né à Strasbourg, le 21 juin 1825, décédé en 1898).* In-24, à mi-genoux, debout. Photographie collée sur papier blanc. (B).

2659 **Lefebvre (François-Joseph).** (*Duc de Dantzic, maréchal de France, né à Rouffach, en 1755, mort à Paris, en 1820).* In-12, buste à dr. F o r e s t i e r sculp., A m b r. T a r d i e u Direxit. A pet. marges. (B).

2660 — In-18, buste à gauche. B e r t o n n i e r sc.. Publié par Furne à Paris. A gr. marges. (B).

   — voir aussi **Rapp, Jean.**

2661 **Léon IX.** (*Brunon naquit le 21 juin 1002, en Alsace. Son père Hugues IV, comte de Nordgau, résidait à Eguisheim. Par sa mère, Heilwige, son origine se rattachait aux anc. comtes de Dabo. En 1045 il restaura le couvent de Hohenbourg, dédruit par un incendie. Nommé pape en 1048, Brunon prit le nom de Léon IX. Il mourut à Rome, le 19 avril*

1054). — **Sturm de Sturmeck, Jacques.** *(Fondateur du Gymnase et de la Bibliothèque de Strasb., né en 1489 à Strasbourg, où il est mort en 1553).* — **Rewbel, Jean-Baptiste.** *(Homme politique, né à Colmar 1746, † 1810).* — 3 portraits-bustes sur 1 planche. Lith. E. Lemaître, fond teinté. (Pl. du „Supplt. à l'Alsace anc & mod. par Jacques Baquol"). Av. marges. (B).

2662 **Lezay-Marnésia, Marquis Adrien de.** Préfet du Bas-Rhin, 1769—1814. *(Né à Saint-Julien, en Franche-Comté, en 1770, il fut nommé préfet du Bas-Rhin en 1810. Il mourut à Strasbourg, le 9 oct. 1814, des suites d'un accident de voiture).* In-18, buste à dr., en méd. ov. Tirage à part, sur papier in-fol.,de „Seyboth, Strasb. hist. et pitt." (B).

2663 **Liebermann, Fr(ançois) Léop(old) Br(uno).** Generalvicar des Bisthums Strasburg. *(Né à Molsheim, le 12 oct. 1759, décédé à Strasbourg, en nov 1844).* In-8⁰, à mi-corps, un livre à la main. Flaxland gem., Stahlstich von Carl Mayer in Nürnberg. A pet. marges. (B).

2664 **Liechtenberger, L(ouis).** Commissaire de la République et Représentant du Départ du Bas-Rhin à l'Assemblée Nationale. *(Né à Ribeauvillé, le 10 août 1789, il fit de bonnes études et se plaça de bonne heure à la tête du barreau de Strasbourg. Il est mort, fort âgé, en 1880).* Gr. in-fol., à mi-corps, tourné à gauche. D'après nature par F. Bernard et lith. par J. Bürck 1848. Lith. E. Simon fils. Fond teinté. A gr. marges. (A).

2665 — Gr. in-8⁰, à mi-corps, tourné à dr. J. Jucatt (?), Lith. de Becquet frères. Av. marges. (B).

2666 **Lobstein, Jean-Frédéric.** Docteur en Médecine, Professeur. 1777—1835. *(Né à Giessen, le 8 mai 1777, mort à Strasbourg, le 7 mars 1835).* In-24, buste, profil à dr., en méd. rond. Tirage à part, sur papier in-fol., de „Seyboth, Strasb. hist. et pitt." (B).

2667 **Lorentz, B(ernard).** *(Directeur-fondateur de l'Ecole forestière de Nancy, anc. administrateur des forêts, né à Colmar, le 25 juin 1775, décédé le 5 mars 1865).* In-12, à mi-corps, tourné à dr., assis dans un fauteuil. Eau-forte. Imp. A. Salmon, Paris. A pet. marges. (B).

2668 **Lorenz, Sigismundus Fridericus.** S. Theol. D. et Prof. publ. ord. Cap. Thom. Canonicus. Natus Argentorati d. 20. Mart. 1727. *(Gestorben den 12. Octobris 1783).* Gr. in-8⁰, buste à dr., en méd. ov., av. encadr. archit. Math. Christ. Gerhard pinx. 1779, J. E. Haid sc. A. V. 1779. Gravé en manière noire. A gr. marges, mais av. taches d'eau. (B).

2669 — Même portrait, rogné, mais bel exempl. (B).

2670 **Lorrain, Claude.** Nach dem Original Oehlgemälde im Louvre. *(Claude Gelée, surnommé le Lorrain, à cause de la province où il reçut le jour, célèbre peintre français, est né à Chamagne, en 1600, et mort à Rome, en 1678).* In-8⁰, buste, ³/₄ à dr. Brand del., Steindr. p. A. Kneisel. Av. marges, remonté. (B).

2671 **Lorraine.** — **Carl Herzog von Lothringen** . . . den unser ganzes Land als seinen Helden ehrt, und Schmaesucht selbst nicht tadelt. In-12, à mi-corps, tourné à dr., dans un encadr. Grav. sur cuivre, à gr. marges. (Pl. 37 d'un recueil). (B).

2672 — **Franciscus I.** D: G: Romanorum Imperator S: Aug: Germ: Ierosol: Rex Dux Lothar. . . . . nat: d: 8 Dec: 1708. El: 13. Sept: Cor: 4. Oct 1645. *(Né à Nancy, mort à Insbruck, le 18 août 1765).* Pet. in-fol. à mi-corps, en méd. ov., av. encadr. symbolique et armoiries. Jo. Esaias Nilson invenit: scul: et excud: A. V. Av. marges. (B).

2672ª — **Maria Theresia.** D: G: Romanorum Imperatrix . . . nata 1717 d.

13. Mai. *(Mariée au précédent en 1736)*. Pet. in-fol., à mi-corps, en méd. ov., av. encadr. symbolique et armoiries. J o h. E s. N i l s o n inv. fecit et excud: Aug. V. A pet. marges. (B).

2673 **Loutherbourg. Philippe-Jacques,** Peintre. 1740—1814. In-18, buste à gauche, dans un ovale. (Tirage à part, sur papier in-fol., de „Seyboth, Strasbourg hist. et pitt".) (B).

2674 **Luckner, Nicolas, Baron de.** Maréchal de France 28 Décembre 1791— 1794. *(Né à Campen, en Bavière, le 11 janv. 1722, mort sur l'échafaud à Paris, le 3 janv. 1794, reçut, en 1792, le commandement des troupes réunies en Alsace)*. Pet. in-fol., fig. entière, à pied, profil à dr. Au fond, siège d'une ville. Peint par C o u d e r, gravé par B o i l l y. Grav. sur acier, à gr. marges. (B).

2675 **Lycosthenus, Conradus,** Theologus et Philologus. *(Conrad Wolffhart, dit Lycosthènes, est né à Rouffach le 8 août 1518 et mort à Bâle le 25 mars 1561. Neveu de Conrad Pellican, il embrassa comme lui les principes de la réforme).* In-18, à mi-corps, tourné à droite. Grav. sur bois découpée et remontée. Lég. lat. impr., suivie d'une biogr. détaillée manuscr. en latin. (B).

2676 **Lymer, Georgius.** Consulis olim Reipub: Patriae, Argent: meritissimi ac Literatissimi. Natus Anno Christi 1506: Obijt Anno 1572. In-8⁰, à mi-corps, face, av. armoiries. J. a b H e y d e n sculpsit. Lég. et 6 vers lat. Rogné. (B).

2677 **Mappus, Marcus.** Med. D. et Prof. senior, Cap. Thom. Canonicus et Reip. Argent. Archiater. Natus Argent. Anno 1632, denatus 1701. In-fol., à mi-corps, tourné à dr., en méd. ov., av. encadr. et armoiries. P. S a u o y e t Pinxit, J. A. S e u p e l sculp. A toutes pet. marges. (B).

2678 **Marbach, Joannes,** Theol. Argent. Nascitur Lindaviae Anno 1521, obijt An. 1581. In-12, à mi-corps, tourné à dr., av. encadr. architect. Monogr B. R. Lég. et 2 vers lat. A très pet. marges.

2679 — In-16, à mi-corps, tourné à gauche. Grav. sur bois découpée et remontée. Lég. lat. impr., suivie d'une biographie manuscr. en lat. (B).

2680 — Pet. in-4⁰, à mi-corps, tourné à gauche. Imp. Ed. Hubert, Strasbourg. Sans marges. (B).

2681 — In-32, buste à gauche, lég. lat. Pet grav. anc., sans marges. (C).

2682 **Marbach, Philippus.** Theol. D. et Prof. Argent. *(Né à Strasbourg 1550, † 1611)*. In-32, buste à dr. Pet. grav. anc., sans marges. (C).

2683 **Marbach, Dr. Karl,** bisheriger Weihbischof von Strassburg. In-32, buste à gauche, découpé d'un imprimé allemand. A pet marges. (C).

2684 **Maresius, Samuel,** Avimontensis Picardus, ... Professor Theol. Sedanensis .... *(Samuel Desmarets, en latin Maresius, théologien flamand, est né à Oisemont, le 9 août 1599 et mort à Groningue, le 18 mai 1673). Il fut, pendant quelques temps, professeur de théologie à Sedan)*. In-8⁰, à mi-corps, tourné à dr., dans un carré. Grav. sur cuivre, à gr. marges. (B).

2685 **Martin, Edouard** (de Strasbourg). Né à Mulhouse 1801. Membre de la Commission de Constitution. *(† 1858)*. Gr. in-8⁰, à mi-corps, tourné à gauche. Lith. d'après nature par L l a n t a, E. Desmaisons direxit, Imp. Lemercier. Fond teinté. (Pl. de „Galerie des Représentants du Peuple 1848 — Bas Rhin"). A gr. marges. (B).

2686 **Mazarin, Armand Charles de,** Duc de Mayenne et de Raits, Grand Bailly de Haguenau. Gouverneur pour le Roy en la haute et basse Allesace, . . . *(Armand-Charles, marquis de La Porte, marquis* *de La Meilleraye, puis Duc de Mazarin par son mariage avec Hortense Mancini, nièce du Cardinal de Mazarin, né en 1632, † le 9 nov. 1713).* In-4º, buste à gauche, dans un encadr. octogone. (Gravé par Montcornet). Pet. marges. (B).

2687 **Meyer, Daniel.** *(Météorologiste, né à Mulhouse 1754, † 1824).* In-12, tête, profil à dr., dessin à la silhouette. Imp. Veuve Bader & Cie. Av. marges. (B).

2688 **Müeg, Sébastien,** de Booftzheim, l'aîné. Stettmeister, 1520—1601 (? *(Né le 19 janv. 1520, mort le 4 mars 1609. Marié à Véronique Prechter).* In-18, à mi-corps, tourné à dr., dans un ovale. (Tirage à part, sur papier in-fol., de „Seyboth, Strasb. hist. et pitt.“). (B).

2689 **Müeg, Charles.** Ammeister (1522?—1572). *(Frère du précédent, né en 1521, mort le 14 mars 1572, marié à Apollonie Ferber).* In-18, à mi-corps, tourné à dr., dans un ovale. (Tirage à part, sur papier in-fol., du même ouvrage). (B).

2690 **Müeg, Sebastien,** de Booftzheim 1555—1576 (?) *(Fils du précédent, né le 5 avril 1555, mort le 26 mai 1596, marié à Apollonie Nierler. Mathématicien et helléniste. Du nombre des XXI).* In-18, buste à dr., dans un ovale. (Tirage à part, sur papier in-fol., du même ouvrage). (B).

2691 **Müeg, Sébastien,** de Booftzheim 1579—1624. *(Fils du précedent, marié à Suzanne-Marguerite de Boozheim. Du nombre des XV).* In-18, buste à dr., dans un ovale. (Tirage à part, sur papier in-fol., du même ouvrage). (B).

2692 **Müeg, Suzanne-Marguerite,** de Booftzheim, née de Botzheim, à l'âge de 34 ans. *(Femme du précédent).* In-18, à mi-corps, tourné à gauche, dans un ovale. (Tirage à part, sur papier in-fol., du même ouvrage). (B).

2693 **Musculus, Wolfgangus, Theologus.** *(Né à Dieuze, en Lorraine, en 1497, il fut l'ami de Martin Bucer, Mathias Zell, Capiton, etc. De 1531 à 1548 à Augsbourg, il y établit la réforme, mais se retira à Berne, en 1549, après la publication de l'Intérim à Augsbourg, en 1548. Il est mort en 1563).* In-16, à mi-corps, tourné à dr. Grav. sur bois découpée et remontée. Lég. et 2 vers lat. impr., suivis d'une biographie manuscr. en lat. (B).

2694 **Nasser, Bartholomaeus,** Theologus Argentorat. *(Pasteur de St. Thomas à Strasbourg, né en 1560, † en 1614).* In-32, buste, ³/4 à gauche, sans marges. (C).

2695 **Noailles, Adrien-Maurice, Duc de.** *(Maréchal de France, né le 29 septembre 1678, à Paris, où il est mort, le 24 juin 1766. En 1702, il combattit à la prise de Brisach et de Landau).* In-16, à mi-corps, tourné à droite, la tête de face. Grav. de l'époque, sans sign. Sans marges. (B).

2696 **Noiriel, Joseph-Laurent,** Libraire, décédé à Strasbourg, le 28 avril 18 93 *(Né à Strasbourg, le 2 déc. 1819).* In-4º, buste, ³/4 à gauche. E. Kretz. (Portr. extrait de „Das Elsass — L'Alsace“). (B).

2697 **Oberkirch, Baronne H.-L.** *(Henriette-Louise de Waldner-Freundstein nacquit le 5 juin 1754, au château de Schweighausen, dans le Haut-Rhin. Mariée, vers 1776, à Charles-Siegfried d'Oberkirch, stettmeister à Strasbourg, elle décéda en 1803).* In-8º, à mi-corps, assise, tournée à dr., dans un ovale. Ant. Meyer, Photog. Colmar. (Pl. des „Biographies alsaciennes“). Av. marges. (B).

2698 **Oberlin, Jean-Frédéric,** Pasteur à Waldbach (Ban de la Roche), Membre de la Légion d'honneur, né le 31 août 1740 *(à Strasbourg).*

mort le 1ᵣ juin 1826. In-8⁰, buste de face, dans un ovale, av. 4
vers franç. Lithogr. de F. G. Levrault à Strasbourg. Dessiné
d'après nature (1825) par Beyer. Av. marges. (B).

2699 **Oberlin, Jean-Frédéric.** — „Joh. Fr. Oberlin“. In-18, buste, profil à
gauche. Lith. Vᵣᵉ Berger-Levrault & fils, Strasbg. Av. marges.
(B).

2700 — Médaillon biscuit, 10,7 cm. Fait d'après le portr. précédent.

2701 — „Oberlin“. In-18, buste, profil à gauche. H. G. Müller sc. Grav.
sur acier. A toutes marges. (B).

2702 — „Jean Frédéric Oberlin, Ministre à Waldbach . . . âgé de 62 ans“.
Gr. in-8⁰, buste, profil à dr., en méd. ov. Dessiné d'après nat. et
gravé par Ch. L. Schuler, en 1803. Grav. au pointillé, à toutes
marges. (B).

2703 **Obrecht, Ulricus,** sacrae regiae maiestatis christianissimae in Repu-
blica Argentinensi Praetor . . . anno Christi 1701 aetatis suae 54.
(*Savant jurisconsulte et philologue, né à Strasbourg 1646, † 1701*).
Gr. in-fol., buste à dr., dans un ovale, av. encadr. et armoiries.
J. M. Merian pinxit, J. A. Seupel sculp. Sans marges, grande
déchirure dans le texte. (B).

2704 **Otto, Marcus.** I. c. tus, inclutae Reipubl. Argentoratensis . . . . Aetatis
suae 75 . . . (*Délégué de la ville de Strasbourg aux négociations
d'Osnabrück, en 1645*). In-fol., à mi-corps, tourné à dr., en méd.
ov., av. encadr. et armoiries. T. Roos delin., B. Kilian sculps.
Lég. et 8 vers lat. Sans marges. (B).

2705 **Pabst, Camille-Alfred.** (*Peintre, né le 18 juin 1828, à Heiteren, départ.
du Haut-Rhin*). In-8⁰, à mi-genoux, de face. Ant. Meyer. Photog.
Colmar. (Pl. des „Biographies alsaciennes“). Av. marges. (B).

2706 **Paira, Michel,** né le 2 Avril 1758, décédé le 6 Mai 1827. (*Banquier à
Paris, né à Ste.-Marie-a.-M.*) In-24, buste, profil à dr. Cliché
d'après la Lith. d'Engelmann. (Extr. du „Messager des Vosges“).
Av. reprod. du monument élevé à sa mémoire à Ste. Marie-a.-M.,
et une notice biographique. (B).

2707 **Palatinat.** — **Philippus** Comes Palatinus-Rheni, Dux inferioris & superioris Bavariae A D. 1522. In-18, à mi-genoux. Reprod. photolith.
d'un médaillon rond. Av. marges. (B).

2708 **Parade, A(dolphe-Louis-François).** (*Né à Ribeauvillé le 11 févr. 1802,
† le 29 nov. 1865*). In-12, buste de face, gravé à l'eau-forte, épreuve
sur Chine. A pet. marges. (B).

2709 **Perlet, Adrien,** né à Marseille le 27 Janvier 1795. (*Artiste dramatique*).
In-8⁰, buste à gauche. Lith. d'après nature par Flaxland, Lith.
de Simon fils. Strasbourg, chez Bernard. (Pl. de l'„Album alsacien“).
A gr. marges. (B).

2710 **Pfeffel, Théophile-Conrad).** (*Poète, né à Colmar 1736, † 1809*). In-24,
buste, profil à dr., en méd. ov., av. encadr. (C).

2711 — In-24, buste, profil à dr., dans un encadr. carré. Av. marges. (B).

2712 — Même portrait, à gr. marges, de „Meyer's Konv.-Lex. No. 314“. (B).

2713 — In-8⁰, buste, profil à gauche. J. Rothmuller d'après C. Karpf.
Lith. de Hahn & Vix, à Colmar. On s'abonne chez Bernard. (Pl.
de l'„Album alsacien“). A gr. marges. (B).

2714 **Pfeffinger, Johannes Fridericus,** Argentoratensis, Equestris Academiae
Lüneburgensis Inspector et Professor Publicus. (*Mathématicien et
historien allemand, né à Strasbourg, en 1667, mort en 1730*). Pet. in-4⁰,

buste à dr., en méd. ov., av. encadr. J. G. Menzel sc. Lips.
Belle épreuve, à pet. marges. (B).

2715 **Pfeffinger, Johannes Fridericus.** Même planche, moins foncée, mais à
plus gr. marges. (B).

2716 **Pichegru (Charles).** *(Général franç., né le 16 févr. 1761, à Arbois, mort
le 5 Avril 1804, à Paris. Il rejoignit, en 1792, l'armée du Rhin à la
tête d'un bataillon de volontaires du Gard, fût promu le 4 oct. 1793
au grade de général de division, et obtint, peu après, le commandement
de cette armée. Après sa jonction avec Hoche, il battit les Autrichiens
sous les lignes de Wissembourg, leur prit Germersheim, Spire, Worms,
etc. et s'établit dans le Palatinat).* In-18, buste de face, dans un ovale.
(A Strasbourg chez J. G. Gerhardt, Marchand d'Estampes). Rogné. (C).

2717 **Rapp, (Jean).** *(Comte, général franç., né à Colmar 1773, † à Paris 1821)·*
— **Lefebvre, (François-Joseph).** *(Duc de Dantzic, maréchal de France,
né à Rouffach 1755, † à Paris 1820).* 2 portraits in-32, bustes.
A. Duc del., Couché sculp. A pet. marges. (C).

2718 **Rathsamhausen, Casimir von.** Fürst-Abt des vereinten Ritter-Stiftes
Murbach u. Lüders, gestorben zu Gebweiler den 1ten Jänner 1786
im 88ten Jahr seines Alters. In-8⁰, à mi-corps, assis, tourné à gauche.
Lithogr., fond teinté. A pet. marges. (B).

2719 **Reber, J(ean) G(eorges).** *(Fondateur de l'industrie textile à Ste. Marie a/M.,
né à Mulhouse 1731, † à Ste. Marie a/M. 1816).* In-8⁰, buste, 3/4 à
gauche, en méd. ov. J. D. Beyer fecit, Lith. de Engelmann.
(Pl. de la „Galerie alsacienne"). A pet. marges. (B).

2720 **Reiber, Ferdinand.** *(Collectionneur d'Alsatiques, né à Strasbourg 1849,
† 1892).* Pet. in-fol., à mi-corps, assis, tourné à dr. Reprod. photolith.
d'un fusain de Seebach 1891. A gr. marges. (B).

2721 — In-4⁰, à mi-corps, tourné à dr. D'après un dessin au crayon de
Seebach 1892, av. encadr. et armoiries copiés de J. A. Seupel.
Reprod. photolith., à gr. marges. (B).

2722 — In-18, portrait-charge dess. par Seyboth. Photograv. E. Stribeck.
(Pl. tirée du „Grand Panthéon des Contemporains à Bibi"). Av.
marges. (B.)

2723 **Reiber, Paul.** *(Frère du précédent, négociant en houblons à Strasbourg).*
In-18, portrait-charge dess. par Seyboth 1880. Photograv. E.
Stribeck. (Pl. du même ouvrage). Av. marges. (B.)

2724 **Reiseissen, Franciscus.** Reipublicae Argentoratensis Consularis Tredecim-Vir et Universitatis Scholarcha. Natus Argent. A⁰ 1631 d.
26 Octobris. Denatus d. 23 X bris 1710. In-fol., buste à dr., dans
un ovale encadré, avec armoiries. J. A. Seupel delin. et sculp.
Belle épreuve, mais av. 2 faux-plis. A pet. marges. (B).

2725 **Reuchlin, Fridericus Jacobus.** S. Theol. D. Prof. ordin. Argent. Cons.
Eccl. Praes. Cap. Thom. Praepos. A. 1785 aet 91 Vigoria 50. Praeco
Sacer. Deo Gloria. *(Né à Gerstheim 1694, † 1788).* In-12, à mi-corps,
tourné à gauche, av. encadr. C. Guérin fecit aqua forti 1785,
Ph. J. Kugler delineavit. Belle épreuve, à gr. marges. (B).

2726 — Le même, portrait découpé, sans encadr. et sans marges. (B) .

2727 **Reuss, Edouard-Guillaume-Eugène.** *(Professeur de Théologie à l'Université
protest. de Strasbourg, né en 1804, † en 1891).* In-8⁰, buste à dr.,
dans un ovale. Ant. Meyer, Photog. Colmar. (Pl. des „Biographies
alsaciennes"). Av. marges. (B).

Rewbel, Jean-Baptiste. — voir **Léon IX.**

2728 **Rhenanus, Beatus,** Historicus. *(Né à Schlestadt, en 1485, mort à Strasb.,
en 1547).* In-16, à mi-corps, tourné à dr., coiffé d'un bonnet plat,

av. encadr. Grav. sur bois de Tobie Stimmer. lég. et 2 vers
lat., 1547. (Pl. de „Reusner, Jcones etc.") (B).

2729 **Rhenanus, Beatus,** Historicus. In-16, à mi-corps, tourné à dr., la tète
nue. Grav. sur bois découpée et remontée. Lég. et 2 vers lat.
impr., suivis d'une biographie manuscr. en lat. (B).

2730 **Ribaupierre. — Johannes Jacobus** Comes. ac dominus Rappolsteini,
Hohenacci, et Gerolts-ecci ad Vogasum. Nat. 1598 2/12. Februar.
Denat. 1673 18/23. Julij. Gr. in-8⁰, à mi-corps, en méd. ov., av.
encadr. et armoiries. Fec. Stollias. Pet. Aubry sculpsit. Lég. et
4 vers lat. Rogné. (B).

2731 **Richshoffer, Daniel.** Der Statt Strassburg Alter Ammeister. Ward gebohren d. 10. X bris 1640. Starb d. 23. VII bris 1695. In-fol., à mi-
corps, tourné à dr., dans un ovale, av. encadr. allég. et armoiries.
J. A. Seupel sculp. et delin. Rogné. (B).

2732 — Id. In-16, buste, copie sur la planche précédente. dans un ovale.
(Tirage à part de „Seyboth, Strasbourg hist. et pitt."). A grandes
marges. (B).

2733 **Richter, François Xavier,** Maitre de Chapelle de la Cathédrale de Strasbourg. In-4⁰, à mi-corps, dirigeant le chant sur une tribune. en méd.
rond. C. Guérin f. 1785. Papier foncé, pet. marges. (B).

2734 — Même portrait, en bistre, à toutes marges. Tache d'eau. (B).

2735 **Rieder, (Jacques)-Amédée.** *(Fabricant de papier et agronome de mérite,*
né le 27 janv. 1807, à Colmar, mort à l'Ile-Napoléon, le 28 décembre
1880). In-8⁰, buste à gauche, en méd. ov. Ant. Meyer, Photog.
Colmar. (Pl. des „Biographies alsaciennes"). Av. marges. (B). —
Plus 4 pages de notices biogr. par Ch. Grad.

2736 **Ristelhuber, Paul.** (Bibliophile et littérateur, né à Strasbourg, le 11 août
1834, mort dans cette même ville, en 1899). In-24, buste à gauche.
Reprod. photo-lith. d'une eau-forte de E. Abot. Av. marges. (B).

2737 **Ritter, Lucas Sebastian.** Pfarrer zu St. Niclaus und Canon: zu St.
Thom: in Strassb., gebohren in Franckfort am Mayn A⁰ 1648. d.
6. Nov. gestorben in Strassburg A⁰ 1709. d. 19. Jan. in dem 30.
Jahr seines Predigampts. In-fol., à mi-corps, dans un ovale encadré.
Sans marges.

2738 **Rögner, Georg Ludwig.** Pfarrer zu St: Aurelien und Canonicus zu St:
Thomä, in Strassburg. seines Alters 60 Jahr, seines Predigampts
85. († 1709). Gr. in-8⁰, à mi-corps, de face, dans un ovale encadré.
J. A. Seupel delin. et sculp. Sans marges.

2739 **Rohan, Arm. Gasto de,** S. R. E. Cardinalis, Episcopus Argentin. *(Né*
en 1674, à Paris, où il est mort en 1749. Chanoine de Strasbourg,
1690, coadjuteur du prince-évèque Egon de Fürstenberg, 1701, évèque
de Strasbourg, 1704, et cardinal, 1712). In-16, buste. dans un ovale,
av. encadr. architect. Rogné. (B).

2740 — „Armandus Gasto S. R. E. Prior Presbyterorum Episcopus Argentoratensis Cardinalis de Rhoan Gallus, creatus die 18. Maij 1712."
Pet. in-fol., buste à gauche, tête à dr., dans un ovale, av. encadr.
et armoiries. Hieronymus Rossi Incid. Av. marges. (B).

2741 **Rohan-Guemené, Louis-René-Edouard, Pᶜᵉ de.** Cardinal . . . , Evêque-
Prince de Strasbourg . . . , Landgrave d'Alsace, Gᵈ Aumônier de
France, . . . *(Né à Paris 1734, † à Ettenheim 1803. Elu coadjuteur*
de son oncle en 1760, il fut nommé évêque de Strasbourg en 1799,
après la mort de ce dernier. Il se compromit gravement dans l'affaire
du Collier). Gr. in-8⁰, buste à dr., dans un ovale, av. encadr.
architect. et armoiries. Grav. en manière noire. „Se vende chez
Jean Mart. Will à Augsbourg". A gr. marges, taches d'eau. (B).

2742 Rosen, le Général Reinhold de. *(Reinhold, dit „der gute Rosen", commença par servir auprès du roi de Suède. Gustave-Adolphe. Après la mort de ce dernier, il fut employé dans l'armée du duc Bernard de Saxe-Weimar. En 1639 il passa au service de France, et fut investi, en 1649, par Louis XIV, de la seigneurie de Bollwiller. Il est mort en 1667).* In-4⁰, buste à dr., en méd. ov., av. encadr. architect. A. D e m a r l e f ᵗ 1868. (Pl. de „Lehr, L'Alsace Noble"). Av. marges. (B).

2743 Rothan, Gustave. *(Ancien ministre plénipotentiaire, ancien membre du Conseil général du Bas-Rhin, né à Strasbourg, le 23 mars 1822, † à Pallanza en 1890).* In-8⁰, à mi-genoux, tourné à dr. A n t. M e y e r, Photog. Colmar. (Pl. des „Biographies alsaciennes"). Av. marges. (B).

2744 Rumpler, François-Louis. *(Chanoine de St. Pierre-le-Jeune à Strasb. Seigneur de Rohrbach, aumônier ord. du roi, littérateur et polémiste, né à Obernai 1730, † vers 1800).* In-12, buste, profil à gauche, av. encadr. carré. „Par son ami l'abbé du M . . . qui entend, par folie, une aimable gaieté". A pet. marges.

2744ᵃ Sachs, Christophorus Melchior, Argentinensis, . . . Senator dein de Reipublicae Noribergensis ab A: 1698 ad A. 1711 . . . . In-12, à mi-corps, delace, av. armoiries. Sans marges et remonté. (B).

2745 Saint-Just, (Louis-Antoine de). *(Né à l'Iser, en 1768, Député du Dépt de l'Aisne, à la Cⁿ Natˡᵉ, décapité le 10 Thermidor, l'an 2 de la Rép. Au mois d'octobre 1793, il fut envoyé en Alsace pour rétablir l'ordre, réprimer les contre-révolutionnaires et repousser l'ennemi qui avait pris les lignes de Wissembourg. Il fit arrêter et exposer à Strasbourg, le 15 déc. 1793, Euloge Schneider sur un échafaud, en face de la guillotine, après quoi il l'envoya au tribunal révolutionnaire à Paris pour la lui faire voir de plus près).* In-16, à mi-genoux, tourné à gauche; au fond, ville incendiée. R a f f e t del., B o s s e l m a n sc. Publié par Furne, Paris. Av. marges. (B).

2746 Saltzmann, Baltasar Friederich, der H: Schrifft Licentiat u. Pfarrer der Neuen Kirchen zu Strasburg. A. O. R. 1689 Aetat. 77, Minist. 46, Pastor. 31. *(Né 1612, † 1696).* In-fol. à mi-corps, tourné à dr., en méd. ovale, av. encadr. architect. J. A. S e u p e l delin. et sculp. Argentor. Lég. lat. et allem. Rogné. (B).

2747 Saxe, Le Maréchal de. *(Hermann-Maurice, comte de Saxe, est né le 28 oct. 1696. Maréchal de France en 1744, il est mort à Chambord le 30. nov. 1750. Un magnifique monument funéraire, oeuvre du ciseau de Pigalle, lui est consacré dans l'Eglise de Saint-Thomas à Strasbourg).* In-18, buste à gauche, tête de face. I. Lith. de D e l p e c h. A gr. marges. (B).

2748 — „Mauritius Graff von Sachsen, Marschall von Franckreich".. In-18, buste à gauche, tête à dr. S y s a n g sc. A pet. marges. (B)

2749 Schaller, Jacobus. S. S. Theol. Doctor et Phil: Pract: in Academia Argentoratensi Professor publicus A⁰ 1651, Aetatis 47. *(Né 1604, † 1676).* In-8⁰, buste à dr., dans un ovale. P. A u b r y excud., Strasb: bey Joh. Tscherning Auf S. Tom: Pl: A grandes marges. (B).

2750 Schatz, Joh. Jacobus, Argentinensis, Gymnas. Isenac: Director et Bibliothecarius. Anno Aetatis 43. *(Né à Strasbourg en 1696, il entra au Gymnase en 1728, et y resta jusqu'à sa mort en 1739).* J. J o n. M i c h a e l i s pin. S y s a n g sc. Lips. 1736. Sans marges. (B).

2751 Schebest, Agnès. Rôle de Roméo. *(Cantatrice).* In-4⁰, à mi-corps. Lithographié par F l a x l a n d. Lith. de E. Simon fils. Av. marges. (Pl. de l'„Album alsacien").

2752 Scherer, Barthélemy-Louis-Joseph, Général en chef, † 1804. *(Né à Delle, Haut-Rhin, 1747; Ministre de la guerre, 1797).* In-18, à mi-corps. Grav. sur acier, à pet. marges. (B).

2753 Schilling, Joh. Christoph, Arg. post Pastorat ad beat. Aurel. et Colleg. B. Thomae Canonic., Templi Cathedralis Pastor Argent. Sculptus Ann. Aet. 43, 1640. *(Né 1597, † en chaire 1650).* In-16, à mi-corps, tourné à dr., en méd. ov., av. encadr. architect. et armoiries. J. Brunn excudit. Lég. et 6 vers lat. Sans marges. (B).

2754 Schilter, Joannes. Nat. A. C. 1632. *(Jurisconsulte, éditeur de la chronique de Koenigshoven, † 1705).* In-fol., à mi-corps, tourné à dr., en méd. ovale, av. encadr. et armoiries. J. A. Seupel delin. et sculp. Rogné, av. faux plis. (B).

2755 — „Jo. Schilter“. In-18, buste à gauche, en méd. ovale, av. encadr. orné. J. A. Seupel sculpsit. Sans marges. (B).

2756 — „Joannes Schilter, . . . nat. 1632, d. 29. Aug. — Den. 1705. d. 14· Maij“. In-fol., à mi-corps, tourné à dr., en méd. ov., av. encadr. et armoiries, 4 vers lat. Bernigeroth. Sans marges. (B).

2757 — „Johannes Schilter. Natus Pegavii A. D. 29. Augusti 1632“. Pet. in-4°, buste sur socle. E. C. Dürr sculp. Sans marges. (B).

2758 — „Joannes Schilter, . . . Nat. 1632, d. 29. Aug. Den. 1705, d. 14. Maij“. In-18, buste à dr., av. encadr. archit. et armoiries, 3 vers lat. Monogr. M. B. Sans marges. (B).

2759 Schlumberger, Jean. *(Chef d'industrie, conseiller d'Etat et pendant de longues années président du Landesausschuss d'Alsace-Lorraine, né à Mulhouse, le 22 février 1819, marié, en 1845, à Mlle Clarisse Dollfus, fille de Daniel Dollfus-Ausset).* In-8°, buste 3/4 à gauche, dans un ovale. Ant. Meyer, Photog. Colmar. (Pl. des „Biographies alsaciennes“). Av. marges. (B).

2760 Schlumberger, Gustave-Léon. *(Numismate et membre de l'Institut de France, né à Guebwiller, le 17 octobre 1844).* In-8°, à mi-genoux. Ant. Meyer, Photog. Colmar. (Pl. des „Biographies alsaciennes“). Av. marges. 4 pages de notice biogr. (B).

2761 Schmidt, Johannes. S. S. Theol. Doctor, Professor ordin., Conventus eccles. Praeses, Colleg. Thom. Praepos. Argentorati. A° 1641 Aetat. 47. *(Né 1594, † 1658).* Pet. in-fol., buste à dr., en méd. ov., av. encadr. orné. Sb.: Stoskopff pinxit, P. Aubry sculpsit. Lég. lat., 4 vers lat. et 4 vers allem. Sans marges. (B).

2762 — Id. „A° 1653“. Pet. in-4°, buste à dr., dans un ovale, av. encadr. orné. P. Aubry sculpsit. Lég. lat., 4 vers lat. et 4 vers allem. Sans marges. (B).

2763 — Id. „Natus Buclissae *(Bautzen)* A° 1594. Denat. Argentorati A° 1658“. Pet. in-4°, à mi-corps, tourné à dr. C. Romstet sulpsit. Sans marges, remonté. (B).

2764 — „Johannes Schmidius, Theol. Profes. Argent.“ In-64, buste à gauche, sans marges. (C).

2765 Schmidt, Sebastianus, S. Theol. D. in Academia Argentoratensi Professor senior et Conventus Ecclesiastici Praeses. *(Né à Lampertheim 1616, † 1696).* In-8°, à mi-corps, 3/4 à droite, un livre fermé en main, dans un ovale. Pet. Aubry sculp. Lég. et 6 vers lat. Sans marges. (B).

2766 — In-18, à mi-corps, tourné à droite, montrant de la main droite un in-folio ouvert, dans un ovale encadré. I. Friedlein fec. Hamb. Lég et 4 vers lat. Sans marges. (B).

2767 **Schmidt, Sebastianus.** — Pet. in-4⁰, buste à dr., dans un ov. encadré. I. Friedlein Kiliae sc. 1693. Lég. et 6 vers lat. A pet. marges. (B).

2768 — „Aetat. 78 anno 1694“. Gr. in-8⁰, à mi-corps, tourné à dr., la bible en main. J. A. Seupel delin. et sculp. Sans marges. (B).

2769 — Id. Pet. in-folio. Même planche, av. encadr., les noirs moins vigoureux, et sans nom d'auteur. A toutes pet. marges. (B).

2770 — Pet. in-4⁰, jeune, à mi-corps, tourné à dr., un livre fermé en main, en méd. ov., encadré. Joh. Ph. Thelott scul Franckfurt. Lég. et 12 vers lat. Sans marges. (B).

2771 — Pet. in-4⁰, âgé, autrement planche pareille à la précédente. Sans marges. (B).

2772 **Schmidt, Bernard.** Organiste à la Cathédrale, 1535—1592. In-18, à mi-corps, tourné à droite, dans un ovale. (Tirage à part, sur papier in-fol., de „Seyboth, Strasb. hist. et pitt.“) (B).

2773 **Schmitter, Auguste.** *(Né à Strasbourg, en 1827. Portr. fait à l'occasion de son cinquantenaire à la manufacture des tabacs, en 1888).* Gr. in-8⁰, à pied, fig. entière, entouré des cadeaux reçus le jour de son cinquantenaire. Zincographie, à pet. marges. (B).

2774 **Schneider, Johann-Balthasar,** Colmariensis Reipublicae Patriae Syndicus, . . . *(Plénipotentiaire à la paix de Munster, 1648. Né 1612, † 1658).* In-fol., buste à dr., en méd. ov., avec encadr. architect. et armoiries. Anselmus van Hulle pinxit, Pet. de Iode fecit 1650. Av. marges. (B).

2775 — Id. In-8⁰, buste à dr., en méd. ovale, av. cartouche. Lég. lat. A toutes marges, grande tache d'eau. (B).

2775ᵃ — Le même, bel exempl., mais à pet. marges. (B).

2776 **Schoepflin, Jo. Daniel.** Consil. et Historiographus Gall. Regis, etc., nat. Sulzb. Bad. d. 6. Sept. A. S. R. 1695. (sic!) *(Né le 6 sept. 1694, † à Strasbourg 1771).* In-fol., à mi-corps, tourné à droite, dans des ornements. Hauwiller pinx., Jo. Jac. Haid sculps. et excud. Aug. Vind. Superbe épreuve en manière noire. Av. marges. (B).

2777 — „Joh. Dan. Schöpflin. Geb. den 7. Sept. 1694. Gest. den 7. Augst. 1771.“ In-16, buste, profil à gauche, dans un ovale. J. R. H. f. 1802. Avec marges. (B).

2778 — Sans légende, in-32, buste, profil à dr. Photogr., avec marges. Av. 2 pages de notices biogr., en français. (B).

2779 — In-24 obl., buste, profil à gauche. Médaille commémorative, av. revers allég. et encadr. Weis sc. A pet. marges. (C).

2780 **Schrag, Iohann Adam,** I Ctus verschiedener hoher Stände und der Statt Strasbvrg gewesener Aeltister Rhat vndt Advocat. *(Né 1617, † 1687).* In-fol., buste à dr., en méd. ovale, av. encadr. allég. et armoiries. Bartholomaeus Hopffer pinxit, Johann Adam Seupel Argentorati sculpsit. Sans marges. (B).

2781 — Même tête, in-24, sans encadr., dans un ovale. Tirage à part, sur papier in-fol., de „Seyboth, Strasbourg hist. et pitt“. (B).

2782 **Schulmeister, Charles-Louis.** *(Commissaire général des armées impériales, né en 1770, † en 1853. En 1806, il se rendit propriétaire de la Meinau, près de Strasbourg, qu'il transforma en un parc magnifique, et où, en 1807 et 1808, il éleva un château avec un péristyle imposant. Pendant son séjour à Strasbourg, en 1809, l'impératrice Joséphine vint souvent visiter ces lieux, avec sa fille, la reine Hortense).* In-16, buste. face. Reprod. photolith. d'une lithogr. de Ch. Aug. Schuler de 1839. A gr. marges. (B).

2783 **Schützenberger, Louis-(Frédéric).** *(Peintre, élève de Gabriel et Jean Guérin. Il nacquit à Strasbourg, le 8 sept. 1825, comme fils du brasseur Louis Schützenberger, et décéda en 1903).* In-18, à mi-corps, assis, de face. Portr. extr. d'une publication franç. Pet. marges. (B).

2784 **Schwalb, Wilh. August,** Ev. Pfarrer zu Schweighausen, den 14. Nov. 1858, u. bei der franz. Armee in Ober-Italien, Juni 1859 bis Juni 1860. Geboren zu Barr, den 10. Oct. 1829, gestorben zu Vallon, Ardèche, den 14. Juli 1860. In-8⁰, buste à dr., av. des nuages. Lith. p. G. Ad. Schwalb d'ap. une Photog. du 27 mars 1858. Imp. Lith. Th. Siegfried à Strasbourg. Av. marges. (B).

2785 **Schweighaeuser, Johannes,** . . . in Acad. Argent. et in Semin. prot. Prof. *(Philologue, né 1742, à Strasb., où il est mort en 1830).* Gr. in-8⁰, à mi-corps, assis, tourné à droite. Engraved by Thomson. From, a Drawing by Lewis. Grav. sur acier. A toutes marges. (B).

2786 — „Jean Schweighaeuser". Pet. in-fol., à mi-corps, assis, tourné à gauche. Flaxland. Lith. de E. Simon fils. (Pl. de „Sandmann. Vues des villes et bourgs etc.") Epreuve sur Chine, à gr. marges. Taches de rousseur. (B).

2787 **Scnweighaeuser, J(ean) G(eoffroy),** Professeur de Littérature grecque . . . Né à Strasbourg, le 2 janv. 1776. *(Archéologue, fils du précédent, mort à Strasbourg, le 14 mars 1844. En 1825, il commença, de concert avec son ami M. de Golbéry, la publication des „Antiquités d'Alsace", ouvrage terminé en 1828).* Gr. in-8⁰, buste, de face. Lith. par Schuster, Lith. de E. Simon fils à Strasb. Belle épreuve, à pet. marges. (B).

2788 **Schwilgué, Jean-Baptiste (Sozime).** Né à Strasbourg le 18 Déc. 1776. Auteur de l'Horloge astronomique. In-18, à mi-genoux, tourné à dr., accoudé sur une colonne. Photographie d'après l'original peint par Gabriel Guérin en 1843. Non montée. (B).

2789 — In-fol., buste à dr. Dessiné d'après nature 1846 et gravé par Ch. Aug. Schuler 1852. Epreuve sur Chine, à pet. marges.

2790 **Sebizius, Melchior,** Med: Doct: Academici et Archiatri Argentinensis· Aet: suae 74 A⁰ 1613. *(† 1625).* In-16, à mi-corps, tourné à dr., en méd. ov. Jacob ab Heyden fecit. Lég. et 8 vers lat. Sans marges. (B).

2791 **Sebizius, Melchior,** Medicinae Doctor et Professor, Comes Palatinus-Caesareus, et Reipubl. Argentoratensis Archiater. A⁰ 1651. *(Fils du précédent né à Strasbourg 1578, † 1674).* In-8⁰, à mi-corps, tourné à droite, dans un ovale. (P. Aubry excud.) Lég. et 16 vers lat. Sans marges. (B).

2792 **Seubert, Johannes Jacobus.** Med. Doctoris et Practici apud Argentoratenses celeberrimi. Pet. in-fol., à mi-corps, tourné à dr., dans un ovale, avec encadr. orné. T. Roos del., Bartholome Kilian sculp. A⁰ 1676. Sans marges. (B).

2793 **Siebecker, Edouard.** *(Historien et poète alsacien, né à Saint-Pétersbourg, de parents alsaciens, en 1829, mort à Paris en 1901).* Gr. in-8⁰, portrait-charge teinté. (N⁰ de „Les Hommes d'aujourd'hui", 4 pages). (B).

2794 — In-fol., à mi-corps, tête à dr., portr. photogr. Goupil et Cie, cliché Carjat. Av. 4 pages de notices biogr. d'Erckmann-Chatrian. (N⁰ de la „Galerie contempor.. littéraire et artistique"). (B).

2795 **Simon, Jacques-Ignace.** *(Chanoine, né à Ammerschwihr, le 12 mars 1831, mort en 1903. Le 9 mars 1872 il fut nommé Supérieur* *des Soeurs de Niederbronn, et représenta le cercle de Ribeauvillé au Reichstag pendant 24 ans, de 1874 à 1898).* In-18, buste, à dr., en soutane, dans un ovale. (Portrait extrait du „Messager des Vosges"). A pet. marges. (B).

2796 **Simon, Jacques-Ignace.** In-18, buste à dr., en habit ord., comme député au Reichstag. (Extr. de la même Revue). A pet. marges. (B).

2797 **Sleidan, Johannes**, utriusq. Iuris Licentiati, Inclytæ Reipubl. Argentorat. Syndici meritissimi, Historiographi . . . *(Jean Philippson. dit Sleidan, né à Sleiden 1506, † à Strasbourg 1556).* In-8°, à mi-corps, tête tournée à dr. Lég. et 8 vers lat., dédicace de F. Johannes Paulus Crusius P. L. Sans marges. (B).

2798 — „Ioannes Sleidan Hi". In-12, à mi-corps. tourné à dr., écrivant dans un volume. Av. encadr. orné. Lég. et 2 vers lat. Sans marges, remonté. (B).

2799 — „Johannes Sleidanus Historicus". In-18, à mi-corps, tourné à dr., écrivant dans un volume. Grav. sur bois anc., sans encadr. Sans marges, remonté. (B).

2800 — „Sleidanus Joannes Historicus". In-16. même portr. que le précédent. Grav. sur bois découpée et remontée. Lég. lat. impr., suivie d'une biographie manuscr. en lat. (B).

2801 — „Johann Sleidan, eig. Joh. Philipson. . . ." In-12. buste à dr. Grav. sur bois mod., av. courte biographie allem. (Pl. 23 d'un ouvrage allem.) Av. marges. (B).

2802 — „Johannes Sleidanus, Historicus Argentinensis". In-24, buste à gauche. dans un ovale encadré, av. 4 fig. symboliques. Rogné. (B).

2803 — „Johannes Sleidanus Ward Geboren zu Sleiden in Holland . . ." Gr. in-8°, à mi-corps, tourné à gauche. écrivant dans un volume. Sans marges. (B).

2804 — „Joannes Sleydanus". In-8°. buste, profil à gauche. H hond f. Lég. et 4 vers lat. Sans marges. (B).

2805 — „Joannes Sleidanvs". In-8°, même portr. que le précédent, mais sans les vers lat. Grav. sur cuivre, à gr. marges. (B).

2806 **Spach, Louis-Adolphe.** (Littérateur alsacien, archiviste du dép. du Bas-Rhin et président de la Société pour la conservation des monuments histor., né à Strasbourg, le 27 sept. 1800, mort à Strasbourg, le 16 octobre 1879). In-18, reprod. photolith. de son buste de P. Grass. Av. marges. (B).

2807 **Speckle, Daniel**, Architectus Argentinensis, nascitur A⁰ 1536, obyt Argentinae A⁰ 1589. In-12. à mi-corps, tourné à droite, dans un ovale, av. encadr. architect. Io. Theodor de Bry fecit. Lég. lat. et all. A pet. marges. (B).

2808 **Spener, Philipp Jacob**, vormahls Senior dess Min. zu Franckfurt, ferner Chur Sächs: Ober Hof-Predig: u. Ober Kirchen Rath . . ." *(Né à Ribeauvillé, en 1635, † à Berlin, m 1705).* In-18, buste à gauche, en méd. ov., av. encadr., sur socle. Lég. et 4 vers allem. Sans marges. (B).

2809 — Même portrait, petites variantes. Sans marges. (B).

2310 — Même texte allem., in-24, buste, à gauche, en méd. ov., av. encadr., sur socle. Jos. à Montalegre sc: Norimb. Sans marges. (B).

2811 — Même texte allem., in-16, buste à dr., en méd. ov., av. encadr., sur socle. Joseph à Montalegre sc: Norimbergae. Sans marges. (B).

2812 — „Philipp Jacob Spener, der H. Schrifft Doctor . . . Seines Alters

60, Predigamt 32." In-fol., à mi-corps, tourné à dr., dans un ovale, orné de quelques roses, av. armoiries. E. Nessenthaler faciebat et excud., Steutner Statuarius delin. Grav. en manière noire, découpée et appliquée sur un autre fond. (B).

2813 **Spener, Philipp Jacob,** D. Churfl. Sächs. Ober Hoff Prediger und Kirchen Rath. In-12, buste à dr., dans un ovale. (Extr. d'un ouvrage: II Th., p. 429). A pet. marges.

2814 — „Philipp Jacob Spener". In-18, buste à g., en méd. rond, av. encadr. architect. E. Henne sc. 1787. A pet. marges. (B).

2815 — „D. Philipp Jacob Spener, S. Reg. Maj. Pruss. a Consiliis sacris et Propositus Berlin . . ." In-4⁰, buste à gauche, dans un ovale, lég. lat. encadrée. Joseph à Montalegre sculpsit Norimbergae. Sans marges. (B).

2816 — Même texte latin, pet. in-fol., buste à gauche, en méd. ov. encadré. Beck sc. Hall. Sans marges. (B).

2817 — Même tête, sans légende, découpée et appliquée sur papier blanc in-4⁰. (B).

2818 — „Philipp. Jacobus Spener, SS. Theolog. Doctor, Evangelicae Ecclesiae Pastor . . ." In-4⁰, buste à gauche, dans un ovale. Pet. Schenck fec: et exc: Amstelod: Grav. en manière noire, teinte brune. Sans marges. (B).

2819 — „D. Philippus Iacobus Spenerus, Ruperti-Villa Alsatus . . . Ex collectione Friderici Roth-Scholtzii Noriberg." In-18, buste à gauche. Knorr sc. A toutes marges. (B).

2820 — „Spener, Philippe-Jacques." In-8⁰, buste à dr., dans un ovale. Ant. Meyer, Photog. Colmar. (Pl. des „Biographies alsaciennes"). Av. marg. s. (B).

2821 **Spielmann, Jacob: Reinbold:** Phil. et Med. D: facultat: Medic: Argentor. Senior . . . Natus 31 Mart: 1722. *(Mort à Strasbourg, le 9 sept. 1783)*. Gr. in-8⁰, buste, ³/₄ à gauche, en méd. rond, av. encadr. Chr Guérin delin. ad Vivum et sculpt. 1781. A toutes pet. marges

2822 **Spindler, Karl.** *(Artiste-Peintre, né à Boersch, le 11 mars 1865. Fondateur de la „Revue alsac. illustrée")*. In-24, buste. ³/₄ à gauche. (Portr. extr. d'une publication allem.) A pet. marges. (C).

2823 **Spoerlin, Ioannes.** Eccles: Helvetico Mulhus: Archidiacon, . . . Gr. in-8⁰, buste, profil à gauche, en méd. rond, encadré. Jendrich delineavit 1778, J. R. Holzhalb Sculps. Zürich. Reprod. moderne sur Chine, Impr. Vᵛᵉ Bader & Co.. Mulhouse. Av. marges. (B).

2824 **Städel, Josias,** Reipub. Argentorat. Consul. et Tredecim-Vir. Natus Argent: A⁰ 1627, denatus A⁰ 1700. Pet. in-fol., à mi-corps, tourné à dr., av. encadr. orné et armoiries. J. A. Seupel delin: et sculp: A toutes pet. marges. (B).

2825 **Steinheil, Georgius Albertus,** J. Cᵗᵘˢ. Nobilitatis Alsatiae Inferioris Sydicus. Natus 1659. Denatus 1725. Pet. in-fol., buste à gauche, en méd. ovale, av. encadr. architect. et armoiries. Peint par Seupel. Gravé par Weis, Graveur de la Ville de Strasbourg, 1751. Belle épreuve, av. marges. (B).

2826 **Stimmer, Tobias.** *(Graveur et Peintre né à Schaffhouse, en 1539, † en 1582)*. In-16, buste à gauche, en méd octog. Croquis à la plume par F. Reiber, d'après Sandrart. (B).

2827 **Stoeber, (Daniel-) Ehrenfried.** *(Poète alsac., né à Strasbourg, en 1777, † en 1835)*. In-fol., buste profil à gauche, av. des nuages. Nach Ohmacht, J. D. Beyer, Lith. de G. Engelmann. A toutes marges. Taches de rousseur. (B).

2828 **Stoeber, (Daniel-) Ehrenfried.** In-8⁰, buste à droite, en méd. ov. Nach Natur gezeichnet von F. Oberthür, Lith. von M. F. Böhm in Strasburg. Rogné. (B).

2829 **Stoeber, Auguste.** *(Daniel-Auguste-Ehrenfried Stoeber, fils du précédent, naquit à Strasbourg le 9 Juillet 1808. On doit à ce savant de nombreux travaux sur les antiquités alsaciennes et l'histoire de son pays, presque tous en allemand. Comme son père, il a fait des poésies. Il mourut le 19 mars 1884, à Mulhouse, où pendant de longues années il était Professeur au Collège et Bibliothécaire municipal).* In-24, buste à droite. E. Bossert Bâle. Lithogr., à pet. marges. (B).

2830 **Stoeber, Ehrenfried, August u. Adolf.** 3 têtes de profil, en médaillons ronds, av. attributs allég. 2 vers allem. W. Eberbach, 98. Lith., à gr. marges. (B).

2831 **Stockmeyer, Martin.** Herculi Colmariensi. Batelier, Officier municipal de Colmar. dans son costume de la nuit du 3 au 4 février 1791. Gr. in-8⁰, en pied. Dessiné d'après Nature et gravé par C. Guérin. Rogné. (B.)

2832 **Stricker, Gustave-Théodore.** -- „Vater Stricker, 1807—1875". *(Né à Strasbourg, en 1807, Pasteur au Hohwald, en 1835, puis à Kléebourg, en 1840, et finalement, en 1842, à Hunspach, où il est mort en 1875).* In-18, buste à dr., dans un ovale. Lith., av. marges. (B).

2833 **Stumpf, Dr. (Petrus-Paulus).** Bischof von Strassburg *(de 1887 à 1890, né à Eguisheim, en 1822, † en 1890).* In-8⁰. à mi-corps, de face. Lithogr., fond teinté. Avec marges. (B).

2834 **Sturm von Sturmeck, Jacob,** Stättmeister der Stadt Strassburg. Geboren 1489. Gestorben 1553. In-18, buste de face, en méd. ovale, av. encadr. J. R. H. f. 1792. A toutes pet. marges. (B).

2835 — In-24, buste de face, en méd. ov. Schuler fecit 1817. Av. marges. (B).

2836 — In-24, sans légende. A mi-corps, tourné à dr., dans un ovale. Photogr. sur carton in-8⁰, av. 2 pages de notices biogr., en franç. (Pl. de „Les Alsaciens illustres"). (B).

— voir aussi **Léon IX.**

2837 **Sturm, Joannes.** Rector Scholae Argentoratensis. Nat. Sleidae d. 1. Oct. 1507, denat. d. 3. Mart. 1589. In-8⁰, à mi-corps, ³/₄ à gauche, en méd. ov. I. I. Haid exc. A. V. Gravure en manière noire, à pet marges. (N⁰ 42 dans le coin droit du haut). (B).

2838 -- „Imago viri clarissimi et oratoris eloquentissimi D. Ioan Sturmii Argentorat. . . . " In-8⁰, à mi-corps, ³/₄ à gauche, dans un ovale. Lég. et 10 vers lat. Sans marges, remonté. (B).

2839 — „Effigies Iohannis Stvrmii: Argentoratensis Academiae Rectoris". In-24. à mi-corps, tourné à gauche, en méd. ov. encadré. Grav. sur bois anc., à pet. marges. (B).

2840 **Sultzer, Charles,** Chevalier de la légion d'honneur, Docteur en philosophie et médecine, ... Médecin cantonal de Barr . . . *(Né en 1770, † en 1854).* Dessiné d'après nature et lith. par Ch. Aug. Schuler 1837. — **Mme Sultzer,** Supérieure des soeurs de la charité de l'ordre de St. Vincent de Paul . . . , d'après Ad. Schwalb 1851. — **Mme Sultzer,** Présidente de la société des bienfaisance des dames à Barr. Ad. Schwalb 1851. — Trio humanitaire. 3 bustes sur 1 planche in-fol., av. marges. Lith. de E. Simon à Strasbourg. (B).

2840ᵃ **Sultzer, Mme Charles.** *(Femme du précédent).* In-4⁰, à mi-corps, assis, tourné à dr. Ad. Schwalb del. et lith., Lith. E. Simon. A gr. marges. (B).

2841 Tabor, Ioannes Otto, Ictus, Academiae Argentoratensis Professor . . *(Né en 1604, † en 1674).* Pet. in-fol., buste à dr., en méd. ov. av. ornements et armoiries. A. M. Wolffgang sc. Aug. Vindel Sans marges. (B).

2842 Tarade, Jacobus de, Nobilis scutatus, Militaris ordinis . . . et Alsatiae munimentorum Praefectus. *(Préposé aux Fortifications de l'Alsace sous Louis XIV).* In-fol., à mi-corps, en méd. ovale, av. encs.dr. orné de 8 écussons: plans des villes de: Ath. Fort Louis Schelestat, Fribourg, Neuf-Brisack, Huningue, Beffort et Charle-Royt Av. armoiries. J. A. Seupel delin. et sculp. Avec marges. (B).

2842a Thiennotte, F. Pet. in-fol., buste à gauche, épreuve sur Chine, avan. la lettre. D'après nature Hancké, Imp. Lemercier, Paris. A pet. marges. (B).

2843 Thomas Philippus de Alsatia. Belgia Archiepis. Mechliniensis Belgi. Primas S. R. E. Presbyter Cardinalis creatus die 29. Novembris 1719. Pet. in-fol., buste à gauche, tête de face, en méd. ov., av. armoiries. Petrus Nelli pinxit. Hieronymus Rossi incidit. Av. marges. (B).

2844 Tschachmachsasoff, Hacob, von Baku, am Ufer des Caspischen Meeres. Gr. in-fol., à mi-corps, tourné à dr. Lith. d'après nature par Aug. Wittmann, Lith. de Simon fils. A gr. marges. (A).

2845 Uhrich, Gal **(Jean-Jacques.Alexis).** *(Général de division, défenseur de Strasbourg, né à Phalsbourg 1802, † 1886).* In-18, à mi-corps, tourné à gauche. L. B. Lithogr., av. marges. (B).

2846 Unselt, Joh: Philippus, Pfarrer zu St. Wilhelm in Strassburg, im Jahr 1737. Alters 65. Predigampts 40. Pfarrd. 6. Gr. in-8⁰, à mi-corps. tourné à droite, en méd. ovale, av. encadr. architect. et armoiries. I. M. Weis Argent. sc. 1737. A pet marges. (B).

2847 Vermigli, Pietro Martire, dit Pierre Martyr. *(Réformateur italien. né à Florence, le 8 sept. 1500. De 1542 à 1547, et de 1553 à 1556 — dans l'intervalle, il passa quelques années en Angleterre — il professa la théologie à l'Université de Strasbourg. Il quitta cette ville le 13 juillet 1556, pour prendre la succession de Pellican dans la chaire d'hébreu et de théologie à Zurich, où il est aussi mort le 12 Nov. 1562).* Gr. in-8⁰, buste à gauche. Nach HI: CB. Av. marges.

2848 — „Martyr Petrus Vermilius Theologus". In-16, à mi-corps, tourné à gauche. Grav. sur bois découpée et remontée. Lég. lat. impr., suivie d'une biographie manuscr. en latin. (B).

2849 Véron-Réville, Amand-Antoine. *(Conseiller à la Cour impériale de Colmar, né à Neuf-Brisach, le 3 sept. 1815, mort à Bordeaux, le 2 janvier 1871).* In-8⁰, à mi-genoux, assis, tourné à gauche. Ant. Meyer, Photog. Colmar. (Pl. des „Biographies alsaciennes"). Av. 4 pages de notes biogr. par X. Mossmann. (B).

2850 Vogtherr, Henri, père, âgé de 47 ans, et **Vogtherr, Henri, fils,** âgé de 24 ans. *(Peintres et graveurs sur bois au 16e siècle.)* In-16 oblong. sur papier in-fol., en 2 méd. ronds, av. encadr. et lég. allem., 1534. Au verso, notice biogr. par F. Reiber. (Tirage à part du „Mirliton"). (B).

2851 Walter, François, *(Graveur et dessinateur),* né à Strasbourg le 9 mars 1755. In-8⁰, sur papier de Hollande in-fol., buste, profil à droite, av. encadr. (Attribué à J. D. Heimlich). A très gr. marges. (B).

2852 — Le même, sur papier du Japon. A très gr. marges. (B).

2853 Weckerlin, Jean-Baptiste-(Théodore). *(Professeur et bibliothécaire*

au Conservatoir de musique à Paris, né à Guebwiller, le 9 nov. 1821).
In-8⁰, buste à dr., tête à gauche, dans un ovale. An t. Meyer,
Photog. Colmar. (Pl. des „Biographies alsaciennes"). Av. marges.
(B).

2854 **Wencker, Joseph.** *(Artiste-peintre, né en 1848).* In-24, buste à dr., par
lui même. Zinc. Rogné. (B.)

2855 **Wolf, Netter et Jacobi.** *(Grands industriels à Strasbourg).* 3 bustes in-
24, av. encadr. ornés, sur 1 feuille gr. in-8⁰ obl. Photolith. Avec
marges. (B.)

2856 **Wurmser von Vendenheim, zu Sundhausen, Frantz Jacob.** Natus Ao.
1662. mens: 20 Maij. denatus Ao. 1711. mens: 22 April. aetat. Ao.
49. Pet. in-fol., buste à dr., en méd. ov., av. encadr. orn4 et armoiries. J. A. Seupel scul. A pet. marges. (B).

2857 — Le même, superbe épreuve sur Chine (?), papier, fort, à très gr.
marges. (B).

2858 **Würtz, Johann Friderich.** Gewesener Alter Ammaister und Dreyzehener
zu Strasburg. *(Négociant, né en 1624, † 1692).* In-fol., à mi-corps,
tourné à dr.. devant un registre de commerce. Grav. anc., sans
nom d'artiste. A pet. marges. (B).

2859 **Zell, Mathias.** *(Né à Kaysersberg 1477, † 1548. Réformateur, premier
pasteur évangélique de Strasbourg).* In-18, à mi-corps, profil à droite.
Lith. Engelmann p. & f. Mulhouse. Av. marges. (B).

2860 — „Matthias Zellius Caesarispergius, Argentin. Eccles. Pastor". In-18,
à mi-corps, profil à gauche. Grav. sur bois anc., tirée d'un ouvrage
lat. A pet. marges. (B).

2861 — „Zellius Matthias Caesarispergius, Argentin. Ecclesiae Pastor". In-
16, buste. profil à gauche. Grav. sur bois découpée et remontée.
Lég. lat. impr., suivie d'une biographie manuscr. en lat. (B).

2862 — „Mathias Zellius Ecclesiastes Argentinen". In-8⁰, à mi-corps, profil à dr., av. encadr. archit. Monogr. BR. Lég. et 2 vers lat. Av.
marges. (B).

2863 **Zimmermann, Th(iébaut).** *(Fondateur des établissements industriels à
Issenheim, né vers 1762).* In-18. buste à droite, eau-forte. Imp. A.
Salmon. Av. marges. (C).

2864 **Zix, Benjamin.** *(Peintre et graveur, né à Strasbourg, mort en 1811).* In-18,
à mi-corps, tourné à gauche. Av. autres portraits et dessins. (B).

2865 **Zuber, Jean.** *(Manufacturier à Rixheim. né 1773, † 1852)* et **Madame
Jean Zuber, née Elisabeth Spoerlin** *(1775, † 1856).* 8 Août 1846,
50me anniversaire de Mariage. In-fol. obl., bustes. Lith. de Engelmann père et fils. A très gr. marges. (A).

Portraits en volumes ou en séries.

2866 **Biographies alsaciennes,** avec portraits en photographie, par Ant.
Meyer. (Collection incomplète des portraits de G.-A. Hirn, J.-J.
Karpff et E. Valentin).

Ce numéro peut aussi se vendre en détail:

1. *Albrecht, Ignace.*
2. *André, Jean-François.*
3. *Andrieux.*
4. *Arnold, Dominique.*
5. *Arnold, G.-D.*
6. *Atthalin, le Baron.*
7. *Bartholdi, Fr.-Aug.*
8. *Baeumlin, Fr.-Jos.*
9. *Becker, le Comte Nicolas.*
10. *Belloguet, Bon Roget de.*
11. *Benner, Emm. et Jean.*
12. *Berckheim, Bon Fr. Sig. de.*
13. *Berckheim, Bon Sig.-Guillaume de.*
14. *Bernhard, Marie-Bernard.*
15. *Bornheim, Hippolyte.*
16. *Billing, Sigismond.*
17. *Binger, le Capitaine.*
18. *Blech, Franç.-Jos.*
19. *Blech, Jacques.*
20. *Bleicher, Marie-Gust.*

Biographies alsaciennes:

21. *Boetzel, Ernest.*
22. *Braun, Adolphe.*
23. *Braun, Albert.*
24. *Brion, G.-A.*
25. *Bruat, Arm.-Jos.*
26. *Bruch, Jean-Fréd.*
27. *Bucer, Martin.*
28. *Castex, Bertr.-Pierre de.*
29. *Charpentier, Germain.*
30. *Chauffour, Ignace.*
31. *Chauffour, Marie-Victor.*
32. *Colmar, Mgr.*
33. *Conrad, Alfred.*
34. *Deck, Jos.-Théod.*
35. *Dieterlin, Jacques-Christ.*
36. *Dietrich, Jean-Jacques.*
37. *Dietrich, Phil-Frédéric de.*
38. *Dietsch, Gust.*
39. *Dietz-Monnin, Ch.-Fr.*
40. *Dollfus, Aug.*
41. *Dollfus, Jean.*
42. *Dollfus-Ausset, Daniel.*
43. *Doré, Louis-Aug.-Gust.*
44. *Drolling, Mich.-Mart.*
45. *Dupré, l'Amiral M.-J.*
46. *Elie, Jacques-Job.*
47. *Engel-Dollfus, Fréd.*
48. *Erard, Sébastien.*
49. *Ernst, Amélie.*
50. *Faudel, Charles-Fréd.*
51. *Fischbach, Gust.*
52. *Freppel, Mgr. Ch.-Em.*
53. *Friedel, Charles.*
54. *Fries, le Comte Jean de.*
55. *Fuchs, Edmond.*
56. *Geiler de Kaysersberg, Jean.*
57. *Gérando, Mme. de.*
58. *Gérard, Ch.-Alex.*
59. *Golbéry, M.-Ph.-A. de.*
60. *Goldenberg, Alfred.*
61. *Grad, Marie-Ant.-Ch.*
62. *Graeff, Auguste.*
63. *Grandidier, Ph.-André.*
64. *Gros, Jacques-Gabriel.*
65. *Gros-Hartmann, J.-Ed.*
66. *Gruber, David.*
67. *Guerber, Jos.*
68. *Guérin, Christophe.*
69. *Guérin, Jean-Urbain.*
70. *Gunzert, Guill.*
71. *Guthlin, Aloyse.*
72. *Hanauer, Ch. Aug.*
73. *Haerter, Franç.-Henri.*
74. *Hartmann, J.-Fr. Fél.*
75. *Hartmann-Metzger, Fréd.*
76. *Heeckeren, G.-Ch. d'Anthès Bon de.*
77. *Heilmann, Josué.*
78. *Henner, J.-J.*
79. *Henry, Victor.*
80. *Herzog, Antoine.*
81. *Himly, Louis-Aug.*
82. *Hirn, Jean-Georges.*
83. *Hofer, Josué.*
84. *Hommaire de Hell, X.*
85. *Horning, Frédéric.*
86. *Hubner, Emile.*
87. *Hugot, Louis-Phil.*
88. *Humann, Jean-Georges.*
89. *Jaenger, P.-P.*
90. *Jecker, Franç.-Ant.*
91. *Ingold, Franç.-Rod.*
92. *Jourdain, Alex.-Xavier.*
93. *Jundt, Gustave.*
94. *Kablé, Jacques.*
95. *Kastner, Jean-Georges.*

96. *Keller, Emile.*
97. *Kellermann, Franç.-Christ.*
98. *Kempf, Jean-Jacques.*
99. *Kessler, Jacques-Fréd.*
100. *Kestner, Charles.*
101. *Kiener, Jean.*
102. *Kirschleger, Fréd.*
103. *Kléber, Jean-Bapt.*
104. *Klein, Jules.*
105. *Kobès, Mgr. Aloyse.*
106. *Koch, Christ.-Guill.*
107. *Koechlin, Nicolas.*
108. *Koechlin-Schlumberger, Jos.*
109. *Kreyder, Alexis.*
110. *Kuhlmann, Ch.-Fréd.*
111. *Kuss, Emile.*
112. *Lambert, Jean-Henri.*
113. *Lang, Irénée.*
114. *Laugel, Aug.*
115. *Laurent-Atthalin, G.-M.*
116. *Le Bel, Jos.-Ach.*
117. *Leblois, G.-L.*
118. *Lefébure, Alb.-Léon.*
119. *Lefèbvre, Franç.-Jos.*
120. *Lefèbvre, la Maréchale.*
121. *Lehr, Ernest.*
122. *Lévy, Maurice.*
123. *Lix, Antoinette.*
124. *Lix, Fréd.-Théod.*
125. *Martha, Benj.-Constant.*
126. *Martin, Charles.*
127. *Matter, Jacques.*
128. *Metzger, Jean-Ulric.*
129. *Meyer, Bernard.*
130. *Moll, Alex.-Pierre.*
131. *Morel, A.-F.-L.-G.*
132. *Mossmann, Xavier.*
133. *Muntz, Eugène.*
134. *Murner, Thomas.*
135. *Musculus, Fréd.-Alph.*
136. *Neiffzer, Auguste.*
137. *Négrier, Franç.-Oscar de.*
138. *Nessel, Xavier-Jos.*
139. *North, Jean.*
140. *Oberkirch, Baronne d'*
141. *Oberlin, Jean-Fréd.*
142. *Oberlin, Jérémie-Jacques.*
143. *Pabst, Camille-Alfred.*
144. *Parmentier, Jacques.*
145. *Pellican, Conrad Kürsner.*
146. *Petri, Emile.*
147. *Pfeffel, Christ.-Fréd.*
148. *Pfeffel, Théoph.-Conrad.*
149. *Pierre, le Général Augustin.*
150. *Ramond, Louis-Franç.-Elis.*
151. *Rapp, le Comte Jean.*
152. *Raess, Mgr. André.*
153. *Rathsamhausen, Casim.-Fr. de.*
154. *Ratisbonne, Louis-Fortuné-Gust.*
155. *Reber, Jean-Georges.*
156. *Reber, Nap.-Henri.*
157. *Reinach-Hirtzbach, Hesso-Ant. de.*
158. *Renoker, Marie-Ant.-Ed.*
159. *Renouard de Bussierre, Bon Alfr.*
160. *Renouard de Bussierre, Théod.*
161. *Reubell, Jean-Franç.*
162. *Reuss, Ed.-Guill.-Eug.*
163. *Reuss, Ernest-Rod.*
164. *Richard, Alex.-Rich.*
165. *Rieder, Jacques-Amédée.*
166. *Risler, Charles-Eug.*
167. *Risler, Mathieu.*
168. *Ristelhuber, Paul.*
169. *Rohan, Arm.-Gust.-Max. de.*
170. *Rothan, Gustave.*

Biographies alsaciennes:

171. Rumpler, le Chanoine Franç.-L.
172. Saint-Léon IX, Pape.
173. Saurine, Jean-Pierre.
174. Schaeffer, F.-G.-Ad.
175. Schattenmann, Ch.-Henri.
176. Schauenburg, Balth. de.
177. Schauenburg, Max.-Jos. de.
178. Schauenburg, Pierre-Rielle de.
179. Scheurer-Kestner, Aug.
180. Schilter, Jean.
181. Schimper, Guill.-Phil.
182. Schlumberger, Gust.-Léon.
183. Schlumberger, Jean.
184. Schlumberger, Jules-Alb.
185. Schmidt, Charles.
186. Schnitzler, Jean-Henri.
187. Schuler, Théophile.
188. Schutzenberger, Charles.
189. Schutzenberger, Louis.
190. Schutzenberger, Paul.
191. Schweighaeuser, Jean.
192. Schwendi, Lazare de.
193. Schwilgué, Jean-Bapt.
194. Sée, Léopold.
195. Seinguerlet, Eug.
196. Sießermann, Dr. M.-G.-Ed.
197. Siegfried, Jacques.
198. Siegfried, Jules.
199. Silbermann, Jean-Thiéb.
200. Simonis, l'abbé.
201. Specklin, Daniel.
202. Spener, Phil.-Jacques.
203. Spitz, Franç.-Charles.
204. Staehling, Charles.

205. Steinbach, Georges.
206. Steiner, Charles-Emile.
207. Steinheil, Gust.
208. Steinheil, Louis-Ch.-Aug.
209. Stoeber, Auguste.
210. Stoecklin, Auguste.
211. Stoffel, Jean-Georges.
212. Stoltz, Jean-Louis.
213. Stoltz, Jos.-Alexis.
214. Straus, Isidore.
215. Struch, Antoine.
216. Sturm, Jean.
217. Sturm de Sturmeck, Jacques.
218. Sultzer, la Famille.
219. Thierry-Mieg, Charles.
220. Véron-Réville, Amand-Ant.
221. Voyer, Marc-René de.
222. Waldner de Freundstein, God. de.
223. Waldner, Christ.-Fréd.-Dag.
224. Weckerlin, J.-B.-Théod.
225. Westermann, Franç.-Jos.
226. Widal, Ch.-Aug.
227. Willm, Edmond.
228. Willm, Joseph.
229. Winterer, Landelin.
230. Wurtz, Ch.-Ad.
231. Yves, Renaud.
232. Zeys, Franç.-Fréd.-Ernest.
233. Zorn de Bulach, Fr.-Ant.-Ph.-H.
234. Zorn de Bulach, H.-Ant.-M.-E.
235. Zuber, Henri.
236. Zuber, Hubert-Jules-César.
237. Zuber, Jean.

Chaque portrait avec biographie détaillée.

2867 Galerie alsacienne, ou Portraits des Alsaciens qui se sont le plus distingués dans les lettres, les sciences, les arts, l'industrie et l'art militaire. 30 planches par J. D. Beyer, Lith. de G. Engelmann. Av. notes biogr. Strasb. 1826, gr. in-8°, demi-rel, chagr., non rogné.

2868 Souvenir de la Garde Nationale de 1848. Portraits-charges par G. Lallemand. Lith. E. Lemaître. 23 planches montées sur carton Bristol. Avec indication des noms au crayon. S. l. ni d., in-fol., demi-rel. maroq. vert, av. coins. (Superbe exempl. de cet ouvrage rare et recherché).

Portraits non alsaciens.

2869 François II (Joseph-Charles), empereur d'Allemagne à partir de 1792, et à partir de 1804. François Ier, empereur héréditaire d'Autriche. In-fol., buste, 3/4 à gauche. Nach P. Krafft von C. Agricola 1828. Lith., à gr. marges. (Pièce non montée).

2870 Inconnu. Gr. in-fol., à mi-corps, assis dans un fauteuil, tourné à gauche. Jul. Giere 1843. Lith., épreuve sur Chine, à gr. marges. (Pièce non montée).

2871 — Même portrait. Pet. in-fol., dessin orig. au crayon. Av. marges. (Pièce non montée).

2872 Inconnu. Gr. in-8°, à mi-genoux, assis dans un fauteuil, tourné à dr. Photogr. sous passepartout. (Pièce non montée).

B. Cartes.

2873 **Baillieu, Gaspard.** Carte du Cours du Rhin, de Bâle à Spire. Paris 1708. 3 feuilles gr. in-fol. obl., col., montées sur toiles.

2874 **Cartes de Cassini,** en noir, non montées:
1. Feuille Rheinzabern, Spire, Bruchsal, Dourlach.
2. „ Strasbourg, Fort Louis, Phalsbourg.
3. „ Schlestadt, Colmar, Saales, Rosheim.
4. „ Massevaux, Montbéliard, Luxeuil, Gérardmer.
5. „ Mulhouse, Thann, Brisach, Fribourg.

2875 **Danckerts, I.** Landgraviatus Alsatiae Superioris et Inferioris novissima tabula qua simul Sundgovia Brisigovia et Ortenavia . . . Amstelodami, s. d., col., 56 : 48 cm. Av. marges.

2876 **Départements français réunis:** Moselle — Meurthe — Vosges — H ^{te} Saône — Haut et Bas-Rhin. (Lorraine — Alsace — Franche-Comté). Paris, A. Logerot, Imp. Lemercier et Cie. (Nouvel Atlas adopté par l'Université, Est N° 7). S. d. (vers 1860), col., 79 : 60 cm. Sur toile, plié in-16.

2877 **(Graffenauer).** Carte minéralogique des Départemens du Haut et Bas-Rhin, formant la cidev^t Alsace. Gravé par F. Simon à Strasbourg (1806). (Extr. de „Graffenauer, Essai d'une minéralogie d'Alsace"). 1 feuille de 31 : 58,5 cm., pliée.

2878 **Homann.** Alsatia tam Superior, quam Inferior una cum Sundgovia, utraque in suos Status provînciales divisa & ex subsidiis veteribus Specklinianis aeque ac recentioribus delineata, Studio Homannianorum Heredum. S. l. ni d., 2 feuilles col. d'ensemble 112 : 43 cm. Belles marges.

2879 **Homann, Joh. Baptista.** Landgraviatus Alsatiae tam Superioris quam Infer., cum utroque Marchionatu Badensis, etc., editore Joh: Baptista Homanno, Noribergae. S. d. 1 feuille col. de 58 : 48 cm. A pet. marges.

2880 **Mercatore, Ger.** Alsatia Landgraviatus, cum Suntgoia et Brisgoia. Ger. Mercatore Auctore. (Extr. de „Braun, Orbis terrarum", éd. franç. de 1572). 1 feuille col. de 39,5 : 79,5 cm. Belles marges.

2881 **Schreiberr, J. George.** Elsas, Lothringen, Barr, und die Bisthümer Metz Toul u. Verdun, verfertiget von J. George Schreiberr in Leipzig. S. d. 1 pet. feuille col. de 16,5 : 24.5 cm. Av. marges.

2882 **Visscher, Nicolaus.** Totius Alsatiae novissima tabula, qua simul. Sundgovia, Brisigavia, Ortenavia, maxima pars Marchionatus Badensis, ... per Nicolaum Visscher Amst: Bat: . . . Nunc apud Petrum Schenk Iunior: P. Tideman deli., P. v. Gouwen sculp. S. d. 1 feuille col. de 57 : 46 cm. Av. marges.

2883 **Woerl.** Alsace et Grand' Duché de Bade. (Bâle au sud, Brumath au nord). Entworfen u. bearbeitet von Woerl, in Stein gestochen unter seiner Leitung. Freiburg i. Br. 1831. 1 grande feuille col. de 74,5 : 87 cm., sur toile, pliée pet. in-4°, dans un fourreau en carton.

2884 **Carte du Département du Bas-Rhin,** indiquant les nouveaux chemins de grande communication destinés à recevoir des voies ferrées. Session du Conseil général de 1858. Imp. E. Simon, Strasb. 1 pet. feuille col. de 23,5:19 cm. Rogné.

2885 **Jaillot, Hubert.** L'Alsace divisée en ses principales parties: La Basse Alsace, partie de l'Ortenaw et le Marquisat de Bade, et partie du Wirtenberg. Paris 1707. 1 grande feuille de 43,5:64,5 cm. Belles marges.

2886 **Carte du Haut-Rhin.** 3 feuilles gr. in-fol. obl. (Colmar, Altkirch et Ferrette) de la carte de France de 1:80,000ᵉ, levée par les Officiers du Corps Royal d'Etat-Major, et gravée au Dépôt de la Guerre, sous la direction du Lᵗ. Génᵃˡ Pelet, et publiée en 1835 et 1837. En noir. Montées sur 3 toiles et pliées en pet. in-fol., dans un fourreau de carton, av. étiquette.

2887 **Département du Haut-Rhin,** extrait de la Carte topogr. de la France, levée par les Officiers d'Etat-Major et gravée au Dépôt général de la Guerre, sous la direction du Lᵗ. Génᵃˡ Bᵒⁿ Pelet, Pair de France . . . Paris 1840. Echelle 1:80000. 4 grandes feuilles in-fol., montées sur toiles, pliées in-8⁰, dans un fourreau de carton, av. étiquette.

2888 **Koechlin-Schlumberger, Joseph, et Jos. Delbos.** Carte géologique du Département du Haut-Rhin. 1865. Extrait par report sur pierre de la Carte topogr. dite Carte d'Etat-Major. Grande carte de 159: 118 cm., col., sur toile, pliée in-4⁰, dans un fourreau de carton, av. étiquette.

2889 **Müntz, Ingén. en chef.** Carte hydraulique de la partie du Haut-Rhin susceptible d'être arrosée par les eaux du Quatelbach et du Canal Vauban. Echelle 1:80000. Lith. E. Simon à Strasbourg. 1 feuille in-fol., col., de 47:35,5 cm., non montée.

2890 **Département de la Meurthe,** extrait de la Carte topogr. de la France, . . . sous la direct. du Lieutᵗ Général Pelet, . . . Paris 1839. Echelle 1:80000. 6 grandes feuilles in-fol., montées sur toiles, pliées in-8⁰, dans un fourreau de carton, av. étiquette.

2891 **Département de la Meuse,** extrait de la Carte topogr. de la France, . . . sous la direct. du Lieutᵗ Général Pelet, . . . Paris 1839. Echelle 1:80000. 4 grandes feuilles in-fol., montées sur toiles, pliées in-8⁰, dans un fourreau de carton, av. étiquette.

2892 **Département de la Moselle,** extrait de la Carte topogr. de la France, . . . sous la direction du Lieutᵗ Général Pelet. Paris 1838. Echelle 1:80000. 3 grandes feuilles in-fol., montées sur toiles, pliées in-8⁰, dans un fourreau de carton, av. étiquette.

2893 **Homanno, Joh. Bapt. — Lotharingiae.** Tabula generalis in qua Ducatus Lotharingiae et Barri nec non Metensis, Tullensis et Verdunensis Epicopatus . . . exhibentur à Joh. Bapt. Homanno Norimbergae. S. d. 1 grande feuille in-fol., col., de 49:57 cm. Rogné.

2894 **Homan, Joan. Baptista.** Theatrum belli rhenani auspicatis militiae primitiis . . . regis Josephi I . . . Landavio gloriose expugnato. Norimbergae 1702. 1 feuille col. gr. in-fol. de 55:48 cm., av. marges.

2895 **Frémin, A. R.** Carte du Chemin de fer de Paris à Strasbourg et du
     Canal de la Marne au Rhin. 1 feuille de 24:63,5 cm., av. 8 pet.
     vues lith. Paris, s. d., pliée in-18, cart.

2896 **Karte der Eisenbahn von Strassburg nach Basel**, 1842. Lithogr. de
     Vve Levrault à Strasbourg. 1 pet. feuille de 32:19 cm. Pet. marges.

2897 **Panorama, Malerisches,** der Badischen, Elsaessischen, Main-Neckar,
     Taunus u. Ludwigs-Eisenbahnen. 1 feuille de 29 : 170 cm., av.
     une centaine de petites vues lith., pliée gr. in-8⁰ étroit. cart.

2898 **Bardin, L. J.** Montagnes françaises: Chaîne des Vosges. Echelle 1:80000.
     Plans en relief dessinés par Muret, reproduits en photogr. par
     Bisson jeune. 6 feuilles in-fol. obl., à gr. marges : Saint-Dié. —
     Schelestadt. — Gérardmer. — Colmar. — Saint-Amarin. — Gueb-
     willer.

2899 **Carte topographique de la France** levée par les Officiers du Corps
     Royal d'Etat-Major, et gravée au Dépôt de la Guerre, sous la
     direction du Lt Gén^al Pelet, et publiée en 1837. Echelle 1:80000.
     5 grandes feuilles in-fol. obl., entoilées, pliées in-8⁰, chacune dans
     un fourreau de carton, av. étiquette: 1. Saverne. — 2. Epinal. —
     3. Colmar. — 4. Lure. — 5. Altkirch.

2900 **Messtischblätter.** Kgl. Preuss. Landesaufnahme 1883. Herausg. 1885/87.
     Massstab 1:25000: 15 feuilles diverses gr. in-4⁰, entoilées, pliées
     in-18: Feuilles 3634: Weiler. — 3635: Dambach. — 3636: Benfeld.
     — 3644: Markirch. — 3645: Schlettstadt. — 3652: Rappoltsweiler.
     3653: Gemar. — 3675: Urbis. — 3682: Masmünster. — 3687:
     Dammerkirch. — 3692: Friesen. — 3693: Hirsingen. — 3694:
     Volkensberg. — 3697: Pfirt. — 3698: Oltingen.

2901 **Guebwiller. — Carte topographique du canton de Guebwiller,** avec
     le Plan de la ville. Lithogr. de J. B. Jung à Guebwiller, s. d.
     1 feuille de 40:63 cm. Av. marges.

2902 — Même carte, entoilée, pliée in-8⁰, dans un étui en toile.

2903 **Hohwald. — Kuntz, J. H.** Le Hohwald et ses environs. Echelle 1:40000·
     Lith. Ch. Fassoli à Strasbourg, 1868. 1 feuille col. de 35,5:52 cm.,
     sur toile, pliée in-18.

2904 **Mulhouse. — Maurer, H.** Carte des deux Cantons de Mulhouse et des
     Communes limitrophes. 1862. H. Maurer d'après le dessin de
     Mr Maeder. Lith. de Engelmann p. & f. 1 feuille de 44:38 cm, à
     gr. marges.

2905 **Strasbourg. — Carte des environs de Strasbourg** dressée d'après les
     renseignements fournis par MM. les Ingénieurs des Ponts et
     Chaussées, et par M. l'Architecte de la ville, à l'échelle de 1.20000.
     Strasbourg, lith. de Vve Levrault, 1845. 1 feuille très gr. in-fol.
     de 71:100 cm., entoilée, pliée in-8⁰, dans un étui en carton, av.
     étiquette.

2906 — **Carte des environs de Strasbourg.** (N° 1 d'un atlas). Lith de Vve
     Berger-Levrault & fils à Strasbourg, s. d. 1 feuille color. de
     24:28 cm., rognée.

2907 — **Seutter, Matth.** Chorographia Argentorati Alsatiae Metropolis sculpta
     et excusa a Matthaeo Seuttero . . . (de 1730 environ). 1 feuille
     color. de 49:57,5 cm., à toutes marges.

2908 **Wangenbourg-Niedeck. — Badermann, P.** Wangenburg-Niedeck, Eisenb. Stat. Romansweiler bzw. Urmatt. Specialkarte zum Gebrauch des Touristen. Romansweiler 1885. Maassstab 1:40000. 1 feuille photolith. de 38:49 cm., à gr. marges.

C. Vues et Plans.

Explication des CHIFFRES employés dans la suite pour indiquer les ouvrages et albums dans lesquels les planches ont paru:

1. Album alsacien.
2. Aufschlager, Das Elsass.
3. Bertii, H., Comm. rer. germ.
4. Bruin & Hogenberg.
5. Chemins de fer de l'Est.
6. France en Miniature.
7. France pittoresque.
8. Golbéry & Schweighaeuser, Antiquités de l'Alsace.
9. Manufactures du Haut-Rhin.
10. Meisner, Sciographia Cosmica

11. Merian, Topographia Alsatiae.
12. Moyen-Age (Le) monumental et archéolog.
13. Münster, Seb., Cosmographia.
14. Nacher, J., Baudenkmäler der Freiherrn v. Müllenheim im Elsass.
15. Rothmüller, Musée pittor. & histor.
16. Rothmüller, Vues pittoresques.
17. Sandmann, Vues des villes et bourgs.
18. Vues du Ban de la Roche et des environs.
19. Walter, Vues pittoresques.

2909 **Alspach.** — „Alspach en 1863". Grav. sur bois mod. In-18 obl., av. marges. (B).

2910 **Altkirch.** — „Hospitium et pia peregrinantium ad S^{tum} Morandum prope Altkirch. Eclesia nova." C. Winkler fecit et autogr. Imp. E. Hubert & E. Haberer à Strasbourg. In-fol. obl., av. marges. (A).

2911 **Ammerschwihr.** — „Kiensheim-Ammersweyer-Keysersberg". (Pl. de 11). In-fol. obl., à gr. marges. (A).

2912 **Andlau (Château d').** — „Château d'Andlau". Reprod. photolith. d'une aquarelle de M. Rouge. In-24 obl., av. marges. (C).

2913 — „Chapelle souterraine d'Andlau". Joly d'après le croquis de Mr Klein. Lith. de G. Engelmann. (Pl. de 8). In-fol. obl., à gr. marges. (A).

2914 **Andlau (Vallée d').** — „Vallée d'Andlau". Lith. par Sandmann. Lith. de Simon fils. (Pl. de 1). In-8^0 obl., à gr. marges. (B).

2915 — „Vue de l'Ecluse des bois de Strasbourg dans la vallée d'Andlau". Th. Muller lith. d'après nature. Lith. d' E. Simon fils à Strasb. (Pl. de 18). In-fol. obl., à gr. marges. (A).

2916 **Arnsberg.** — „Vue du Château d'Arnsberg". Bichebois del^t. Lith. de Engelmann. (Pl. de 8). In-fol., à gr. marges. (B).

2917 **Bâle.** — „Basilea. Basel". Plan de la ville à vol d'oiseau. (Merian). In-fol. obl., av. armoiries, à pet. marges. (A).

2918 — „Vue de Bâle". E. Cordier. Lith. Napoléon Chaix & Cie. (Tiré du „Guide de Strasbourg à Bâle). In-24 obl., rogné. Lith. teintée. (C).

2919 **Belmont.** — „Belmont". Lith. par Th. Müller. Lith. de Simon fils. (Pl. de 18). Gr. in-8^0 obl., à gr. marges. (B).

2920 **Benfeld.** — „Grundtriss der Vestung Benfelden". (Mit Zollschantz u. Dorff Ehl). (Pl. de 11). Pet. in-4^0, av. armoiries. (B).

2921 — „Prospect der Vestung Benfelden". (Pl. de 11). In-8^0 obl. (B).

2922 **Bergheim.** — „Bercken". Merian. (Pl. de 11). In-8^0 obl. (B).

2923 **Bergheim.** — „Vue de Bergheim, près Ribeauvillé". J. Rothmüller del. Lith. de Hahn & Vix, à Colmar. (Pl. de 16). In-8⁰ obl., sur Chine, à gr. marges. (B).

2924 — „Bergheim". (Dessiné, gravé et terminé en bistre par F. Walter). (Pl. de 19). Gr. in-8⁰ obl., à toutes marges. (B).

2925 **Bergzabern.** — „Bergzabern im Elsas". Av. fig. allég. et vers lat. et allem. (Pl. de 10). Pet. in-8⁰ obl., à gr. marges. (B).

2926 **Bernstein.** — „Vue de Château de Bernstein". Bichebois del. Lith. de G. Engelmann. (Pl. de 8). In-fol. obl., à gr. marges. (A).

2927 **Bilstein.** — „Burg Bilstein bei Urbeis". Von Winkler reconstr., v. Naeher gez. (Pl. de 14). Photolith. In-8⁰, à gr. marges. (B).

2928 **Bischwiller.** — „Plan von Bischweiler nach der heutigen Ausdehnung des Ortes mit Beibehaltung des Schlosses, 1826". Lith. v. M. F. Boehm in Strasburg. Gr. in-8⁰ obl., av. armoiries, à pet. marges. (B).

2929 — „Vue du Château de Bischwiller". Lith. F. C. Wentzel à Wissembourg. In-18 obl., à pet. marges. (B).

2930 **Bockloch.** — „Cascade de Bockloch, près Wildenstein, vallée de St. Amarin". J. Rothmüller del. Lith. de Hahn & Vix, à Colmar. (Pl. de 16). In-8⁰, sur Chine, à gr. marges. (B).

2931 **Breitenstein.** — „Le Breitenstein". J. Rothmüller del. Lith. de Hahn et Vix, Colmar. (Pl. de 16). In-8⁰, sur Chine, à gr. marges. (B).

2932 — „Vue du Breitenstein". Athalin del. Lith. de Engelmann. (Pl. de 8). In-fol., à gr. marges. (A).

2933 **Brisach (Vieux).** — „Breysach. Von Oosten gegen Westen anzusehen". Augspurg Gabriel Bodenehr: fec. et excudit. In-8⁰ double obl., sans marges. (B).

2934 **Brunstatt.** — „Le Château de Brunstadt". J. Rothmüller del. Lith. de Hahn & Vix, à Colmar. (Pl. de 16). In-8⁰ obl., sur Chine, à gr. marges. (B).

2935 **Bruntrutt.** — „Brunntraut im Elsass". Nach einem Kupferstich in Merians „Topographia Alsatiae", 1663. In-24 obl., découpé d'un ouvrage allemand. (C).

2936 **Bühl.** — „Bains du Bühl, vallée de Barr". Desiné d'après nature et lith. par L. Schnéegans. Lith. de Simon fils. (Pl. de 1). Gr. in-8⁰ obl., av. marges. (B).

2937 — Même vue, épreuve sur Chine, av. marges. (B).

2938 **Châtenois.** — „Chatenois, près Sélestadt". J. Rothmüller del. Lith. de Hahn & Vix, à Colmar. (Pl. de 16). In-8⁰, sur Chine, à gr. marges. (B).

2939 **Colmar. — Vue cavalière.** „Colmar". (Seb. Münster). (Pl. de 13). Grav. sur bois, in-fol. obl., sans marges. (B).

2940 — — „Colmaria, vulgo Kolmar". (Pl. de 4). Gr. in-8⁰ obl., col., à toutes pet. marges. (B).

2941 — — „Colmaria". Lég. allem. Dans le haut, à gauche, les armes de la ville, av. l'inscription: Fideliter et constanter. Pet. in-fol. obl., sans marges. (B).

2942 — — „Colmar". (Pl. de 3). In-8⁰ obl., à pet. marges. (B).

2943 — — „Des Heiligen Römischen Freyen Reichs Statt Colmar im obern Elsass. 1643." Grav. de Matth. Merian. (Pl. de 11). Lég. allem., dédicace lat., gr. in-fol. obl., sans marges. (B).

2944 **Colmar. — Vue d'ensemble.** „Colmaria Civitas Imperialis". Isaac Brunn sculpsit. Vue miniature formant le haut du frontispice de l'ouvrage: „Apologia Civitatis Imperialis Colmariensis . . . Colmar 1645". Le bas de la feuille est occupé par les armes de la ville tenues par deux lions, les 2 côtés par six personnages allégoriques. Gr. in-8°, à toutes marges. (B).

2945 — — „Colmar". Careton del., Couché sculp. (Pl. de 7). In-8° obl., av. marges. (B).

2946 — — „Vue de Colmar, en 1643". J. Rothmüller, d'après le Dessin de M. Merian. Lith. de Hahn & Vix, à Colmar. (Pl. de 16). In-8° obl., sur Chine, av. marges. (B).

2947 — — „Vue de Colmar. (1836)". J. Rothmüller del. Lith. de Hahn & Vix, à Colmar. (Pl. de 16). In-8° obl., sur Chine, à gr. marges. (B).

2948 — **Vue intérieure.** „Colmar". Sandmann del. et lith. Lith. de Simon fils à Strasbourg. (Pl. de 17). Pet. in-fol. obl., sur Chine, av. marges. (B).

2949 — **Cathédrale.** — „Vue de la Cathédrale de Colmar, prise sur le pont Félix". J. Rothmüller d'après le croquis de Mr Schacre. Lith. de Hahn & Vix, à Colmar. (Pl. de 16). In-8°, sur Chine, à gr. marges. (B).

2950 — — Côté du Nord. (Villeneuve d'après le croquis de Mr Chapuy. Lith. de Engelmann & C°. (Pl. de 8). In-fol., sans marges. (B).

2951 — — Côté du Sud. „Vue de la Cathédrale de Colmar, côté du Midi". Arnout d'après le croquis de M. Chapuy. Lith. de Engelmann & C°. (Pl. de 8). In-fol., sur Chine, av. marges. (B).

2952 — — — „Vue de la Cathédrale de Colmar, prise sur la place d'armes". J. Rothmüller del. Lith. de Hahn & Vix à Colmar. (Pl. de 16). In-8°, sur Chine, à gr. marges. (B).

2953 — **Cloître des Unterlinden.** „Les Unterlinden à Colmar, reconstitués avec les anciens plans, documents, etc. Dédié à la Société Schöngauer". Vue à vol d'oiseau, par Ch. Winkler, 1883. Avec bannière et plan de la ville d'après Giroy (1840). Reprod. photolith. Gr. in-fol. obl., av. marges. (A).

2954 — — 4 phototypies F. X. Sailé, in-8° obl., avec marges:
  a) „Nef de l'Eglise Unter den Linden après la restauration de 1887".
  b) „Unter Linden Museum, nördl. Façade, v. d. Restauration 1892".
  c) „Museum Schoengauer Unter den Linden. (Westseite)".
  d) „Museum Schoengauer Unter den Linden. (Nordseite)".
    Les quatre montées sur 1 carton. (A).

2955 — — 4 phototypies F. X. Sailé, in-8°, avec marges: Reproductions de tableaux. Les quatre montées sur 1 carton. (A).

2956 — **Hôtel de Ville.** „Ancien Hôtel de Ville de Colmar, bâti en 1525". J. Rothmüller. Lith. de E. Simon fils à Strasbourg. Pet. in-fol. obl., sur Chine, av. marges. (B).

2957 — **Maison Pfister.** „Une ancienne maison à Colmar". Lith. par Sandmann. Lith. de Simon fils. (Pl. de 1). Gr. in-8°, av. marges. (B).

2958 — **Monuments.** „Der Rösselmannbrunnen errichtet 1887." — „Das Hirndenkmal errichtet 1894". — „Der Schwendibrunnen". 3 zincogr. in-12, à pet. marges, montées sur 1 carton. (B).

2959 — **Route de Colmar.** „Bords du Rhin. (Route de Colmar)". Dess. et grav. par Alès. (Pl. du „Bulletin de l'Ami des Arts"). Petite grav. sur cuivre, in-24 obl., à gr. marges. (B).

2960 **Colmar.** — „**Vue de la Chaîne des Vosges** prise de l'hôtel de l'Europe, vis
    à vis de la station du chemin de Fer à Colmar". Dessiné d'après
    nature par F. Piton, lith. par Théodore Müller. Lith. E.
    Simon à Strasbourg. (Pl. de „Piton, Strasbourg ill."). Deux vues
    d'ensemble, sur 1 feuille in-fol. obl. Av. marges. (A).

2961 **Craufthal.** — „Ancien Monastère de Craufthal". Bichebois del. Lith.
    de Engelmann. (Pl. de 8). In-fol. obl., av. marges. (B).

2962 — „Monastère et Village de Grauffthal". J. Rothmüller del. Lith.
    de Hahn & Vix, Colmar. (Pl. de 16). In-8⁰ obl., à gr. marges. (B).

2963 **Dachstein.** — „Schloss Dachstein bei Molsheim". Vue et plan, fec.
    Naeher. (Pl. de 14). Photolith. Gr. in-8⁰ obl., av. marges. (B).

2964 **Delle.** — „Vue de Delle, près Belfort". J. Rothmüller del. Lith. de
    Hahn & Vix, à Colmar. (Pl. de 16). In-8⁰ obl., à gr. marges. (B).

2965 **Diersburg.** — „Die Burg Tiersberg, Diersburg in der Ortenau". Vue
    et plan par J. Naeher. Au fond, cathédrale de Strasbourg. Lith.
    in-8⁰ obl., à gr. marges. (B).

2966 — — Même planche. (Pl. de 14). Photolith. in-8⁰ obl., av. marges. (B).

2967 **Dreystein.** — „Châteaux de Dreystein et morceau du Mur payen".
    Joly, d'après le croquis de M. Bichebois. Lith. de Engelmann.
    (Pl. de 8). Pet. in-fol. obl., av. marges. (B).

2968 **Dusenbach.** — „Das ehemalige Dusenbachkloster: Unser liebe Fraw
    in Dusenbach bey Rappolschweyr im Elsass". Fac-simile d'une
    gravure devenue très rare, de 1667, réduite de moitié. Lith. gr.
    in-8⁰ obl., à pet. marges. (B).

2969 — „Dusenbach". (Dessiné, gravé et terminé en bistre par F. Walter).
    (Pl. de 19). Gr. in-8⁰, av. marges. (B).

2970 — „Ruines de Dusenbach". Villeneuve, d'après le croquis de M.
    Bichebois. Lith. de G. Engelmann. (Pl. de 8). In-fol., sur Chine.
    av. marges. (B).

2971 **Eckbolsheim.** — „Eckbolsheim". Lith. par Sandmann. Lith. de
    Simon fils. (Pl. de 1). Gr. in-8⁰ obl., av. marges. (B).

2972 **Eguisheim.** — Le village, avec les 3 châteaux au fond. Au premier
    plan, quelques guerriers. Dessiné par F. I. Hohr à Collmar en
    1778. Pet. grav. sur cuivre, in-24, sans marges. (C).

2973 — Les 3 châteaux. Nach d. Nat. gez. u. gest. v. F. Helmsdorf 1824.
    Strassburg. (Pl. de 2). In-8⁰ obl., av. marges. (B).

2974 — „Ruine Eguisheim bei Colmar." Gez. v. R. Höfle. Stahlst. v. J.
    Umbach. Druck & Verlag v. G. G. Lange in Darmstadt. In-8⁰
    obl., av. marges. (B).

2975 **Ernolsheim.** — „Ernolsheim". Vue générale, par L. Christmann.
    Phototypie en couleurs par J. Kraemer. Gr. in-8⁰ obl., à toutes
    marges. (B).

2976 **Eschery.** — „Escheri". (Dessiné, gravé et terminé en bistre par F.
    Walter). (Pl. de 19). Gr. in-8⁰, à toutes marges. (B).

2977 **Ferrette.** — „Ferrette". Couché del. et sculp. (Pl. de 7). In-24 obl.,
    à toutes pet. marges. (C).

2978 **Fleckenstein.** — „Fleckenstein im Elsas". (Pl. de 3). In-8⁰ obl., av.
    marges. (B).

2979 — Vue du Château de Fleckenstein". Bichebois, les figures par
    Adam. Lith. de Engelmann. (Pl. de 8). In-fol. obl., à gr. marges.
    (B).

2980 **Fort-Louis.** — „Fort Louis im Rhein zwischen Strasburg u. Philipsburg gelegen“. Plan. G. Bodenehr fec. et exc. Pet. in-fol. obl., à gr. marges. (B).

2981 **Framont.** — „Forges de Framont“. Th. Müller del. Lith. d' E. Simon fils à Strasbourg. (Pl. de 18). In-fol. obl., à gr. marges. (A).

2982 — „Château de Mr Ml Champy près Framont“. Th. Müller lith. d'après nature. Lith. de E. Simon fils à Strasb. (Pl. de 18). In-fol. obl., à gr. marges. (A).

2983 **Frankenbourg.** — „Die Frankenburg im Weilerthal“. Vue et plan. Fec. J. Naeher. (Pl. de 14). Av. armoiries. Photolith. in-8⁰ obl., av. marges. (B).

2984 **Freundstein.** — „Château de Freundstein, près Soultz“. J. Rothmüller del. Lith. de Hahn & Vix, à Colmar. (Pl. de 16). In-8⁰ obl., sur Chine, à gr. marges. (B).

2985 **Gérardmer.** — „Le Lac de Gérardmer. (Vue du Nord). Collignon, Pinxit. Emile Blanchard Del., Lith. de Becquet, à Paris. (Pl. de „Cantener, Vues pittor. des Vosges“). Gr. in-8⁰ obl., av. marges. (B).

2986 **Germersheim.** — „Germersheim“. Planche de M. Merian. Av. armoiries. In-fol. obl., remontée, sans marges. (B).

2987 **Girbaden.** — „Die Burg Girbaden“. Vue et plan, fec: J. Naeher. Av. armoiries. (Pl. de 14). Photolith. in-8⁰ obl., av. marges. (B).

2988 — „Château de Girbaden“. Villeneuve d'après le croquis de M. Helmsdorf, les figures par Adam. Lith. de G. Engelmann. (Pl. de 8). Pet. in-fol. obl., à gr. marges. Pet. taches de rousseurs. (B).

2989 — „Ruine Girbaden“. Vue photolith. coloriée. (Calendrier 1900 de l' Imprimerie Alsacienne. anc¹ G. Fischbach, Strasbourg). Gr. in-fol. obl., sur carton.

2990 **Girsberg.** — „Girsperg“. (Dessiné, gravé et terminé en bistre par F. Walter). (Pl. de 19). Gr. in-8⁰, av. marges. (B).

2991 — „Vue du Château de Girsperg à Ribeanvillé“. Athalin del. Lith: de G. Engelmann. (Pl. de 8). In-fol., à toutes marges.

2992 **Griesbach.** — „Saurbrunnen im Griessbach“. Gravure de M. Merian. (Pl. de 11). Pet. in-4⁰, à pet. marges. (B).

2993 **Gueberschwihr.** — „Vue de l'Eglise de Geberschwyr“. Bichebois del., les figures par Adam. Lith: de Engelmann. (Pl. de 8). Pet. in-fol., sur Chine, sans marges, remonté. (B).

2994 **Guebwiller.** — „Plan de l'emplacement on batir nouvellement l'abbaye de Murbach, des terrains et chemins des environs et d'une partie de la ville de Guebwille. Dressé par nous ingénieur du Roi . . . Au mois de Mars 1758. Grewet. Copie réduite au quart. Guebwiller le 28 Juin 1883. Ch. Moebus“. Très gr. in-fol. obl., col., à gr. marges, sur toile.

2995 — „Vue générale de l'ancienne Eglise de Gebwiller“. Fragonard d'après le croquis de Mr Bichebois. Lith. de Engelmann (Pl. de 8). In-4⁰, sur Chine, sans marges, remonté. (B).

2996 — „Intérieur de la Nouvelle Eglise de Gebwiller“. Courtin d'après le croquis de Mr Chapuy. Lith: de Engelmann. (Pl. de 8). Pet. in-fol., sur Chine, av. marges. (B).

2997 — „Panorama du Ballon de Guebwiller, par X. Imfeld“. Nancy 1881. Colorié. Hauteur: 18,5 cm., longueur: 197 cm., plié in-18, sous couverture cart.

2998 **Guémar.** — „Guemar, en 1643, entre Colmar et Selestadt". J. Rothmüller, d'après le croquis de Mérian. Lith. de Hahn & Vix, à Colmar. (Pl. de 16). In-8⁰ obl., sur Chine, à gr. marges. (B).

2999 — „Guemar". Signé F. W. (Dessiné, gravé et terminé en bistre par F. Walter). (Pl. de 19). Gr. in-8⁰ obl., av. marges. (B).

3000 **Haguenau.** — „Intérieur de l'Eglise de St. George à Haguenau". Arnout d'après le croquis de Mr Chapuy. Lith. de Engelmann. (Pl. de 8). Pet. in-fol. obl., à gr. marges. (B).

3001 **Hagueneck.** — „Château de Hagueneck, près Colmar". J. Rothmüller, del. Lith. de Hahn & Vix, à Colmar. (Pl. de 16). In-8⁰ obl., sur Chine, à pet. marges. (B).

3002 **Haslach.** — „Eglise de Nieder-Haslach". Lith. par Sandmann, Lith. de Simon fils. (Pl. de 17). In-8⁰ obl., av. marges. (B).

3003 — „Façade de l'Eglise de Haslach". Villeneuve d'après le croquis de Mr Chapuy. Lith. de Engelmann. (Pl. de 8). Pet. in-fol., à gr. marges. (B).

3004 — — Même planche, épreuve sur Chine. (B).

3005 **Haut-Barr.** — „Vue du Château de Hohbarr, et de ceux de Geroldseck". Bichebois del. Lith: de Engelmann. (Pl. de 8). Pet. in-fol. obl., à gr. marges. (B).

3006 — „Vue du Château de Hohbarr, et de celui de Greiffenstein". Bichebois d'après le croquis de Mr Helmsdorf. Lith. de Engelmann. (Pl. de 8). Pet. in-fol. obl., à gr. marges. (B).

3007 **Haut-Koenigsbourg.** — **En 1600.** „Château de Hohkönigsbourg en 1600 tiré de la Bibliothèque de Strasbourg". Lith. par Th. Müller. Lith. de Simon fils. (Pl. de 1). Gr. in-8⁰ obl., av. marges. (B).

3008 — **Vue générale.** „Vue du Château de Hohenkönigsbourg". Bichebois del., les figures par Adam. Lith. de G. Engelmann. (Pl. de 8). Pet. in-fol. obl., à gr. marges. (B).

3009 — — „Même planche, épreuve sur Chine, à gr. marges. (B).

3010 — — „Hohen Königs Burg". Nieder-rheinische Steindruckerei von M. F. Boehm in Strasburg, auf Stein gestochen von A. Boehm. In-16 obl., av. marges. Tache d'huile dans le coin droit du bas. (B).

3011 — — „Vue du Hohenkoenigsbourg près Selestatt". J. Rothmüller del. Lith. de Hahn & Vix à Colmar. (Pl. de 16.) In-8⁰ obl., sur Chine, à gr. marges. (B).

3012 — — „Château de Hohenkoenigsbourg". Lith. par Sandmann. Lith. de Simon fils à Strasbourg. (Pl. de 1). Gr. in-8⁰ obl., av. marges. (B).

3013 — **Intérieur.** „Vue d'une salle basse du Château de Hohenkoenigsbourg." Athalin del. Lith. de G. Engelmann. (Pl. de 8). Pet. in-fol. obl., à gr. marges. (B).

3014 — — Même vue, épreuve sur Chine, à gr. marges. (B).

3015 — — „L'intérieur du Hohen-Königsburg". F. Cordier. Lith. Napoléon Chaix & Cie. (Pl. du „Guide de Paris à Strasbourg"). In-24, à pet. marges. (C).

3016 — **Restauré.** „Le Hoh-Koenigsbourg après sa restauration". Grav découpée d'un imprimé. A pet. marges. (C).

3017 **Hautlandsberg.** — „Entrée du château de Hohlandsberg, près Colmar". J. Rothmüller del. Lith. de Hahn & Vix, Colmar. (Pl. de 16). In-8⁰ obl., sur Chine, av. marges. Taches de rousseurs. (B).

3018 — „Intérieur du château de Hohlandsberg, près Colmar". J. Rothmüller del. Lith. de Hahn & Vix à Colmar. (Pl. de 16). In-8. obl., sur Chine, av. marges. Taches de rousseurs. (B).

3019 **Hautlandsberg.** — „Porte du château du Hautlandsberg“. Villeneuve d'après le croquis de M. Engelmann. Lith. de Engelmann & Cie. (Pl. de 8). Pet. in-fol., sur Chine, sans marges, monté sur papier blanc. (B).

3020 — „Ruine der Hohlandsburg“. Copie d'un cliché. In-18 obl., av. marges. (C).

3021 **Hoffen.** — „La place du village de Hoffen, près Soultz-sous-Forêts“. C. Spindler. (Extr. de „A. Laugel & Ch. Spindler, Costumes et Coutumes d'Alsace“). In-8⁰ obl., à pet. marges. (C).

3022 **Hohneck.** — „Vue du Chalet du Schaefferthalrain au pied du grand-Hohneck“. Lith. par L. Sch. Lith. de Simon fils. (Pl. de 1). Gr. in-8⁰ obl., av. marges. (B).

3023 **Hohwald.** — „Eglise et Presbytère du Hohwald près de Barr, dédié aux Bienfaiteurs de l'Eglise“. Dessiné d'après nature par Th. Müller 1837. Lith. de E. Simon à Strasbourg. In-fol. obl., à gr. marges. Déchirure dans le bas de la planche. (A).

3024 — „Scierie des bois de Strasbourg au Hohwald“. Th. Müller lith. d'après Nature. Lith. d' E. Simon fils à Strasbourg. (Pl. de 18). In-fol. obl., à gr. marges. (A).

3025 **Hugshofen.** — „Die Klosterkirche von Hugshofen“. F: Naeher. 90. (Pl. de 14). Photolith. in-8⁰, av. marges. (B).

3026 **Huningue.** — „La vieille boucherie à Huningue. D'alte Metzg vo Hüningue“. Dessin orig. au lavis de C. Brecht. In-8⁰ obl., av. marges. (B).

3027 **Hutte (La).** — „La Hutte, près du champ du feu“. Lith. par Th. Müller. Lith. de Simon fils. (Pl. de 18). Gr. in-8⁰ obl., à toutes marges. (A).

3028 **Jaegerthal.** — „Forges du Jaegerthal“. Dessiné et lithographié par Sandmann. Lith. de Simon fils à Strasbourg. (Pl. de 1). In-8⁰ obl., à gr. marges. (B).

3029 **Illkirch.** — „Maison à Illkirch où fut signé la capitulation de Strasbourg, en 1681“. Lith. par Sandmann. Lith. de Simon fils. (Pl. de 1). Gr. in-8⁰ obl., av. marges. (B).

3030 **Kaysersberg.** — Vue générale. Nach der Natur gez. und radirt von F. Helmsdorf Sept. 1824. (Pl. de 2). In-12 obl., av. marges. (B).

3031 — — Même planche, sans marges. (B).

— voir aussi **Ammerschwihr.**

3032 — „Vue de Kaysersberg“. Dessiné et lith. par Th. Müller. Lith. E. Simon à Strasbourg. (Pl. de „Pitou, Strasbourg ill.“) Pet. in-fol., à gr. marges. (B).

3033 — „Kaysersberg près Colmar“. J. Rothmüller d'après le croquis de Mr Schacre. Lith. de Hahn & Vix à Colmar. (Pl. de 1). Gr. in-8⁰, av. marges. (B).

3034 — „Château de Kaisersberg“. J. Rothmüller del. Lith. de Hahn et Vix, Colmar. (Pl. de 16). In-8⁰ obl., sur Chine, à gr. marges. (B).

3035 — „Schlossruine zu Kaysersberg“. Copie d'un cliché. In-18 obl., av. marges. (C).

3036 — „Kaisersberg“. (Dessiné, gravé et terminé en bistre par F. Walter). (Pl. de 19). Gr. in-8⁰ obl., à gr. marges. (B).

3037 — „Moulin à l'entrée de Keisesberg (sic!). V. Fagende (?) Lith. Haguenthal, à Pont-à-Mousson. Gr. in-8⁰ obl., à pet. marges. (B).

3038 **Kehl.** — „Kehl gegenüber Strasburg“. Gez. v. K. Corradi. Stahlst. v. E. Höfer. In-8⁰ obl., av. marges. (B).

3039 **Kehl.** — „Kehl". Th. Müller del. & lith. Lith. de D. Baltzer à Strasbourg. In-fol. obl., à pet. marges. Pet. taches de rousseurs. (B).

3040 **Kienzheim** (près Colmar). — „Schloss zu Kienzheim". Monogr. E. G. Copie d'un cliché. In-18. obl., av. marges. (C).

3041 — „Château de Kientzheim, près Colmar". Dess. d'après nat. & lith. p. J. Rothmüller. Lith de Hahn & Vix, à Colmar. (Pl. de 16). In-8⁰ obl., sur Chine, av. marges. Grande tache d'eau. (B).

     — voir aussi **Ammerschwihr.**

3042 **Kintzheim** (près Schlestadt). — „Vue du Château de Kintzheim". Joly, d'après le dessin de M. Helmsdorf. Lith. de G. Engelmann. (Pl. de 8). Pet. in-fol. obl., à gr. marges. (B).

3043 **Kochersberg.** — „Intérieur d'une ferme du Kochersberg". Dessiné d'après nature et lith. p. Alf. Touchemolin. Lith. E. Simon à Strasbourg. (Pl. de „Piton, Strasbourg ill.") Pet. in-fol. obl.. av. marges. (B).

3044 **Kolbsheim.** — „Das Schloss Kolbsheim bei Molsheim." Fec. Naeher. (Pl. de 14). Photolith. in-8⁰ obl., av. marges. (B).

3045 **Kronthal.** — „Vue de Kronthal". Gravure color. (F. Walter?) In-fol. obl., av. encadr. et marges. (A).

3046 **Labrocque.** — „Labrocque". Th. Müller lith. d'après Nature. Lith. E. Simon Fils à Strasbourg. (Pl. de 18). In-fol. obl., à gr. marges. (A).

3047 **Lac du Ballon.** — „Lac du Ballon, près Guebweiller. J. Rothmüller del. Lith. de Hahn & Vix, à Colmar. (Pl. de 16). In-8⁰ obl., sur Chine, à gr. marges. (B).

3048 **Lac blanc.** — „Le Lac blanc." J. Rothmüller del. Lith. de Hahn et Vix à Colmar. (Pl. de 16). In-8⁰ obl., sur Chine, à gr. marges. (B).

3049 **Lac noir.** — „Le Lac noir". (Dessiné, gravé et terminé en bistre par F. Walter). (Pl. de 19). Gr. in-8⁰ obl., av. marges. (B).

3050 **Landeck.** — „Landeck, près Bergzabern." J. Rothmüller. del. Lith. de Hahn & Vix, à Colmar. (Pl. de 16). In-8⁰ obl., av. marges. (Gr. tache d'eau. (B).

3051 **Landsberg.** — „Château de Landsberg. Plan de l'étage inférieur. Echelle de 0,002 p. M." A. Stuber. Lith. de Vᵉ Berger-Levrault & Fils à Strasbourg. In-4⁰, av. marges. (A).

3052 — „Château de Landsberg". (Avant sa démolition). D'après une Etude de Mʳ Stuber. Photogr. Ch. Winter à Strasbourg. In-fol. obl.. à gr. marges. (A).

3053 — „Schlos Landsperg". (19⁰ siècle). Grav. sur cuivre. (Pl. de „Silbermann, Beschreibung v. Hohenburg"). In-8⁰ obl., à pet. marges. (B).

3054 **Landskron.** — „Landtscron im Suntgaw". Grav. de Merian. (Pl. de 11). In-8⁰ obl., à toutes pet. marges. (B).

3055 — „Château de Landskron". Bichebois d'après le croquis de Mʳ Engelmann. Lith. de Engelmann. (Pl. de 8). Pet. in-fol. obl., sur Chine, à gr. marges. (B).

3056 **Lichtenberg. (Château).** — „Lictenberg". Av. fig. allégor. et vers lat. et allem. (Pl. de 10). In-18 obl., à pet. marges. (B).

3057 — „Château de Lichtenberg, près Bouxviller". J. Rothmüller, del. Lith. de Hahn & Vix, à Colmar. (Pl. de 16). In-8⁰ obl.. sur Chine, av. marges. Gr. taches d'eau. (B).

3058 — **(Village).** — „Lichtenberg". (Pl. de „Wagner, Ruines des Vosges"). Photolith., teinte verte, in-8⁰ obl., à gr. marges. (B).

3059 **Liebstein.** — „Château de Liebstein près Ferette". J. Rothmüller del. Lith. de Hahn & Vix, à Colmar. (Pl. de 16). In-8⁰ obl., sur Chine, à gr. marges. (B).

3060 **Limbourg.** — „Schloss Limburg am Rhein bei Alt-Breisach." J. Naeher reconstr. Av. armoiries. Lith., in-8⁰ obl., av. marges. (B).

3061 — Même planche. petites variantes. (Pl. de 14). Photolith. in-8⁰ obl., av. marges. (B).

3062 **Logelbach.** — „Fabrique d'Indiennes de Mrs Haussmann Frères, à Logelbach (près Colmar). J. Mieg del. Lith: de G. Engelmann. (Pl. de 9). In-fol. obl., av. marges. (B).

3063 **Lützelbourg** (près Saverne). — „Château de Lützelburg, près Saverne". J. Rothmüller del. Lith de Hahn & Vix, à Colmar. (Pl. de 16). In-8⁰ obl., sur Chine, à gr. marges. (B).

3064 **Lützelbourg et Rathsamhausen.** — „Châteaux de Lützelbourg et Rathsamhausen". Bichebois del. Lith: de G. Engelmann. (Pl. de 8). Pet. in-fol. obl., à gr. marges. (B).

3065 — — Même planche. épreuve sur Chine, à gr. marges. (B).

3066 — „Schloeser Lützelburg und Rathsamhausen". Grav. sur cuivre. (Pl. de „Silbermann, Beschreibung v. Hohenburg"). In-8⁰ obl.,av.marges. (B).

3067 — „Die Burgen Lützelburg und Rathsamhausen bei Ottrott". Fec: Naeher. Vues, plans et armoiries. (Pl. de 14). Photolith., gr. in-8⁰ obl.. av. marges. (B).

3068 **Lützelhard.** — „Intérieur du château de Lützelhard, près Niederbronn". Bichebois d'après le croquis de J. Rothmüller. Lith. de Hahn & Vix, à Colmar. (Pl. de 16). In-8⁰, sur Chine, av. marges. (B).

3069 **Marienthal.** — „Marienthal". Lith. par Sandmann. Lith. de Simon fils. (Pl. de 1). Gr. in-8⁰ obl., av. marges. (B).

3070 **Marmoutier.** — „Kirche zu Mauersmünster. (Elsass)". Orig. Rad. v. B. Mannteld. Druck v. O. Felsing, Berlin. Grav. sur cuivre. In-8⁰. à très gr. marges. (A).

3071 — „Eglise de Marmoutier". Lith. par Sandmann. Lith. de Simon fils. (Pl. de 1). Gr. in-8⁰, av. marges. (B).

3072 — „Façade de l'Eglise de Maurmoutier". Villeneuve d'après le croquis do Mr Chapuy. Lith. de Engelmann. (Pl. de 8). Pet. in-fol., à gr. marges. (B).

3073 **Massevaux.** — „Massevaux et le Ringelstein". J. Rothmüller del. Lith. de Hahn & Vix, à Colmar. (Pl. de 16). In-8⁰ obl., sur Chine, à gr. marges. (B).

3074 — „Fabrique de MM. Koechlin, Waldner & C⁰. Ancien Chapitre des Dames nobles avec son Eglise". S. Schifferdecker del. Lith. de Mauringer à Mulhouse. (1re livr.. pl. 3 d'un album inconnu). In-8⁰ obl., av. marges. (B).

3075 **Meckert.** — „Chez Meckert. Maison forestière des bois de Strasbourg" Lith. par Th. Müller. Lith. de Simon fils. (Pl. de 18). Gr. in-8⁰ obl., à gr. marges. (B).

3076 **Metz.** — **Plan.** „Metz. Eine Reichs Statt in Lothringen, welche aber dem Römischen Reich von denen Franzosen entrissen worden". G. Bodenehr fec. et exc. A. V. Av. armoiries, lég. allem. Gr. in-8⁰ obl., sans marges. (B).

3077 — **Vue d'ensemble.** „Metz. Eine von denen Dreyen dem H. Röm. Reich von der Cron Franckreich Entzogenen Reichs Staetten in Lothringen". G. Bodenehr fec. et exc. A. V. Lég. allem. In-fol. étroit obl., à toutes pet. marges. (B).

3078 **Metz. — Cathédrale.** „Cathédrale de Metz". (Pl. du „Guide de Paris à Strasbourg"). Chez Napoléon Chaix, r. Bergère 20. Lith., fond teinté, in-24, à toutes pet. marges. (C).

3079 **Milandre.** — „Château de Milandre, près Delle". J. Rothmüller del. Lith. de Hahn & Vix, à Colmar. (Pl. de 16). In-8⁰ obl., sur Chine. av. marges. (B).

3080 **Mittelwihr.** — „Schloss Mittelweier bei Rappoltsweiler". Vue et plan. av. armoiries. J. Naeher. Lith., in-8⁰ obl., av. marges. (B).

3081 — — Même vue. (Pl. de 14). Photolith., in-8⁰ obl., av. marges. (B).

3082 **Molsheim. — Vue d'ensemble.** „Molsen im Elsas. Universitet". Av. fig. allég., vers lat. & allem. et armoiries. (Pl. de 10). Pet. in-8⁰ obl., col., à gr. marges. (B).

3083 — **Vue intérieure.** „Molsheim". Lith. E. Simon à Strasbourg. In-12 obl., teinté, à toutes pet. marges. (B).

3084 — — „In der Pfarrkirche zu Molsheim (im Elsass). Orig. Rad. v. H. Mannfeld. Druck v. O. Felsing, Berlin. Grav. sur cuivre. In-24, à très gr. marges. (A).

3085 — **Environs.** „Environs de Molsheim". Lith. par Sandmann. Lith. de Simon fils. (Pl. de 1). In-8⁰ obl., av. marges. (B).

3086 **Montbéliard.** — „Montbeliard. Mümpelgart". Grav. de Merian. Av. armoiries. (Pl. de 11). In-fol. obl., av. marges. (B).

3087 — „Château et Gare de Montbéliard". E^{le} Barbier del. et lith. Lith. H. Barbier à Montbéliard. In-fol. obl., av. marges. (A).

3088 **Morimont.** — „Château de Morimont". Rauch del., Al. Lepetit sc. Grav. sur acier. In-18 obl., av. marges. (B).

3089 — „Souterrain dans le château de Morimont". J. Rothmüller del. Lith. de Hahn & Vix, à Colmar. (Pl. de 16). In-8⁰ obl., sur Chine, à gr. marges. (B).

3090 **Mulhouse. — Plan. — 1830.** „Plan de Mülhausen et de ses Faubourg en 1830, par Jean Henri Hofer". Lith. de Engelmann & Co. à Paris. Double in-fol. obl., av. marges, monté sur toile.

3091 — — **1850.** „Plan de la Ville et de la Banlieue de Mulhouse. fait et achevé en 1850 par J. H. Hofer". Lith. d' E. Simon à Strasbourg. Double in-fol. obl., color., av. marges, monté sur toile.

3092 — **Vue à vol d'oiseau.** „Mulhusium Alsatiae. Mühlhausen." Sculp: M. Merian. Dédicace lat., légende allem. Av. armoiries. In-fol. obl., av. marges. (Pet. tache d'encre dans le haut). (B).

3093 — — Même planche, sans marges. (B).

3094 — **Vue d'ensemble.** Vue prise du nord-est. Lith. de M. F. Boehm. (Pl. de 2). In-12 obl., av. marges. (B).

3095 — — „Mülhausen im Elsas". Vers lat. & allem. (Pl. de 10). In-18 obl., à toutes marges. (B).

3096 — — „Prospect der Stadt Müllhausen. Von der Abend Seite. — Vue de la Ville de Mulhouse. Du Coté du Couchant". D. Herrliberger Excud: Cum Priv. Grav. anc. sur cuivre Pet. in-fol. obl., à pet. marges. Déchirures recollées. (B).

3097 — — „Mülhausen im Elsass". Gez. v. R. Höfle. Stahlst. v. Joh. Poppel. Grav. sur acier. In-8⁰ obl., av. marges. (B).

3098 — — „Vue générale de Mulhouse". Pet. vue entourée de cinq autres: „Nouveau Quartier". „La Gare". „Hôtel de Ville". „Temple protestant". „Eglise catholique." Stahlstich v. C. Rorich & Sohn. Verlag v. J. H. Lecher in Zürich. In-24 obl., sans marges. (C).

3099 **Mulhouse. — Vue prise de la plateforme du bâtiment de la Société industrielle.** „Mulhouse“. Wachsmut del., Couché sculp. (Grav. extr. de 7). In-24 obl., à pet. marges. (C).

3100 — — „Mulhausen“. Rauch del., Al. Lepetit sc. Grav. sur acier. In-18 obl., av. marges. (B).

3101 — **Bassin du Canal du Rhône au Rhin.** „Vue du Pont (Canal du Rhône au Rhin“. Dessiné d'après nature par J. Pedraglio. Imp. Lavis-Aquarelle Lith. E. Simon à Strasbourg. (Pl. de „Pedraglio, Vues de Mulhouse“). In-fol. obl., av. marges. (A).

3102 — **Cercle mulhousien.** „Cercle mulhousien“. C. E. Thiéry sculps. Imp. C. Delatre Paris. Eau-forte. In-8⁰ obl., sur pap. de Holl., av. marges. (B).

3103 — **Ecoles.** „Ecole de Dessin. Ecole de Filature et de Tissage“. C. E. Th(iéry) sc. Imp. Delâtre, Paris. Eau-forte. In-8⁰, sur pap. de Holl., av. marges. (B).

3104 — **Eglise.** „Evang.-luth. Kirchlein zu Mülhausen im Ober-Elsass („Lützelhof“ Dreikönigsgasse No. 33)“. Pet. vue sur papier rose, découpé de „Jahrbuch f. Christen Angsb. Conf. 1883“. (C).

3105 — **Fabrique.** „Fabrique d'Jndiennes et Filature de Mrs Schlumberger Grosjean & Cie à Mulhausen“. J. Mieg del. 1822. Lith. de G. Engelmann. (Pl. de 9). In-fol. obl., av. marges. (B).

3106 — **Hôtel-de-Ville.** „Das Rathhaus in Mülhausen“. Gez. v. R. Höfle. Stahlst. v. L. Rohbock. In-8⁰ obl., av. marges. (B).

3107 — — „Hôtel de ville à Mulhausen“. J. Rothmüller del. Lith. de Hahn & Vix à Colmar. (Pl. de 16). In-8⁰ obl., sur Chine, av. marges. Grande tache d'eau. (B).

3108 — **Nouveau Quartier.** „Die Börse zu Mülhausen“. Gez. v. R. Höfle. Stahlst. v. G. M. Kruz. In-8⁰ obl., av. marges. (B).

3109 — — „Vue de la Place à l'entrée du Nouveau Quartier“. Dessiné d'après nature par J. Pedraglio. Imp. Lavis-Aquarelle Lith. E. Simon à Strasbourg. (Pl. de „Pedraglio, Vues de Mulhouse“). In-fol. obl., av. marges. (A).

3110 — — „Vue de la Place Triangulaire, du Jardin du Nouveau Quartier“. Dessiné d'après nature par J. Pedraglio. Imp. Lavis-Aquarelle Lith. E. Simon à Strasbourg. (Pl. de „Pedraglio, Vues de Mulhouse“). In-fol. obl., av. marges. (A).

3111 — — „Mulhouse. Vue du Nouveau Quartier et de la Place Triangulaire“. Dess. d'ap. nat. par Deroy. Imp. Becquet Paris. (Pl. de 6). In-8⁰ obl., color., av. marges. (B).

3112 — — „Vue de l'Entrée de la Ville en venant du Nouveau Quartier“. Dessiné d'après nature par J. Pedraglio. Imp. Lavis-Aquarelle Lith. E. Simon à Strasbourg. (Pl. de „Pedraglio, Vues de Mulhouse“). In-fol. obl., av. marges. (A).

3113 — **Société Industrielle.** „Hôtel de la Société Industrielle. Façade nord“. C. E. Th(iéry). Imp. Ch. Delâtre, Paris. Eau-forte. In-8⁰ obl., pap. de Holl., av. marges. (B).

3114 — — „Hôtel de la Société Industrielle. Façade sud“. C. E. Th(iéry) sc. Imp. C. Delâtre, Paris. Eau-forte. In-8⁰ obl., pap. de Holl., av. marges. (B).

3115 — **Environs.** „Chemin de fer de St. Louis à Mulhouse. Eisenbahn von St. Louis nach Mülhausen“. Rey. lith., d'après Winterlin Lith. de Hasler & Cie à Basle. Gr. in-8⁰ obl., à gr. marges. (B).

3116 **Munster.** — „Munster". (Dessiné, gravé et terminé en bistre par F. Walter). (Pl. de 19). Pet. in-fol. obl., à gr marges. (B).

3117 — „Petite Vallée de Munster". J. Rothmüller del. Lith. de Hahn et Vix, à Colmar. (Pl. de 16). In-8⁰ obl., sur Chine, à gr. marges. (B).

3118 **Murbach.** — „Vallée de Murbach". Rauch del., Schroeder sc. Grav. sur acier. In-24 obl., à gr. marges (B).

3119 — „Chapelle de Ste Odile, à Murbach près Guebwiller". J. Rothmüller del. Lith. de Hahn & Vix, à Colmar. (Pl. de 1). In-8⁰ obl., av. marges. (B).

3120 **Neubourg.** — „Vue de la Chapelle de Neubourg". Bichebois del. Lith. de Engelmann. (Pl. de 8). Pet. in-fol., sur Chine, à gr. marges. (B).

3121 **Neuwiller.** — „Vue générale de Neuwiller, près Bouxwiller". J. Rothmüller del. Lith. de Hahn & Vix, à Colmar. (Pl. de 16). In-8⁰ obl., sur Chine, à gr. marges. (B).

3122 — „Vue du Choeur ruiné de l'Eglise de St Adelphe à Neuviller". Bichebois del. Lith. de Engelmann. (Pl. de 8). Pet. in-fol., à gr. marges. (A).

3123 — „Intérieur de l'Eglise de St Pierre et St Paul à Neuviller". Villeneuve d'après le croquis de Mr Bichebois. Lith. de Engelmann. (Pl. de 8). Pet. in-fol., à gr. marges. (B).

3124 **Nideck.** — „Burg Nideck". Vue et plan. f. Naeher. (Pl. de 14). Photolith., in-8⁰ obl., av. marges. (B).

3125 — „Château de Nideck, près Haslach". J. Rothmüller del. Lith. de Hahn & Vix, à Colmar. (Pl. de 16). In-8⁰, sur Chine, av. marges. Tache d'eau. (B).

3126 — „Vue du Château et de la Cascade de Nideck". Villeneuve d'après le croquis de Mr Bichebois. Lith. de Engelmann. (Pl. de 8). Pet. in-fol., à gr. marges. (B)

3127 **Niederbronn.** — „Vue de Niederbronn". Gavard lel. Litho. de C. Motte. In-fol. obl., à pet. marges. (B).

3128 — „Niederbronn". Dessiné et Gravé par C. F. Publié par Victor Masson. (Pl. de „Constantin James, Guide aux eaux minérales"). Grav. sur cuivre, épreuve sur Chine, à gr. marges. (B).

3129 — Vue de la Promenade. Autogr. de P. R(eiber). (Pl. de: „Au Château de Fleckenstein"). In-18 obl., à pet. marges. (C).

3130 — **Environs.** „Un Monument des Vosges". Lith. par Sandmann d'après un dessin d'après nature par Reiner. Lith. de Simon fils. (Pl. de 1). Gr. in-8⁰ obl., à pet. marges. (B).

3131 **Niedermünster.** — „Niedermünster". Av. vue sur Sainte-Odile. (Pl. de „Silbermann, Beschreibung v. Hohenburg"). In-12 obl., av. marges. (B).

3132 — „Niedermünster". Av. vue sur Sainte-Odile. (Pl. de „Pfeffinger, Hohenburg"). Gr. in-8⁰ obl., à pet. marges. (B).

3133 — „Reste Niedermünsters gegen Morgen". (Pl. du même ouvrage). Gr. in-8⁰ obl., av. marges. (B).

3134 — „Ruines de Niedermünster". Vue de Sainte-Odile au fond. J. Rothmüller del. Lith. de Hahn & Vix à Colmar. (Pl. de 16). In-8' obl., sur Chine, av. marges. (B).

3135 — „Niedermünster". Av. chapelle St. Nicolas et vue sur Sainte-Odile. Dess. d'après nature par N. Schir. Lith. E. Simon à Strasbourg. (Pl. de „Schir, Guide du pèlerin à Sainte-Odile"). In-24 obl., fond teinté, à pet. marges. (C).

3136 **Obernai.** — „Aus Ober-Ehnheim. (Elsass)“. Orig.-Rad. v. B. Mannfeld. Druck v. O. Felsing, Berlin. Eau-forte. In-8⁰, à tr. gr.
marges. (A).

3137 — „Brunnen in Ober-Ehnheim. (Elsass)“. Orig.-Rad. v. B. Mannfeld. Druck v. O. Felsing, Berlin. Eau-forte. In-8⁰, à tr. gr.
marges. (A).

3138 — „Fondation d'une Maison d'Orphelines et d'une Ecole françoise.
Faite à Ober-Ehnheim par un testateur agé de 40 ans, . . .“
Rumpler Can. comp. Vaultrin de St. Urbain del. Durig
Sculp. Au baut de la feuille: No. 101. In-16, av. marges. (C).

3139 **Ochsenstein.** — „Vue du grand Château d'Ochsenstein“. Bichebois
del. Lith. de Engelmann. (Pl. de 8). In-fol. obl., à gr. marges. (B).

3140 — „Château d'Ochsenstein, près Marmoutier“. J. Rothmüller del·
Lith. de Hahn & Vix, Colmar. (Pl. de 16). In-8⁰, sur Chine, av·
marges. (B).

3141 **Ortenberg.** — „Vue du Château d'Ortenberg“. Villeneuve d'après
le croquis de Mʳ Bichebois. Lith. de G. Engelmann. (Pl. de 8).
In-fol., à gr. marges. (B).

3142 — „Ortenberg mit Ramstein im Weilerthal“. Vue et plan. F: Naeher.
Lith., in-8⁰ obl., av. marges. (B).

3143 — — Même vue. (Pl. de 14). Photolith., in-8⁰ obl., av. marges. (B).

3144 **Ottmarsheim.** — „Eglise d'Ottmarsheim, près Mulhouse“. J. Rothmüller del. Lith. de Hahn & Vix à Colmar. (Pl. de 16). In-8⁰,
sur Chine, av. marges. Gr. tache d'eau (B).

3145 **Pairis.** — „Pairis“. (Dessiné, gravé et terminé en bistre par F.
Walter). (Pl. de 19). Pet. in-fol. obl., à gr. marges. (B).

3146 — „Ruines de l'Abbaye de Pairis, près Orbey“. J. Rothmüller
d'après le croquis de Mʳ Ortlieb. Lith. de Hahn & Vix à Colmar.
(Pl. de 16). In-8⁰ obl., sur Chine, à gr. marges. (B).

3147 **Petite-Pierre (La).** — „La petite Pierre“. Bichebois d'après le
croquis de J. Rothmüller. Lith. de Hahn & Vix, à Colmar. (Pl.
de 16). In-8⁰ obl., sur Chine, av. marges. Gr. tache d'eau. (B).

3148 **Pfaffenheim.** — „Abside de l'Eglise de Pfaffenheim“. Jorand d'après
le croquis de Mʳ Chapuy. Lith. de Engelmann. (Pl. de 8). Pet.
in-fol., sur Chine, à gr. marges. (B).

3149 **Plixbourg.** — „Château de Plixbourg. Vallée de Munster“. J. Rothmüller del. Lith. de Hahn & Vix, à Colmar. (Pl. de 16). In-8⁰,
sur Chine, à gr. marges. (B).

3150 **Pouday.** — „Pouday“. Th. Müller lith. d'après nature. Lith. E. Simon
Fils à Strasbg. (Pl. de 18). In-fol. obl., à gr. marges. (A).

3151 **Reichenberg.** — „Burg Reichenberg, bei Bergheim im Unter-Elsass“.
Vue et plan. Fec: Naeher. Lith. In-8⁰, av. marges. (B).

3152 — — Même vue. (Pl. de 14). Photolith. In-8⁰, av. marges. (B).

3153 — „Château de Reichenberg près Bergheim“. J. Rothmüller del.
Lith. de Hahn & Vix, à Colmar. (Pl. de 16). In-8⁰ obl., sur Chine,
à gr. marges. (B).

3154 **Reichenstein.** — „Château de Reichenstein, près Riquewihr“. J. Rothmüller, del. Lith. de Hahn & Vix, à Colmar. (Pl. de 16). In-8⁰,
sur Chine, av. marges. Gr. taches d'eau. (B).

3155 **Reichshofen.** — „Reichshofen mit dem Schloss des Herrn v. Renuard
de Bussière. Im Departement des Niederrhein, am Fusse der
Vogesen“. Dessin orig. à la plume, colorié, du commencement du
19ᵉ siècle. Non signé. In-fol. obl., av. marges. (B).

3156 **Reichshofen.** — „Die Griesbacher Mühle bei Reichshofen: im Hintergrund die Vogesen. Im Departement des Niederrhein". Dessin orig. à la plume, colorié, du commencement du 19º siècle. Non signé. In-fol. obl., av. marges. (A).

Ribaupierre. — voir **Saint-Ulric.**

3157 **Ribeauvillé.** — „Ribeauviller". Walter: f. (Pl. de 19). En noir. Pet. in-fol. obl., sans marges. (B).

3158 — — Même planche. Walter: f. (Pl. de 19). En bistre. Pet. in-fol. obl., à gr. marges. (B).

3159 — „Ribeauvillé". Variante de la planche précédente. Non signé. (Pl. de 19). En bistre. Pet. in-fol. obl., à gr. marges. (B).

3160 — „Das ehemalige Pfeiferhaus, zur Zeit Restauration Wolff". — „Der Brunnen auf dem Marktplatz". 2 photolith. in-16, av. marges, montées sur 1 feuille de carton. (B).

3161 **Riedselz.** — „Vue du village de Riedselz". C. Spindler. Grav. in-8⁰ obl. (Extr. de „Laugel & Spindler, Costumes et Coutumes d'Alsace"). A pet. marges. (C).

3162 **Riquewihr.** — „Reichenweyer". Vue générale. Grav. par M. Merian. Av. armoiries. (Pl. de 11). In-fol. obl., à pet. marges. (B).

3163 — Ancienne maison Dopff. „Heimkehr von der Jagd. (Nach einer Zeichnung von J. Rothmüller)". Phototypie F. X. Saile, Colmar. Pet. in-fol. obl., av. marges. (B).

3164 **Roche (La).** — „Château de la Roche au ban de la Roche". J. Rothmüller del. Lith. de Hahn & Vix à Colmar. (Pl. de 16). In-8⁰, sur Chine, à gr. marges. (B).

3165 — „Vue du Château de la Roche". Sabatier d'après le dessin de Mr Engelhart. Lith. de G. Engelmann. (Pl. de 8). Pet. in-fol., à gr. marges. (A).

3166 **Rosheim.** — „Eglise ancienne de Rosheim". Deroy d'après le croquis de Mr Chapuy. Lith. de G. Engelmann. (Pl. de 8). Pet. in-fol. obl., à gr. marges. (A).

3167 **Rothau.** — „Rothau". Th. Müller lith. Lith. d' E. Simon fils à Strasbg. (Pl. de 18). In-fol. obl., à gr. marges. (A).

3168 **Saint-Dizier.** — „Eglise de Sᵗ Dixier, près Delle". J. Rothmüller. del. Lith. de Hahn & Vix, à Colmar. (Pl. de 16). In-8⁰ obl., sur Chine, à gr. marges. (B).

3169 **Saint-Gilles.** — „Vue de Sᵗ Gilles et du Château de Plixbourg" Joly, d'après le croquis de Mr Bichebois, figures par Adam. Lith. de G. Engelmann. (Pl. de 8). In-fol. obl., sur Chine, à gr. marges. (B).

3170 **Saint-Gorgon.** — „Vallée de Sᵗ Gorgon". Au fond, vue de Ste. Odile. Dess. d'après nature par N. Schir. Lith. E. Simon à Strasbourg (Pl. de „Schir, Guide du pèlerin à Sainte-Odile"). In-24 obl., fond teinté, à pet. marges. (C).

3171 **Saint-Hippolyte.** — „Sᵗ Hypolite et le Hoh-Königsburg". J. Rothmüller del. Lith. de Hahn & Vix à Colmar. (Pl. de 1). Gr. in-8⁰ obl., à gr. marges. (B).

3172 **Saint-Marc.** — „Chapelle de Sᵗ Marc, près Rouffach". J. Rothmüller del. Lith. de Hahn & Vix, à Colmar. (Pl. de 16). In-8⁰, sur Chine, à gr. marges. (B).

3173 **Saint-Paul.** — „Château de Sᵗ Paul, près Wissembourg". J. Rothmüller del. Lith. de Hahn & Vix à Colmar. (Pl. de 16). In-8⁰ obl., sur Chine, av. marges. Taches d'eau. (B).

3174 **Saint-Ulric.** — „Burg Rappoltstein bei Rappoldsweiler im Elsass, Altenkastel & Niederburg im XI. Jahrh., jetzt St Ulrich genannt". Vue du château reconstitué. Ch. Winkler 1887. Grande planche photolith., in-fol. obl., à gr. marges. (A).

3175 — „St. Ulrichsburg (Nach einer Zeichnung von Hrn. C. Winkler)". Réduction de la planche précédente. H. Dirvell. Lith: Anst: Devillers. Pet. in-4⁰. à pet. marges. (B).

3176 — „Intérieur du Château de St Ulric". Villeneuve d'après le croquis de Mr Engelmann. Lith. de G. Engelmann. (Pl. de 8). Pet. in-fol., sur Chine, sans marges, remonté sur papier blanc. (B).

3177 — „Château de Saint Ulric à Ribeauvillé". Rauch del., Schroeder sc. Grav. sur acier. In-24 obl., à gr. marges. (B).

3178 **Saint-Vit.** — „Grotte de St Vit, près Saverne". J. Rothmüller del. Lith. de Hahn & Vix, à Colmar. (Pl. de 16). In-8⁰ obl., sur Chine, av. marges. Gr. tache d'eau. (B).

3179 — „Intérieur de la Grotte de St Vit, et Vue des Châteaux de Geroldseck". Arnout d'après le croquis de Mr Bichebois. Lith. de Engelmann. (Pl. de 8). Pet. in-fol. obl., sur Chine, à gr. marges. (B).

3180 **Sainte-Croix-aux-Mines.** — „H. Creutz". Grav. de M. Merian. (Pl. de 11). In-16 étroit obl., à toutes pet. marges. (C).

3181 **Sainte-Marie-aux-Mines.** — „St Marie aux Mines". (Dessiné, gravé et terminé en bistre par F. Walter). (Pl. de 19). Pet. in-fol. obl., à toutes marges. (B).

3182 — „Ste Marie aux-mines". Th. Müller lith. d'après nature. Lith. E. Simon fils à Strasbg. Gr. in-fol. obl., à gr. marges. (A).

3183 — „L'Ancienne Eglise sur le Pré". Extér et intér. 4 pet. vues in-24. — „Maison du 16e siècle à Sainte-Marie-aux-Mines (coté lorrain) démolie et 1902". In-8⁰ obl. — 5 Gravures extr. du „Messager des Vosges" et montées sur 1 feuille. (B).

3184 — „Chalet dans la vallée de Ste Marie aux mines". Lith. par . . . Lith. de Simon fils. (Pl. de 1). In-8⁰ obl., av. marges. (B).

3185 **Sainte-Odile.** — **Vue d'ensemble.** „Vue des Batimens de Ste Odile" Lith. de L. Havard à Strasbg. In-24, à pet. marges. (C).

3186 — — Sans inscription. (Pl. de „Silbermann, Beschreibung v. Hohenburg"). In-18, à toutes pet. marges. (C).

3187 — **Vue partielle.** „Prospect wan man auf den Berg komt". (L'entrée). (Pl. du même ouvrage). In-16 obl., à pet. marges. (B).

3188 — — „Couvent de Ste Odile". (Partie de la façade Est). Lith. par Th. Müller. Lith. de Simon fils. (Pl. de 1). Gr. in-8⁰ obl., av. marges. (B).

3189 — **Intérieur.** „Avenue du Couvent de Sainte-Odile". Dess. d'après nature par N. Schir. Lith. E. Simon à Strasbourg. (Pl. de „Schir, Guide du pèlerin au mont Sainte-Odile"). In-24 obl., fond teinté, à pet. marges. (C).

3190 — — „Chapelle de la Croix, construite par Ste Odile". Bichebois d'après le croquis de Mr Chapuy. Lith: de G. Engelmann. (Pl. de 8). Pet. in-fol. obl., à gr. marges. (B).

3191 — — „Chapelle de Ste Odile". Bichebois d'après le croquis du Coll. Brack. Lith. de G. Engelmann. (Pl. de 8). Gr. in-8⁰, à gr. marges. (A).

3192 — — „Chapelle de Sainte Odile". Dess. d'après nature par N. Schir Lith. E. Simon à Strasbourg. (Pl. de „Schir, Guide du pèlerin au mont Sainte-Odile"). In-18, fond teinté, à pet. marges. (C).

3193 **Sainte-Odile. — Environs.** „S. Odilia Brunnen von aussen und in-
wendig“. 2 pet. vues in-24 obl. (Pl. tirée de „Silbermann. Beschreibung v. Hohenburg“). A toutes pet. marges. (C).

3194 — — „Le Wachtstein, (ou Roche d'Observation) et un morceau du
mur Payen sur le montagne Ste Odile“. J. Roth müller del.
Lith. de Hahn & Vix, à Colmar. (Pl. de 16). In-8⁰, sur Chine. av.
marges. Taches d'eau. (B).

3195 **Saverne. — Environs.** „IIe Vue des Environs de Saverne“. J. P.
Hackaert Pinx. Aliamet direxit. A Paris chés Aliamet. Graveur
du Roi. In-fol. obl., à toutes marges. (B).

3196 — — „IIIe Vue des Environs de Saverne“. Brandt Pinx. Aliamet
sculp. A Paris chez Demarteau Gendre d'Aliamet. In-fol. obl.,
à toutes marges. (B).

3197 — — „IVe Vue des Environs de Saverne“. Brandt Pinx. Aliamet
sculp. A Paris chez Jean. In-fol. obl., à toutes marges. (B).

3198 — — „IVe Vue des Environs de Saverne“. Planche pareille à la précédente, mais variant dans le texte: A Paris chez Demarteau
Gendre d'Aliamet. In-fol. obl., à toutes marges. (B).

3199 — — „Viaduc, près Saverne“. Bernou. Lith. Napoléon Chaix & Cie
(Pl. du „Guide de Paris à Strasbourg“). In-24 obl., fond teinté.
à pet. marges. (C).

3200 — — Grotte de St. Michel (Karlssprung). F Helmsdorf ad nat. del.
et sculpsit 1826 Argentina. (Pl. de 2). In-16 obl., av. marges. (B).

3201 — — Même vue, sans marges. (C).

3202 **Scharrachbergheim.** — „Le Château de Scharrachbergheim“. Grav.
sur bois color. du commencement du 19e siècle. In-8⁰ obl., av.
marges. (B).

3203 — „Château de Scharrach“. Lith. E. Simon à Strasbourg. In-8⁰, fond
teinté, à pet. marges. (B).

3204 — „Schloss Scharrachbergheim bei Molsheim“. F: Naeher (18)90·
Lith. in-8⁰ obl., av. marges. (B).

3205 — Même vue, en photolith. (Pl. de 14). In-8⁰ obl., av. marges. (B).

3206 **Schauenberg.** — „Eglise de Schauenberg, près Rouffach“. J. Rothmüller del. Lith. de Hahn & Vix, à Colmar. (Pl. de 16). In-8⁰,
sur Chine, av. marges. Taches d'eau et faux plis. (B).

3207 **Schirmeck.** — „Schirmeck“. Lith. par Th. Müller. Lith. d' E. Simon
fils à Strasbourg. (Pl. de 18). In-fol. obl., à gr. marges. (A).

3208 **Schlestadt. — Plan.** „Schlettstatt“. Av. armoiries. (Pl. de „Theatr.
Europ.“, vers 1660). Grav. sur cuivre, lég. allem. Pet. in-fol. obl..
sans marges. (B).

3209 — **Vue d'ensemble.** „Schletstatt etwan ein Dorff des Heyligen
Römischen Reichs | aber ietzund ein zierliche Statt“. Monogr.
RMD. (Pl. de 13). Grav. sur bois, in-fol. obl., à pet. marges. (B).

3210 — — „Selestadt“. Lith. par Sandmann. Lith. de Simon fils. (Pl. de
1). Gr. in-8⁰ obl., av. marges. (B).

3211 — — „Vue de Sélestadt“. Av. un régiment de cuirassiers. J. Rothmüller, d'après le croquis de Mr Schacre. Lith. de Hahn et
Vix, à Colmar. (Pl. de 16). In-8⁰ obl., sur Chine, à gr. marges. (B).

3212 — **Eglise Sainte-Foy.** „Vue de l'Eglise de Ste Foi à Schlestadt“.
Lemaitre, d'après le croquis de Mr Bichebois. Lith. de G.
Engelmann. (Pl. de 8). Pet. in-fol., à gr. marges. (B).

3213 **Schlestadt. — Eglise Sainte-Foy.** „Eglise de Ste Foi, à Sélestadt". J. Rothmüller. d'après le dessin de Mr Schacre. Lith. de Hahn et Vix, à Colmar. (Pl. de 16). In-8^0, sur Chine, av. marges. Taches d'eau. (B).

3214 — **„Hof der von Müllenheim-Rechberg** zu Schlettstadt 1585". Fec: Naeher. Lith., in-8^0 obl., av. marges. (B).

3215 — — Même vue, en photolithogr. (Pl. de 14). In-8^0 obl., av. marges. (B).

3216 — **Divers.** „Maison Halbwachs". „Ruelle Ste Barbe". „Quai des tanneurs". „Quai des pêcheurs". B. Hartmann. Phototype der Elsäss. Druckerei (Fischbach), Strassburg. (Pl. des „Images alsaciennes"). Les 4 vues sur 1 planche in-fol., av. marges. (A).

3217 **Schoeneck. —** „Château de Schoeneck, près Niederbronn. J. Rothmüller del. Lith. de Hahn & Vix, à Colmar. (Pl. de 1). In-8^0 obl., av. marges. (B).

3218 — Château de Schoeneck, près Niederbronn". J. Rothmüller, d'après le croquis de Mr Engelhard. Lith. de Hahn & Vix, à Colmar. (Pl. de 16). In-8^0 obl., sur Chine, à gr. marges. (B).

3219 — „Vue du Château de Schoeneck". Bichebois del. Lith. de Engelmann. (Pl. de 8). Pet. in-fol. obl., à gr. marges. (B).

3220 **Schrankenfels. —** „Châteaux de Schrankenfels & d'Haneck, près Soultzbach, Vallée de Munster". J. Rothmüller d'après le croquis de Mr Lebert. Lith. de Hahn & Vix, à Colmar. (Pl. de 16). In-8^0 obl., sur Chine. à gr. marges. (B).

3221 **Schwarzenbourg. —** „Château de Schwartzenbourg". H. Lebert del. Lith. de Hahn & Vix, à Colmar. (Pl. de 16). In-8^0 obl., sur Chine, à gr. marges. (B).

3222 **Schweinsbach. —** „Ruines de la Chapelle de St Grégoire à Schweinspach". Lebert del. Lith. de G. Engelmann. (Pl. de 8). In-fol. obl., sur Chine, av. marges. (B).

3223 — „La Chapelle de Schweinsbach".J.Rothmüller,d'après H^t Lebert. Lith. de Hahn & Vix, Colmar. (Pl. de 16). In-8^0 obl., sur Chine. à gr. marges. (B).

3224 **Seltz. —** „Seltz". Vue d'ensemble. (Gravure de M. Merian). Av. armoiries. (Pl. de 11). Double in-8^0 obl., sans marges. (B).

Soultzbach. — voir **Sultzbach.**

3225 **Soultz-les-Bains. —** „Soultzbad. — Le Bain de Soultz". L^r Eissen del. Lith. E. Simon à Strasbourg. In-8^0 obl., fond teinté, à pet. marges. (B).

3226 — „Dom Peter". Lith. E. Simon à Strasbourg. In-8^0 obl., fond teinté, à pet. marges. (B).

3227 **Spesbourg. —** Vue du Château et de la Forêt environnante. **Dessin orig. colorié,** non signé. Pet. in-fol. obl., sans marges. (B).

3228 — — (Plus rapprochés). **Dessin orig. colorié,** non signé. Gr. in-fol. obl., sans marges. (A).

3229 — „Schlos Spesburg". Grav. sur cuivre, non signée. (Pl. de „Silbermann, Beschreibung von Hohenburg"). In-16 obl., av. marges. (B).

3230 — „Spesburg bei Andlau (Vogesen)". Mit Grundriss & Wappen. Nach einer Aufnahme des H^rn Herbig, für den Vog. Club autogr. v. J. Euting 18/III 1879. Druck v. E. Hubert & E. Haberer. Strassburg. In-12, av. marges. (B).

3231 — „Château de Spesbourg". J. Rothmüller del. Lith. de Hahn et Vix à Colmar. (Pl. de 16). In-8^0, sur Chine, à gr. marges. (B).

3232 **Spesbourg.** — „Intérieur du Château de Spesbourg". Lith. par Sandmann. Lith. de Simon fils. (Pl. de 1). Gr. in-8⁰. av. marges. (B).

3233 — „Vue du Château de Spesbourg". Villeneuve d'après le croquis
de Mr Bichebois. Lith: de Engelmann. (Pl. de 8). In-fol. obl.,
à gr. marges. (B).

3234 — **Environs.** „Maison forestière près du Château de Spesbourg". Lith.
par L. Sch. Lith. de Simon fils. (Pl. de 1). Gr. in-8⁰ obl., av.
marges. (B).

3235 **Steige.** — „Steig". Lith. par Th. Müller. Lith. de Simon fils. (Pl.
de 1). Gr. in-8⁰ obl., à gr. marges. (B).

3236 — „Steige". Vue pareille à la précédente. Lith. de Simon fils. (Pl. de
18). Gr. in-8⁰ obl., à gr. marges. (B).

3237 **Stephansfeld.** — „Stéphansfeld". Lithographie de Ve Levrault. 1841.
In-18 obl., av. marges. (B).

3238 **Sternsée.** — „Le Sternsée, Vallée de Massevaux". J. Rothmüller
del. Lith. de Hahn & Vix, à Colmar. (Pl. de 16). In-8⁰ obl., sur
Chine, av. marges. Gr. taches d'eau. (B).

3239 **Stoerenburg.** — „Château de Stoerenburg". J. Rothmüller del.
Lith. de Hahn & Vix à Colmar. (Pl. de 16). In-8⁰, sur Chine, av.
marges. Tache d'eau. (B).

3240 **Stotzheim.** — „Schloss Grünstein in Stotzheim, bei Barr". Av. armoiries.
Fec: Naeher. 12. 4. 90. Lith., in-8⁰ obl., av. marges. (B).

3241 — — Même vue, en photolith. (Pl. de 14). In-8⁰ obl., av. marges. (B).

3242 — „Schloss Grünstein in Stotzheim. Südliche Front mit dem Thor-
eingang". Av. armoiries. Fec. Naeher. Lith., in-8⁰ obl., av.
marges. (B).

3243 — — Même vue, en photolith. (Pl. de 14). In-8⁰ obl., av. marges. (B).

STRASBOURG.

Plans ordinaires.

3244 — „Erste Gelegenheit der Statt Strasburg . . . .". „Andere Erweiterung der Stadt Strassburg, worinnen die Ersten Christlichen
Kirchen erbawet worden". (2 Planches de „Silbermann, Localge-
schichte der Stadt Strassburg"). Pet. in-fol., sans marges, montés
sur 1 carton. (B).

3245 — **1786.** „Plan de la Ville de Strasbourg divisée en dix Cantons".
Dressé et Gravé en 1786. Gravé par Weis. Gr. in-fol. obl., à pet.
marges. **(A)**.

3246 — **1816.** „Plan topographique de la Ville de Strasbourg divisée en
quatre Cantons. 1816". F. Oberthür fec. Gr. in-fol. obl., color. (A).

3247 — **1833.** „Plan de Strasbourg réduit d'après le plan général de Villot
. . . 1833". A Strasbourg chez Lagier. Lith. de Simon Père et
Fils. In-fol. obl., sans marges. (B).

3248 — **1845.** „Plan de Strasbourg. 1845". Pet. in-fol. obl., entouré de 18
vues d'édifices et de monuments. Lith. Ch^s Emrich. Gr. in-fol.,
av. déchirures recollées. (A).

Plans ordinaires.

3249 — **vers 1870.** „Strasbourg". Lith. Anstalt v. Ed. Wagner, Darmstadt. In-8⁰ obl., lég. franç., à pet. marges. (C).

3250 — — Même plan, av. quelques variantes. In-8⁰ obl., lég. franç., à pet. marges. (C).

3251 — **1874.** „Plan de la ville de Strasbourg. Edité par l'Agence de Publicité „L'Alsace". Lith. et Typ. E. Hubert et E. Haberer. In-fol. obl., col., à toutes pet. marges. (A).

3252 — **vers 1880.** „Plan der Stadt Strassburg und ihrer Erweiterung". Maasstab 1:5000. Strassburg, Lith. von R. Schultz & Cie Double in-fol. obl., col., à gr. marges. Pièce non montée. (O).

3253 — **1898.** „Plan der Stadt Strassburg nebst Erweiterung". Mit einem Uebersichtskärtchen der Umgebung. Maasstab 1:7500. Art. Anst. v. E. Hochdanz. Stuttgart. Strassburg 1898. Gr. in-fol. obl., plié in-8⁰, sous couverture impr.

3254 — **1900.** „Neu Entwässerung. Stadt Strassburg". Massstab 1:7500. Lith. Anst. v. A. Michel. Strassburg. 2 feuilles gr. in-fol. obl., av. coloris, non montées. (O).

Plans avec les environs.

3255 — **15ᵉ siècle.** Plan der Stadt Strassburg als teutsche freie Reichsstadt: im fünfzehnten Jahrhundert, nach Silbermanns Lokalgeschichte". Au bas, pet. vue de Strasbourg, av. bannière et attributs. Lith. de M. F. Boehm, à Strasbourg. In-fol. obl., à pet. marges. Orienté du sud. (B).

3256 — **1682.** „Grund-Riss der Statt und Vestung Strassburg nebst den Vorgelegten Citadellen wie auch die Schantzen am- in- u. überm Rhein bey Keyl, welche Anno 1682 Ultimo Augustij mehrentheils verfertiget gewesen. Avec vue de la ville prise de la citadelle et profil de cette dernière. In-fol. obl. Orienté du nord. (A).

3257 — **vers 1700.** „Strasbourg, ville ancienne celebre et tres fortifiée, du Roy de France dans la Basse Alsace sur le Rhin, gravée aux depens de Matth. Seutter, S. C. M. Geogr. à Augsb. — Strasburg, eine Uhralte sehr Berühmte . . . Statt . . ." Plan colorié. Au-dessous: Vue de la ville non color. Joh. Thomas Kraus del. Gr. in-fol. obl. Orienté du sud. Pièce non montée. (O).

3258 — **après 1702.** „Strasburg, mit der Cittadelle und denen Forten Khel etc.". G. Bodenehr fec. et exc. A. V. Pet. in-fol. obl., av. descript. all. des deux côtés. Sans marges. Orienté du sud. (B).

3259 — **1726.** „Plan de la Ville de Strasbourg avec la Citadelle et autres forts. 1726". I. A. Friedrich fc. A. V. Pet. in-fol. obl., à gr. marges. Orienté du sud. (B).

Plans à vol d'oiseau.

3260 — **1548.** „Argentoratum . . ." Plan de 1548 copié au musée germanique de Nuremberg, par Ch. Winkler, sur l'original de Conr. Morant, reproduit en phototypie. Strasbourg 1882. 2 feuilles in-fol., av. textes allem. & latin, non montées. (O).

3261 — — Même plan. Reproduction directe en photolith. de l'original de Conrad Morant. (Pl. de „Seyboth, Das Alte Strassburg"). 2 feuilles gr. in-fol., textes allem. & latin, non montées. (O).

3262 — **1643.** „Die Statt Strassburg, Argentina, wie sie jetziger Zeit im wesen steht A⁰ 1643. Av. armoiries. Gravé par M. Merian. (Pl. de 11). In-fol. obl., à pet. marges. (B).

Vues d'ensemble prises de la Finkmatt.

3263 — **1588.** „Die Statt Strassburg Anno 1588". Monogr. H. I. W. Av. armoiries. Grav. sur bois. (Pl. de 13). In-fol. obl., à pet. marges. (A).

3264 — **1616.** „Strasburg". Grav. sur bois. (Pl. de 3). Gr. in-8⁰ obl., av. marges. (B).

3265 — **vers 1620.** „Argentina. Strasburg" inscrit dans un cartouche dans le bas droit. Dans l'angle droit du haut, les armes de la ville. Belle grav. sur cuivre, non signée. Au premier plan, homme assis, av. chien. Pet. in-fol. obl., à toutes pet. marges. (B).

3266 — **1648.** „Strasbourg en 1648". (Grav. extr. de „Touchemolin, Strasbourg militaire"). 4,6:17,8 cm., sans marges. (C).

3267 — **vers 1650.** Petite vue in-64 sur frontispice in-8⁰ de: „Israelis Mürsely Strassburgischen Münsters Verbesserte Beschreibung". Le reste du frontisp. est occupé par des figures allégoriques. Reprod. mod. en photolith. A gr. marges. (B).

3268 — **Fin du 17ᵉ ou commencement du 18ᵉ siècle.** Vue avec encadr. Au haut de la planche, banderole avec l'inscription: „Devises sur Strasbourg soumis", aux 4 angles, cartouches ronds avec ces devises en latin. In-8⁰ obl., sans marges. (B).

3269 — — „Vue de Strasbourg". Dans la marge du bas: „Strasbourg. ville Impériale d'Alemagne. avec Evêché suffragant de Mayence. Capitale de l'Alsace . . . Louis le grand Roy de France la prit le 1ᵉʳ Octobbre 1682 et elle luy fut cédée par la Trève de 1684. ce qui a esté confirmé par la Paix de Risvick en 1697". Fait par A. Aveline et se vend à Paris chez Jean. Des deux côtés de la grande légende, l'explication en 45 numéros. Gr. in-fol. obl., color., av. marges. (A).

3270 — — „Veue de la Ville de Strasbourg: Cet un Ville Forte et Fameuse, Située sur la petite Riviere d'Ill. à une porte de Canon de celle du Rhein". Fait par Aveline. Avec Privilege du Roy. Groupe de cavaliers au premier plan, à droite. Des deux côtés de la légende, l'explication en 51 numéros. In-fol. obl., av. marges. (B).

3271 — — Même vue. Après le N⁰ 51: „Crepy ex. In-fol. obl., à toutes pet. marges. (B).

3272 — — „Strasbourg. Ville Capitalle d'Alsace et Evesché suffragant de Mayence . . . elle a recut les erreurs de Luther mais de puis quelle est soumise au Roy de France elle est rentré dans le sein de l'Eglise Romaine". A Paris chez Crépy etc. Cinq personnages au premier plan. Au bas, explication franç. des N⁰ˢ 1 à 16. Gr. in-8⁰ obl., color., à toutes pet. marges. (B).

3273 — — „Argentoratum. Strassburg". Deux génies avec l'explication de 36 N⁰ˢ dans les angles supérieurs. Dans la marge du bas, les armes de la ville, plus descriptions latine et allemande. Ioseph Fridrich Leopold excudit A: V: Au premier plan, carrosse à deux chevaux et différentes personnes. (Très curieux pour les costumes). Belle grav. sur cuivre, pet. in-fol. obl., av. marges. (B).

3274 — — „Argentoratū. Strasburg". Marg. Abrah. Rupprecht sculp. A. V. Ioh. Christoph Haffner excud. A. V. Dans le haut, à gauche, cartouche pour écusson. Au bas de la planche, explication de 36 N⁰ˢ en latin et des mêmes 36 N⁰ˢ en allem. Au premier plan, au milieu, trois bergers av. petit troupeau; à droite, cinq cavaliers. Superbe planche double in-fol. obl., av. marges. (A).

3275 — — „Argentoratum Strassburg" dans le haut, sur banderole tenue par 3 génies. De suite à gauche, explication de 24 N⁰ˢ en latin, à

Vues d'ensemble prises de la Finkmatt.

droite, en allemand. Le bas est orné des armoiries de la ville et de figures allégoriques. Le tout avec encadrement. Au-dessous, ample description en latin et en allemand. Fridr. Bernh. Werner Urb: delin. Thomas Scheffler ornament. inv. et del. Ioh. Georg Pinz sculpsit. Martin Engelbrecht excudit. A. V. Superbe planche in-fol. obl., av. marges. (A).

Vues prises hors la Porte des Pêcheurs.

3276 — 1600. „Vue de Strasbourg en 1600, prise de la Robertsau". Lith. par Th. Müller. Lith. de Simon fils. (Pl. de 1). Gr. in-8⁰ obl., av. marges. (B).

3277 — vers 1615. „Strasburg. Gloria in Excelsis". Av. 3 lignes de dédicace lat. Jac. ab Heyden. Grav. sur cuivre. In-12 obl., à toutes pet. marges. (B).

3278 — 1805. Vue prise du Petit Moulin. Reprod. photogr. d'une gravure sur cuivre de Benj. Zix. Pet. in-fol. obl., montée sur carton blanc. (B).

Vue prise derrière la Citadelle.

3279 — 18e siècle. „Strasburg". Gez. v. R. Höfle. Stahlst. v. Joh. Poppel. In-12 obl., av. marges. (B).

Vue prise hors la Porte de l'Hôpital.

3280 — 1827. „Strasbourg". Couché Sculp. Civeton del. 1827. (Pl. de 7). In-8⁰ obl., av. marges. (B).

Vue prise des hauteurs de Hausbergen.

3281 — 1825. F. Helmsdorf ad nat. del. & sculps. 1825. Argent. (Pl. de 2). In-12 obl., à pet. marges. (B).

3282 — — Même vue, sans marges. (C).

Vue prise du cimetière de Sainte-Hélène.

3283 — vers 1840. „Vue de Strasbourg prise de Schiltigheim". J. Rothmüller del. Lith. de Hahn & Vix, à Colmar. In-8⁰ obl., sur Chine, à gr. marges. (B).

Vues intérieures panoramiques.

3284 — **De la plate-forme de la Cathédrale.** „Panorama de Strasbourg et de ses environs". Dessiné (au trait) d'après nature & gravé par F. Piton 1842. Lith. E. Simon à Strasbourg. Planches 2, 3 & 4. Les trois du même format, tr. gr. in-8⁰ obl., non montées. (O).

3285 — **Du haut de l'église St. Thomas.** „Der Münster in Strassburg von dem östlichen Thurme der Thomas-Kirche gesehen". Gezeichnet u. gestochen von L. Schnell 1826. Gedruckt von F. Siedentopf in Carlsruhe. Grav. sur acier, in-fol. obl., av. marges. (A).

3286 — — Même vue, reproduction photolithogr. In-fol. obl., av. marges. (A).

3287 — — „Strasburg. Straatsburg". Pet. grav. sur acier, in-24 obl., av. marges. (C).

3288 — — „Vue générale de la Cathédrale de Strasbourg". J. Rothmüller del. Lith. de Hahn & Vix, à Colmar. (Pl. de 16). In-8⁰, sur Chine, av. marges. (B).

3289 — — „La Cathédrale de Strasbourg". Vue moderne en phototypie. Pet. in-fol., av. marges. (B).

Vues intérieures panoramiques.

3290 — **Du haut du Temple neuf.** „Das Münster zu Strassburg". Original-
Aufnahme und Lichtdruck von Jul. Manias, Strassburg i. Els.
Pet. in-fol. obl., av. marges. (B).

3291 — **Du haut de la Porte de l'Hôpital.** „Vue de la Cathédrale prise sur
l'ancien Observatoire". Lith. par Ch. Kreutzberger. Lith. E.
Simon à Strasbourg. (Frontispice de „F. Piton. Strasbourg illustré").
Gr. in-8⁰, fond teinté, av. marges. (B).

Cathédrale.

3292 — **Façade et Côté nord.** „Façade de la Cathédrale de Strasbourg".
Chapuy del. Lith: de Engelmann. (Pl. de 8). In-fol., à gr. marges. (A).

3293 — — „Münster in Strasburg". Gez. v. R. Höfle. Stahlst. v. J. M. Kolb·
Druck & Verlag v. G. G. Lange in Darmstadt. In-8⁰. à gr.
marges. (B).

3294 — — „Aedes Ecclesiae Cathedralis Argentoratensis etc". Av. notice
hist. en 28 vers lat. Attribué à Wenc. Hollar. 1645. In-4⁰, av.
marges, très rare. (B).

3295 — — „Turris et Aedes ecclesiae Cathedralis Argentinensis à Wen-
ceslao Hollar Bohemo, primo ad vivum delineata, et aqua forti
aeri insculpta, A⁰ 1630, denuoque facta Antverpia. A⁰ 1645".
Planche semblable à la précédente, reprod. en photolith., papier
de Hollande. Variantes surtout dans les personnages, et sans les
28 vers lat. In-4⁰, à gr. marges. (B).

3296 — — „Münster zu Strassburg". Pet. vue in-32, grav. sur acier. non
signée. A pet. marges. (C).

3297 — — „Strasburg". Vue de la Cathédrale entourée de dix petites vues
en médaillons et d'une vue d'ensemble à vol d'oiseau. Grav. sur
acier. Druck u. Verlag der Englischen Kunstanstalt v. A. H. Payne
Leipzig & Dresden. In-4⁰, av. marges. (B).

3298 — **Façade et Côté sud.** Avec notice hist. de 76 vers allem. dans un
cartouche à droite: „In Strassburg der uralten Statt | Die man
Argentorat gnand hatt . . ." et finissant par „Isaac Brunn Ihns
kupffer bracht | In dem Jahr da man thut zehlen | Tausendt sechs
hundert Fünff Zehn". Au dessous, dédicace lat. en 3 lignes:
„dedicat Isaac Brunn Argentinensis A⁰ 1615". Reprod. mod. en
photolith. Gr. in-fol., av. marges. (A).

3299 — — „Cathédrale de Strasbourg". E. Cordier. Napoléon Chaix & Cⁱᵉ
(Pl. du „Guide du Paris à Strasbourg & à Bâle"). In-18, fond teinté,
à pet. marges. (C).

3300 — — „L'Eglise Cathedrale de Strasbourg dediée a la Stᵉ Vierge".
Harrewyn sculp. Grav. sur cuivre, gr. in-8⁰. Sur la même
feuille, plan de la cathédrale. Les deux sur 1 planche in-fol. obl.,
à pet. marges. (B).

3301 — — „Cathédrale de Strasbourg, sa hauteur est de 490 pieds". F. J.
Oberthür fecit argent. 1818. Se vend chés J. J. Guttermann
Relieur. 1ʳ tirage, sans figures sur la place. Superbe planche,
double in-fol., av. marges. (B).

3302 — — Sans aucune inscription. Joh. Adam Seupel Calcographus
Argent: sculpsit. Double in-fol., sur papier fort, à toutes marges. (A).

3303 — — „Münster zu Strassburg". Joh. Martin Weis Argent. sculp.
1729. J. G. Guttermann Relieur. Gr. in-fol., à pet. marges. (A).

3304 — — „L'Eglise Cathédrale de Strasbourg". Avec les boutiques, mais
sans la partie de l'horloge. Gr. in-8⁰ étroit, à toutes pet. marges. (B).

3305 — — „Strassburger Münster". (Pl. DLXIII d'un ouvrage). Grav. sur
acier, à gr. marges.

Cathédrale.

3306 — **Façade et Côté sud.** „Das Münster zu Strassburg". Xylogr. Orell Fussli. In-16, à pet. marges. (C).

3307 — **Détails. — Façade.** Elévation géométrique, la flèche soutenue dans l'espace. c. à d., le portail latéral gauche est resté en blanc. Pet. in-fol., av. marges. (B).

3308 — --- **Grand Portail.** „Le Portail de la Cathédrale de Strasbourg . . . qui mérite d'être vu". Texte franç. et allem. Ad. Dannegger Arg. sc. Grav. sur cuivre. Gr. in-8⁰, sans marges. (B).

3309 — --- **Portail St.-Laurent.** „Cathédrale de Strasbourg. Portail septentrionnal". J. Rothmüller del. Lith. de Hahn & Vix, à Colmar. (Pl. de 16). In-8⁰, sur Chine, av. marges. (B).

3310 — — **Horloge astronomique de 1574.** Grav. sur cuivre anc., avant toute lettre. Gr. in-8⁰, sans marges. (B).

3311 — — — „Horologium astronomicum Argentoratense". Description à gauche. en 152 vers lat. Figures du 17⁰ siècle sur le premier plan. Reprod. photolith. Gr. in-fol., av. marges. (A).

3312 — — — Grav. sur bois. Frontispice de „Neuer und Alter Schreib-Kalender . . . auf das Jahr . . . 1785. Strassburg, gedruckt und zu finden bey Joh. Heinr. Heitz, in der Schlauch-Gasse. In-8⁰, sans marges. (C).

3313 — — **Horloge astronomique restaurée en 1842.** „Horloge Astronomique de la Cathédrale de Strasbourg". E. Cordier. Napoléon Chaix & Cie. (Pl. du „Guide dans Strasbourg"). Lith. In-24, fond teinté, à toutes pet. marges. (C).

3314 — — — „Horloge astronomique de la Cathédrale", av. le pilier des anges. Photolith. mod., in-8⁰, av. marges. (B).

3315 — — **Pilier des Anges.** „Intérieur de l'Aile méridionale de la Cathédrale de Strasbourg". Renoux, d'après le croquis de Mr Chapuy. Lith. de Engelmann. (Pl. de 8). Pet. in-fol., à gr. marges. (A).

3316 — — — „Intérieur de la Cathédrale de Strasbourg, l'Aile méridionale". J. Rothmüller del. Lith. de Hahn & Vix, à Colmar. (Pl. de 16). In-8⁰, sur Chine, av. marges. Gr. tache d'eau. (B).

3317 — — **Chapelle de St. Jean.** „La Chapelle de St Jean dans la Cathédrale de Strasbourg". Av. tombeau de Conrad de Lichtenberg. Lith. par Sandmann. Lith. de Simon fils. (Pl. de 1). In-4⁰, av. marges. (B).

3318 — — — „Tombeau de l'Evêque Conrad de Lichtenberg, Intr de la Cath. de Strasbourg". J. Rothmüller del. Lith. de Hahn & Vix à Colmar. (Pl. de 16). In-12, sur Chine, av. marges. Gr. tache d'eau. (B).

3319 — — **Procession et messe des animaux.** Figures satiriques, détails de la corniche d'un pilier. Reprod. photolith. faite en 1890 d'une grav. sur bois publiée en 1608. Av. notice hist. au verso, par Ferd. Reiber In-fol. obl., à gr. marges. Tirage limité. (C).

Rues, Places, Monuments, etc.

3320 — **Château.** „Der Bischoffshof zu Strassburg". Gefertigt v. C. Winkler 1887, nach alten Ansichten v. Conrad Morant 1538 u. Bruyn 1584. Photolithogr. Pet. in-fol obl., av. marges. (B).

3321 — — „Der Frohn-Hof in Strassburg. Bischofsitz". Fc. Naeher. (Pl. de 14). Photolith. In-8⁰ obl., av. marges. (B).

3322 — **Douane.** „Strasburg". Tombleson del. Jas Tingle sculp. London. Grav. sur acier, in-12 obl., av. marges. (B).

Rues, Places, Monuments, etc.

3323.— **Eglises.** — **Saint-Etienne.** „Ancienne Eglise de St Etienne". Lith. par Th. Müller d'après un dessin de Silbermann. Lith. E. Simon à Strasbourg. (Pl. de „Piton, Strasbourg illustré"). In-4⁰. av. marges, taches de rousseurs. (B).

3324 — — **Saint-Guillaume.** „St: Wilhelms-Kirche in Strassburg". F: Naeher. (Pl. de 14). Photolithogr. In-8⁰ obl., av. marges. (B).

3325 — — **Saint-Thomas.** — **Vue prise de la Place St. Thomas.** „Die Kirche St Thomas in Strassburg". Gez. von R. Höfle. Stahlst. von Joh. Poppel. Druck & Verlag von G. G. Lange in Darmstadt. Grav. sur acier, in-12 obl., av. marges. (B).

3326 — — — **Vue prise de l'Ill.** Monnaie, église et pont St Thomas, églises St. Nicolas et St. Louis, vers 1800. Dessin org. à la plume. non signé. Gr. in-fol. obl, sans marges. (A).

3327 — — — — „Die St Thomas Brücke zu Strasburg". Gez. v. R. Höfle Stahlst. v. E. Willmann. Druck & Verlag v. G. G. Lange in Darmstadt. In-12 obl., av. marges. (B).

3328 — — — — Même vue légende allem., angl. & franç. In-12 obl., av. marges. (B).

3329 — — — — „Zu Strassburg. S. Thomas". Pet. vue in-32 obl. de Wenzel Hollar, 1635. Grav. sur cuivre, à pet. marges. (C.

3330 — — — — „Eglise de Saint Thomas". A. Lacauchie del. et sculp. In-24, à toutes pet. marges. (C).

3331 — — — — „Eglise de St Thomas à Strasbourg". J. Rothmüller, del. Lith. de Hahn & Vix, à Colmar. (Pl. de 16). In-8⁰, sur Chine, à pet. marges. (B).

3332 — — — **Intérieur.** „Intérieur du Temple de St Thomas à Strasbourg" Arnout, d'après le croquis de Mr Chapuy. Lith. de Engelmann. (Pl. de 8). Pet. in-fol., à gr. marges. (A).

3333 — — **Sainte-Aurélie.** „Vue de l'Eglise Ste Aurélie à Strasbourg". Lith. par Sandmann. Lith. de Simon fils à Strasbourg. (Pl. de 1). Gr. in-8⁰, av. marges. (B).

3334 — — **Synagogue.** „La nouvelle synagogue de Strasbourg". Phototypie de l'Impr. Alsacienne (Fischbach) Strasbourg". In-fol. obl., tiré sur carton blanc, à gr. marges. (A).

3335 — — — „Vue intérieure de la nouvelle Synagogue de Strasbourg". Phototypie de l'Impr. Alsacienne (Fischbach) Strasbourg. In-fol. obl., tiré sur carton blanc, à gr. marges. (A).

3336 — — **Toussaint (La).** „Das alte Bethaus Allerheiligen zu Strassburg". Vue et plan. Fec: Naeher. Lithogr., in-8⁰ obl., à pet. marges. (B).

3337 — — — Même vue. Fec: Naeher. (Pl. de 14). Photolith.. in-8⁰ obl., av. marges. (B).

3338 — — „**Ancienne Chapelle du Saint-Sépulcre.** — Ancienne Chapelle de Saint-Michel". Lith. par Ch. Kreutzberger d'après des dessins de Silbermann. Lith. E. Simon à Strasbourg. (Pl. de „Piton, Strasbourg illustré"). 2 vues in-12 obl. sur 1 feuille in-fol., à gr. marges. (B).

3339 — „**Fortifications et Faux-Remparts.** — **Ecluse de Fortification** (près des Ponts-couverts). Vue prise hors ville: „Première vue de Strasbourg". Peint par J. Stunz, gravé par F. Reinermann. Grav. teinte bistre. Gr. in-fol. obl., av. marges. Taches d'eau. (A).

3340 — — **Ponts-couverts.** „Anciennes Fortifications de Strasbourg, du coté de l'entrée de la rivière". Bichebois d'après le croquis de

Rues, Places, Monuments, etc.

M^r C h a p u y. Lith. de Engelmann. (Pl. de 8). In-fol. obl., à gr. marges. (A).

3341 — — **Près du Quai Saint-Jean.** „Vue du Faux-Rempart". Lith. d'après nature par J. P i c a r d mort le 30 Mars 1832. Imp. Lith. de Simon P. & F. à Strasbourg. In-12 obl., à gr. marges. (B).

3342 — — **Derrière la Fonderie.** „Vue des anciennes fortifications de la Ville derrière la fonderie et des faux remparts en 1830". Lith. par A l p h. C h u q u e t d'après un croquis de Th. M ü l l e r. Lith. E. Simon à Strasbourg. (Pl. de „Piton, Strasbourg illustré"). Pet. in-fol. obl., av. marges. (B).

3343 — **Fossés & Bain-aux-Plantes.** „A Strasbourg. (Bas-Rhin)". Fossé des Tanneurs (?). Dessiné et Lith. par d'O r s c h w i l l e r. In-8⁰, sur Chine, color., à pet. marges. (B).

3344 — — „Vue de l'ancien Fossé des Tanneurs". Lith. par Th. M ü l l e r. Lith. E. Simon à Strasbourg. (Pl. de „Piton, Strasbourg ill."). Pet. in-fol., fond teinté, av. marges. Taches de rousseur. (B).

3345 — — „Aus Strassburg. (Elsass)." Av. maison des Béguines. Orig.-Rad. v. B. M a n n f e l d. Druck v. O. Felsing. Berlin. Eau-forte. Gr. in-8⁰, à toutes marges. (A).

3346 — **Maisons remarquables et Edifices publics. — Gymnase protestant.** „Das Strassburger Gymnasium im Jahr 1538". Grav. sur bois extr. du „Kirchenbote". Gr. in-8⁰, rogné. (C).

3347 — — „Cour du Gymnase protestant avant l'incendie de 1860". Av. portr. de Jacques Sturm de Sturmeck. E. S c h w e i t z e r. Imp. Alsacienne Strasbourg. (Pl. de „Seyboth, Strasbourg hist. & pitt."). Lithogr. coloriée. Pet. in-fol. obl., av. marges. (B).

3348 — — **Halle-aux-Blés.** „La Halle aux blés". Lith. de M. F. Boehm à Strasbourg. In-32 obl., rogné. (C).

3349 — — — „Vue de la Halle aux blés". Lith. d'après nature par S a n d-m a n n. Imp. Lith. de Simon fils à Strasbourg. Pet. in-fol. obl., sur Chine, à toutes marges. (A).

3350 — — **Hôpital.** Vue prise hors la Porte de l'Hôpital. F. O b e r t h ü r fecit. (Pl. de „Graffenauer, Topogr. médic.") In-12 obl., à pet. marges. (B).

3351 — — **Hôtel du Dragon.** „Ehemaliges Drachenschlösschen". Calendrier de la Strassburger Druckerei u. Verlagsanstalt, vorm. R. Schultz & C⁰ pour l'année 1892. Av. 4 autres pet. vues. S(trub, lith.) In-fol. obl., fond teinté, sur papier, sans marges. (B).

3352 — — **Hôtel de la Ville de Vienne.** „Vue de l' Hôtel de la Ville de Vienne à Strasbourg. Louis Hammerer". Titre franç. et allem. Wissandt del. O b e r s t sculp. Grav. sur cuivre sur carton blanc. In-8⁰ obl., à très gr. marges. (A).

3353 — — **Maison où logea Charles-Quint en 1552.** „Ancienne Maison de Strasbourg". Lith. par S a n d m a n n. Lith. de Simon fils. (Pl. de 1). Gr. in-8⁰, av. marges. (B).

3354 — — **Maison Edel.** „Cour du N⁰ 2, rue Sainte-Barbe (Maison Edel). 1750—1760". E. S c h w e i t z e r. Imp. Alsacienne Strasbourg. (Pl. de „Seyboth, Strasb. hist. & pitt.") Lith. coloriée. Pet. in-fol. obl., av. marges. (B).

3355 — — **Maisons des Müllenheim.** „Brantgasse N⁰ 1 u. 3. Ehemals Höfe der freiherrl: Familie von Müllenheim bis zur Revolution. 1789". F: N a e h e r. Lith., in-8⁰ obl., av. marges. (B).

Rues, Places, Monuments, etc.

3356 — **Maisons remarquables et Edifices publics. — Maisons des Müllen-helm.** Même vue. F: Naeher. (Pl. de 14). Photolithogr., in-8⁰ obl., av. marges. (B).

3357 — — — „Brantgasse N⁰ 15 zu Strassburg". Fec. Naeher. Lith., in-8⁰ obl., à pet. marges. (B).

3358 — — — Même vue. Fec: Naeher. (Pl. de 14). Photolithogr.. in-8⁰ obl., av. marges. (B).

3359 — — — „Broglie-Platz N⁰ 4 zu Strassburg". Fec: Naeher. (Pl. de 14). Photolithogr., in-8⁰ obl., av. marges. (B).

3360 — — — Contades: „Haus Müllenheim zu Strassburg". (Fin du 19ᵉ siècle). F: Naeher. Lith., in-8⁰ obl., av. armoiries, à pet. marges. (B).

3361 — — — „Jungferngasse N⁰ 8 in Strassburg". Fec: Naeher. (Pl. de 14). Photolithogr., in-8⁰ obl., av. marges. (B).

3362 — — — „Nikolaus-Staden N⁰ 8". F: Naeher. Av. armoiries. Lith., in-8⁰ obl., av. marges. (B).

3363 — — — Même vue. F: Naeher. (Pl. de 14). Photolithogr., in-8⁰ obl., av. marges. (B).

3364 — — — „Schuhmacher-Gasse No. 1 zu Strassburg". F: Naeher. Lith., in-8⁰ obl., av. marges. (B).

3365 — — — Même vue. F: Naeher. (Pl. de 14). Photolithogr., in-8⁰ obl., av. marges. (B).

3366 — — — „Thomasstaden No. 2, 3 und 4 bis zur Knoblauchgasse 8. 10 u. 12". F: Naeher. Lith., in-8⁰ obl., av. marges. (B).

3367 — — — Même vue. F: Naeher. (Pl. de 14). Photolithogr., in-8⁰ obl., av. marges. (B).

3368 — — **Petites Boucheries.** „Vue des anciennes petites boucheries, construites en 1622". Lith. E. Simon à Strasbourg. (Pl. de „Piton, Strasbourg ill.") Pet. in-fol. obl., av. marges. Taches de rousseur. (B).

3369 — — — „Petites Boucheries, construites en 1621, démolies en 1837". Av. armoiries. E. Schweitzer. Imp. Alsacienne Strasbourg. (Pl. de „Seyboth, Strasb. hist. & pitt.") Lith. coloriée, pet. in-fol. obl., av. marges. (B).

3370 — — **Pfaltz (Vue de la).** „Die Pfalz zu Strassburg. Mit dem Aufgang der von Müllenheim". Fec: Naeher. Av. plan. Lithogr., in-8⁰ obl., av. marges. (B).

3371 — — — Même vue. Fec: Naeher. (Pl. de 14). Photolithogr., in-8⁰ obl., av. marges. (B).

3372 — — — „Vue de l'ancien Hôtel-de-Ville de Strasbourg (Pfaltz) prise des grandes Arcades". Lith. par Th. Müller d'après Specklin. Lith. E. Simon à Strasbourg. (Pl. de „Piton, Strasbourg ill.") Pet. in-fol. obl., fond teinté, av. marges. (B).

3373 — — **Pfennigthurm.** „Der Pfennigthurm zu Strassburg. (16ᵗᵉˢ Jahrhdt.) Erbaut 1321". Fec: Naeher. Lithogr., in-8⁰ obl., av. marges.

3374 — — — Même vue. Fec: Naeher. (Pl. de 14). Photolithogr., in-8⁰ obl., av. marges. (B).

3375 — **Monuments. — Desaix.** „Monument du Général Desaix". E. Cordier Lith. Napoléon Chaix & Cⁱᵉ. (Pl. du „Guide de Strasbourg à Bâle"). In-24 obl., fond teinté, à toutes pet. marges. (C).

3376 — — — „Grabmal des General Desaix bei Strasburg". Gez. v. R. Höfle. Stahlst. v. Joh. Poppel. Druck & Verlag v. G. G. Lange in Darmstadt. In-8⁰ obl., av. marges. (B).

Rues, Places, Monuments, etc.

3377 — **Monuments.** — **Desaix.** „Genl Dessaix Denkmahl. Mon^t of Genl Desaix, near Strasburg. Mon^t de Gén^l Dessaix". Tomblesons del. Le Petit sculp. London. Grav. sur acier. In-12 obl., av. marges. (B).

3378 — — **Guttemberg.** „Das Guttenbergs Monument in Strasburg. Monument of Guttenberg. Monument de Guttenberg". Gez. v. R. Höfle. Stahlst. v. Joh. Poppel. Druck & Verlag von G. G. Lange in Darmstadt. In-8^0 obl., av. marges. (B).

3379 — — — „Le Monument de Gutenberg". Photolith. moderne. In-8^0, papier fort, à gr. marges. (B).

3380 — — **Kléber.** „Denkmal des Marschall Kleber zu Strasburg". Gez. v. R. Höfle. Stahlst. v. L. Rohbock. Druck & Verlag v. G. G. Lange in Darmstadt. In-8^0, av. marges. Tache d'eau. (B).

3381 — — — „Le Monument du Général Kléber". Photolith. moderne. In-8^0, papier fort, à gr. marges. (B).

3382 — — **Maurice de Saxe.** „Le Mausolée du Maréchal de Saxe". Lith. de M. F. Boehm à Strasbourg. In-24. fond teinté, sans marges. (C).

3383 — — — „Tombeau du Maréchal de Saxe". Conché Sculp. Pigale inv. (Pl. de 7). Pet. in-4^0, sans marges. (C).

3384 — — — „Denkmal des Marschalls von Sachsen in der St. Thomas Kirche in Strasburg". Titre allem., angl. & franç. Höfle del. Ch: Hoffmeister sc. Grav. sur acier, in-8^0, av. marges. (B).

3385 — — — „Mausolée du Maréchal de Saxe, dans le Temple de St. Thomas". J. Rothmüller del. Lith. de Hahn & Vix à Colmar. (Pl. de 16). In-8^0, sur Chine, à gr. marges. Taches d'eau. (B).

3386 — — — „Le Mausolée du Maréchal de Saxe". Photolith. moderne. In-4^0, papier fort, à gr. marges. (B).

3387 — — **Stoeber.** „Preisgekrönter Entwurf für das Stöber-Denkmal in Strassburg von Berninger & Krafft". Phototypie Jul. Manias, Strassburg. Gr. in-8^0, av. marges. (B).

3388 — — — „Entwurf z. Stöberdenkmal". Strassburg den 15ten Feb. 1894. Die Architecten Berninger & Krafft. Phototypie. Gr. in-8^0, av. marges. (B).

3389 — — **Sturm, Jacques.** „Das Jacob Sturm Denkmal. Ein Jubelgeschenk des deutschen Volkes an Strassburg zum 10. Mai 1896. Ein Vorschlag von Alex Birt, Architect. Danzig, im December 1895". Lith. u. Druck Gebr. Zenner, Danzig. Av. portrait. Texte au recto & au verso de la planche. In-fol. obl., av. marges.

3390 — — **Statue de la Ville de Strasbourg,** sur la Place de la Concorde à Paris". Lith. par Aug. Wittmann. Lith. de Simon fils à Strasbourg. (Pl. de 1). In-4^0, av. marges. (B).

3391 — **Orangerie.** „Vue du Jardin et de l'Orangerie Joséphine construits par Ordre de Monsieur Shée . . . d'après les Projets de Monsieur Boudhor Père . . ." B. Zix. Grav. sur cuivre. In-fol. obl., à pet. marges. (B).

3392 — **Place Gutemberg.** „Strasbourg". Coin de la place vers la rue Mercière. Drawn by Captn Batty. Engraved by Chas Heath. Printed by Mc Queen & Co. London 1821. Grav. sur acier. Gr. in-8^0, av. marges. (B).

3393 — **Ponts.** — **Pont-aux-Chats.** „Vue du Pont-aux-Chats et d'une partie des anciennes fortifications de la Ville". Dessiné et lithogr. par

Rues, Places, Monuments, etc.

Th. Müller. Lith. E. Simon à Strasbourg. (Pl. de „Piton, Strasbourg illustré"). Pet. in-fol. obl., sans marges. (B).

3394 — **Ponts. — Pont du Corbeau.** „Pont du Corbeau et de l'ancien Abattoir avant 1841". Phototypogr. d'apr. un dessin de C. Wissant. (Pl. de „Ad. S., Souvenirs du vieux Strasbourg"). In-8⁰ obl., à gr. marges. (B).

3395 — — — „Vue de l'ancien Pont du Corbeau, démoli en 1842". Calendrier de l'Imprimerie strasbourgeoise, anc^t R. Schultz & Cie pour l'année 1893. Av. 2 autres pet. vues. Strub lith. In-fol. obl., fond teinté, sur papier, sans marges. (B).

3396 — — **Ponts-Couverts.** „Strassburg". C. Reiss del. Aus der Kunstanst. d. Bibl. Inst. in Hildbh. Grav. sur acier. In-16 obl., av. marges. (B).

3397 — — — „Strasburg". Carlsruhe im Kunst-Verlag. Gravure sur acier, imitée de la planche précédente, variant essentiellement dans les personnages. In-16 obl., à toutes marges. (B).

3398 — — — „Vue de Strasbourg, prise depuis le pont couvert". J. Rothmüller, del. Lith. de Hahn & Vix à Colmar. (Pl. de 16). In-8⁰ obl., sur Chine, av. marges. Gr. tache d'eau. (B).

3399 — — — „Le Pont-Couvert à Strasbourg". Lith. par Sandmann. Lith. de Simon fils. (Pl. de 1). Gr. in-8⁰ obl., av. marges. (B).

3400 — — **Pont Saint-Nicolas.** Sans texte. Dessiné et gravé par B. Zix. In-8⁰ obl., à toutes pet. marges. (B).

3401 — **Portes. — Porte des Bouchers.** „Porte des Bouchers et Fortifications environnantes". Lith. d'après un dessin de Speclin. (Vue tirée de „Piton, Strasb. illustré"). In-16 obl., à pet. marges. (C).

3402 — — **Porte Nationale.** „L'ancienne porte Nationale de Strasbourg. — Das ehemalige Weissthurmthor von Strassburg". Vue prise du Clocher de St Aurélie. J. Bornert d'après un dessin du Panorama des Vosges. Zincographie. Pet. in-fol. obl., av. marges. (B).

3403 — — **Porte des Pêcheurs.** „Porte des Pêcheurs et Fortifications environnantes". Lith. d'après un dessin de Speclin. (Vue tirée de „Piton, Strasb. illustré"). In-24 obl., à pet. marges. (C).

3404 — **Quai des Pêcheurs.** „Fischerquai in Strasburg". Gez. v. R. Höfle. Stahlst. von Joh. Poppel. Druck & Verlag v. G. G. Lange in Darmstadt. In-12 obl., av. marges. Pet. tache d'eau. (B).

3405 — **Théâtre.** „La Salle de Spectacle". Lith. de M. F. Boehm à Strasbourg. In-32 obl., à pet. marges; celle du haut manque complètement. (C).

3406 — — „Strasburg. — Das Theater. Le Théâtre. The Theatre". Gez. v. R. Höfle. Stahlst. v. G. M. Kurz. In-16 obl., av. marges. (B).

3407 — „Tour des Martyrs". Lith. par Sandmann. Lith. de Simon fils. (Pl. de 1). Pet. in-fol. obl., à pet. marges. (B).

3408 — **Vues en liasses.** — 10 vues de Strasbourg jusqu'en 1800, tirées des „Affiches de Strasbourg". Pet. in-fol. obl., av. marges. Non montées.

3409 — — 13 vues de Strasbourg de 1801 à 1835, tirées des „Affiches de Strasbourg". Pet. in-fol. obl., av. marges. Non montées.

3410 — — 20 vues de Strasbourg en 1840, tirées des „Affiches de Strasbourg". Pet. in-fol. obl., av. marges. Non montées.

3411 — — 6 vues de Strasbourg en 1850 et 1860, tirées des „Affiches de Strasbourg". Pet. in-fol. obl., av. marges. Non montées.

Rues, Places, Monuments, etc.

3412 — **Vues en liasses.** — 16 vues et autres planches de Strasbourg actuel, tirées des „Affiches de Strasbourg". Pet. in-fol. obl., av. marges. Non montées.

Environs.

3413 — **Pont du Rhin.** „Vue de l'ancien Pont du Rhin avec l'arc de triomphe élevé à Napoléon. (1809)". Lith. par T h. M ü l l e r d'après un dessin contemporain de Mr W e i s s a n d t père. Lith. d'E. Simon à Strasbourg. (Pl. de „Piton, Strasbourg illustré"). Pet. in-fol. obl., av. marges. (B).

3414 — **Pont du Petit Rhin.** „Vue du pont du Petit Rhin". Lith. par S a n d m a n n. Lith. de Simon fils. (Pl. de 1). Gr. in-8⁰ obl., av. marges. (B).

3415 — **Zollschantz.** „Zoll Schantz an der Strassburger Brucken". Pet. vue in-32 obl. de W e n z e l H o l l a r, 1635. Grav. sur cuivre, à pet. marges. (C).

3416 — **Hohwart.** „Bey Strassburg. Brüsseck, Hohen Waert". Pet. vue in-32 obl. de W e n z e l H o l l a r, 1635. Grav. sur cuivre, à pet. marges. (C).

3417 — **Montagne-Verte.** „Environs de Strasbourg. Vue de la Montagne verte". Lith. par S a n d m a n n. Lith. de Simon fils à Strasbourg. (Pl. de 1). Gr. in-8⁰ obl., av. marges. (B).

3418 — — „Vue de la Montagne Verte près Strasbourg". Lith. par S a n d m a n n. Lith. de Simon fils. (Pl. de 1). Pet. in-fol., à pet. marges. (B).

3419 — — „Vue d'un Moulin proche la Montagne verde près Strasbourg. Loh Mühl bey grüner berg". D. H e i m l i c h. Invent. Et. fecit, 1775. Pet. in-fol. obl., à toutes pet. marges. Déchirures recollées. (B).

3420 — **La Robertsau.** „Eglise de la Robertsau". Lith. par S a n d m a n n. Lith. de Simon fils. (Pl. de 1). Gr. in-8⁰, av. marges. (B).

3421 — **Près du Rhin.** „Vue des Environs de Strasbourg". W e i r o t e r del. B a z a n Sculp. Grav. sur cuivre, in-8⁰ obl., à pet. marges. (B).

3422 **Sultzbach.** — „Sultzbach". C a s p. M e r i a n fec. (Pl. de 11). In-fol. obl., à gr. marges. (B).

3423 — „Sultzbach". Petite vue de M e r i a n. (Pl. de 11). In-8⁰ obl., à toutes pet. marges. (B).

3424 **Thann.** — **Vue d'ensemble.** „Thann". R a u c h del. A l. L e p e t i t sc. Grav. sur acier. In-32 obl., à gr. marges. (B).

3425 — — „Thann". Lith. par S a n d m a n n. Lith. de Simon fils. (Pl. de 1). Pet. in-fol. obl., av. marges. (B).

3426 — **Eglise.** „Kirche zu Thann im Elsass". Gez. v. R. H ö f l e. Stahlst. v. J. M. K o l b. Druck u. Verlag v. G. G. Lange in Darmstadt. In-8⁰, av. marges. (B).

3427 — — „Vue générale de l'Eglise de Thann". J. R o t h m ü l l e r del, Lith. de Hahn & Vix à Colmar. (Pl. de 16). In-12, sur Chine. av. marges. Taches d'eau. (B).

3428 — „Vieux Thann, entre Cernay & Thann". J. R o t h m ü l l e r del. Lith. de Hahn & Vix, à Colmar. (Pl. de 1). Gr. in-8⁰ obl., av. marges. (B).

3429 **Trifels.** — „Trifels, près Landau". J. Rothmüller del. Lith. de
Hahn & Vix, à Colmar. (Pl. de 16). In-12, sur Chine, à gr. marges.
Taches de rousseur. (B).

3430 **Truttenhausen.** — „Das zerstoerte Closter Truttenhausen". (Pl. de
„Silbermann, Beschreibung v. Hohenburg"). Grav. sur cuivre, in-
12 obl., av. marges. Déchirures recollées. (B).

3431 — „Vue des Ruines de Truttenhausen et du Château de Landsberg".
Deroy d'après le croquis de Mr Klein. Lith. de G. Engelmann.
(Pl. de 8). In-fol. obl., à gr. marges. (B).

3432 — — Même vue, épreuve sur Chine. (Pl. de 8). In-fol. obl., à gr.
marges. (B).

3433 **Truttenhausen.** — „Vue d'une Ruine nommée Drottenhausen près
Strasbourg". D: Heimlich F. Et. Sculs: 1775 à Strasbourg. Eau-
forte. Pet. in-fol. obl., sans marges. (B).

3434 **Türckheim.** — „Turckheim". J. Rothmüller del. Lith. de Hahn
& Vix, à Colmar. (Pl. de 16). In-8⁰ obl., à gr. marges. (B).

3435 **Ungersberg.** — „Maison de Chasse de Mr le Bon Halley dépᵗ près de
l'Ungersberg". Th. Müller lith. Lith. de Simon fils à Strasbourg.
(Pl. de 18). In-fol. obl., à gr. marges. (A).

3436 **Walbourg.** — „Die Abteikirche zu Walburg (Unter-Elsass)". Fec:
Naeher. Lithogr. In-8⁰ obl., av. marges. (B)

3437 — — Même vue. (Pl. de 14). Photolith. In-8⁰ obl., av. marges. (B).

3438 **Waldeck.** — „Château de Waldeck. Entre Niederbronn & Bitsch".
J. Rothmüller del. Lith. de Hahn & Vix, à Colmar. (Pl. de 16).
In-8⁰, sur Chine, à gr. marges. Pet. taches de rousseur. (B).

3439 — „Ruines de Waldeck et le Lac de Hanau". Zincogr., teinte verte
Gr. in-8⁰ obl., à pet. marges. (B).

3440 **Wangenbourg.** — **Carte.** „Wangenbourg et ses environs. Wangenburg
und Umgebung". Lith. Ed. Hubert, Strasbourg. Echelle 1:30000.
Gr. in-fol., à pet. marges. (A).

3441 — **Château.** „Vue intérieure du Château de Wangenbourg". Bichebois del. Lith. de Engelmann. (Pl. de 8). In-fol., sur Chine, à gr.
marges. (B).

3442 **Wasenbourg.** — „Intérieur du Château de Wasenbourg". Thon d'après
le croquis de Mr Bichebois. Lith. de Engelmann (Pl. de 8). In-
fol. obl., à gr. marges. (B).

3443 **Wasenstein.** — „Château de Wasenstein, près Niederbronn". J. Rothmüller del. Lith. de Hahn & Vix, Colmar. (Pl. de 16). In-12
obl., av. marges. Pet. taches de rousseur. (B).

3444 — „Vue du Château de Wasenstein". Villeneuve d'après le croquis
de Mr Bichebois. Lith: de Engelmann. (Pl. de 8). In-fol. obl.,
à gr. marges. (B).

3445 — — Même vue, épreuve sur Chine. (Pl. de 8). In-fol. obl., à gr.
marges. (B).

3446 **Wasserbourg.** — „Château et Village de Wasserbourg, près Colmar".
J. Rothmüller del. Lith. de Hahn & Vix, Colmar. (Pl. de 16). In-
12 obl., sur Chine, à gr. marges. Tache d'eau. (B).

3447 **Westhoffen.** — „Die Rosenburg in Westhofen. (16ᵗᵉ Jahrhundert)".
Reconstr. von Naeher. Fec: Naeher. Vue, plan et armoiries.
Lithogr. In-8⁰ obl., av. marges. (B).

3448 — — Même vue. Fec: Naeher. (Pl. de 14). Photolith. In-8⁰ obl., av.
marges. (B).

3449 **Wildenstein. — Château.** „Vue du Château de Wildenstein". Biche-bois d'après le croquis de Mr Chapuy. Lith. de Engelmann. (Pl. de 8). In-fol., sur Chine, à gr. marges. (B).

3450 — — „Château de Wildenstein". J. Rothmüller del. Lith. de Hahn et Vix à Colmar. (Pl. de 16). In-8⁰ obl., sur Chine, à gr. marges. (B).

3451 — — „Vue du Château de Wildenstein dans la Vallée de St Amarin". Lith. par Sandmann. Lith. de Simon fils. (Pl. de 1). Gr. in-8⁰ obl., av. marges. (B).

3452 — **Cascade.** „Cascade de Wildenstein". Rauch d'après Guibal del. Al. Lepetit sc. Grav. sur acier. In-24, à gr. marges. (C).

3453 **Windstein. —** „Vue du Château de Altwinstein". Bichebois del. Lith. de Engelmann. (Pl. de 8). In-fol. obl., av. marges. (B).

3454 — „Intérieur du Nouveau Windstein". Lith. par Sandmann. Lith. de Simon fils. (Pl. de 1). Pet. in-fol. obl., à pet. marges. (B).

3455 **Wissembourg. — Vue à vol d'oiseau.** „Wissenbvrgvm. Weissenburg". (Extr. de 4). Gr. in-8⁰ obl., color., sans marges. (B).

3456 — — „Weyssenburg mit umbligender landschafft | auff das aller fleissigest nach aller gelegenheit contrafehtet". Av. armoiries. (Pl. de 13). In-fol. obl., à pet. marges. (B).

3457 — Vue manuscrite à la plume, coloriée, d'après Seb. Münster. In-fol. obl., sans marges. (A).

3458 — **Vue d'ensemble.** „Weissenburg im Elsass". Gez. v. L. Rohbock. Stahlst. v. Joh. Poppel. Druck & Verlag v. G. G. Lange in Darmstadt. In-8' obl., av. marges. Tache d'eau. (B).

3459 — **Intérieur.** „L'Abbaye de Wissembourg". J. Rothmüller del. Lith. de Hahn & Vix, à Colmar. (Pl. de 16). In-8⁰, sur Chine, av. marges. Gr. tache d'eau. (B).

3460 **Zellenberg. —** „Zellenberg, en 1784, près Colmar". J. Rothmüller del. Lith. de Hahn & Vix, à Colmar. (Pl. de 16). In-8⁰, sur Chine, av. marges. Taches de rousseur. (B).

3461 — „Zellenberg". F. W(alter). (Pl. de 19). En bistre. Pet. in-fol. obl., à gr. marges. (B).

Ouvrages à vues et Collections de vues.

3462 **Affiches de Strasbourg.** 60 vues diverses d'Alsace, gr. in-8⁰ obl. réunies dans un lot.

3463 **Asselineau.** Souvenirs de Strasbourg. 25 vues in-18 obl. Lith. Becquet à Paris. E. Sinnett, éditeur. Chaque vue sous passe-partout. Le tout relié dans un album in-8⁰ obl., toile brune, tranches rouges.

3464 **Bellel, J. J.** Les Vosges. Vingt dessins d'après nature, lithographiés par J. Laurens. Texte descriptif par Théophile Gautier. Paris 1860, gr. in-fol., demi-rel. chagr. rouge, av. coins, tête dorée, tranches ébarbées.

3465 **Bernhoeft, Ch.** Strasbourg, Metz et les Vosges. 150 vues phototypiques reproduites d'après nature, av. le concours du Club vosgien. Commentaire du Dr Jean Luthmer. Texte franç. et allem. Strasbourg 1894, pet. in-fol. obl., rel. toile orig., tranches rouges. (Exempl. fatigué).

3466 **Cantener, L. P.** Vues pittoresques des Vosges, dessinées d'après nature par M. le Professeur Collignon; publiées par L. P. Cantener, avocat. Paris 1837, in-4⁰, 46 p. Av. 24 planches: Collignon

Pinxit, Emile Blanchard del. Rel. toile. tranches rouges·
(Petites taches de rousseurs).

3467 **Chapuy.** Album de Wesserling. Vues dessinées d'après nature par
Chapuy et lithographiées par Bichebois, Eug. Cicéri,
Cuvillier et Derov. Lith. de Thierry frères, Paris. Titre et 13
planches in-fol. obl. lith., fonds teintés, plus le „Panorama de la
Vallée de St. Amarin" en double in-fol. obl. S. l. ni d.. rel. toile,
tranches rouges.

3468 **Cuvier, L.** Promenades dans les Vosges. 15 planches lithogr., sur
papier fort gris-bleuté. Montbéliard, s. d. (1886), gr. in-fol., dans
le carton orig.

3469 **Golbéry, de, et J. G. Schweighaeuser.** Antiquités de l'Alsace ou
Chateaux, Eglises et autres Monumens des Départemens du Haut
et du Bas-Rhin:
   1re Section: Haut-Rhin. Mulhouse 1828, gr. in-fol., XI - 128 p. et
   40 planches, dont il manque les Nos 6, 7. 22, 30 et 35. Les planches
   8, 14, 19, 25, 36 et 37, sur Chine, ont été ajoutées plus tard et
   sont plus courtes en marges. — A la fin du volume: **Monumens romains.** 24 pages avec 8 planches. 1 vol., demi-rel. chagr.
   noir, plats toile, non rogné. (Taches de rousseur).

3470 — **2e Section: Bas-Rhin.** Mulhouse 1828, gr. in-fol.. 182 p. et 40
planches. Demi-rel. chagr. noir, plats toile, non rogné. (Taches de
rousseur).

3471 **Hollar, Wenzel.** Les quatre Saisons. 4 vues de Strasbourg et environs.
Zu Strasburg bey Jac. von der Heyden. Reprod. en photolithogr.
par E. Stribeck. In-8⁰ étroit obl.. sur pap. de Hollande, à toutes
marges. Sous couverture.

3472 **Laurent-Atthalin.** Album von Ansichten aus dem Ober-Elsass. Aquarelle aus den Jahren 1848—1853. Herausgegeben vom Kais. Denkmal-Archiv zu Strassburg i. E. Strassb. 1905. Heliodruck von Jul.
Manias & Cie. 34 planches in-fol. obl.. rel. orig. toile grise. (Tiré
à 150 expl.)

3473 — Album von Ottrott und Umgebung. Bleistiftskizzen aus dem Jahre
1836. Herausgeg. v. Kais. Denkmal-Archiv zu Strassburg i. E.
Strassb. 1904. Lichtdruck von Jul. Manias & Co. 48 planches in-
fol. obl., rel. orig., dos et coins en cuir, plats toile. (Tiré à 60 expl)

3474 **Naeher, J.** Baudenkmäler der Freiherren von Müllenheim im Elsass.
32 Tafeln in Lichtdruck. Strassb. 1905. pet. in-fol. obl., rel. orig.
toile grise, tr. rouges.

3475 **Perrin, L. A.** Souvenirs de Strasbourg et de ses Monumens. Publié
chez E. Simon fils, Imp. Lith. à Strasbourg. 13 planches gr. in-8⁰
obl., cart. orig.

3476 **Pfeffinger, Dr. Johann.** Hohenburg oder der Odilien-Berg sammt seinen
Umgebungen in topogr. u. gesch. Hinsicht geschildert. Strassb.
1812. in-8⁰, VII—104 p., broché. Mit 15 Plänen u. Abbildungen.

3477 **Reinhard, Aimé.** Le Mont Sainte-Odile et ses environs. Notices histor.
et descriptives. Avec les planches dessinées par Silbermann.
gravées par Weiss et publiées pour la première fois en 1781.
Strasb. 1888, in-4⁰ obl., 131 p.. cart. orig.

3478 **Rothmüller, J.** Musée pittoresque et histor. de l'Alsace: Haut-Rhin.
Texte par MM. Levrault, de Morville et X. Mossmann.
Colmar 1863. 1 vol. in-4⁰, demi-rel. chagr. rouge. av. coins. tête
dorée, tranches ébarbées. Av. 72 planches.

3479 **Rothmüller, J.** Vues pittoresques des Châteaux, Monumens et Sites remarquables de l'Alsace, dessinées d'après nature et lithogr. Colmar 1839, pet. in-4⁰. 112 planches numérotées de I à CXII dans une boite formant volume. demi-rel. chagr. noir. Sans texte.

3480 **S(eyboth), Ad.** Souvenirs du Vieux Strasbourg. Cinquante planches avec texte descriptif. Strasb. (1891). in-fol., dans un carton avec les armes de Strasbourg en noir, rouge et or.

3481 **Touchemolin, A.** Quelques Souvenirs du Vieux Strasbourg. Strasb. 1903. gr. in-4⁰, 15 pages de texte descriptif et XXI planches, br.

3482 **Vallée de Munster,** Alsace. — Das Münsterthal im Elsass. Phototypies von F. X. Sailé, Colmar. 22 planches in-fol. obl., cart. orig. av. les armes de la ville de Munster et une petite vue de la vallée. (Epuisé).

3483 **Vues du Ban de la Roche** et des environs. 18 vues lith. par Th. Müller et publ. par Th. Strickker, Pasteur au Hohwald. Strasb., s. d. Lith. de Simon fils. 1 vol. demi-rel. chagr. rouge.

3484 — Même ouvrage, simple cartonnage.

3485 **Walter, F.** Vues pittoresques de l'Alsace, dessinées, gravées et terminées en bistre. Accompagnées d'un texte historique par M. l'abbé Grandidier. Strasbourg 1785. gr. in-4⁰. Portrait, 12 planches av. texte descriptif, plus 5 planches sans texte. Bel. expl. en simple cartonnage.

3486 — Même ouvrage, moins complet. 10 planches col. av. texte descriptif. Demi-rel. chagr. rouge.

3487 **Winkler, C.** Hohkönigsburg im Elsass, jetzt Kaiserliches Gut. Archi-tektonische Aufnahmen. Colmar 1899. Kunstanstalt v. F. X. Sailé. Texte gr. in-8⁰ de 14 pages, br., plus 10 planches lith., gr. et pet. in-fol., sous couverture, av. titre imprimé.

3488 **Zix, Benj.** Mahlerische Ansichten des ehemaligen Elsasses in radierten Kupfern. Mit einem beschreibenden u. histor. Text begleitet. Heft 1 (seul paru). Strassburg 1805. bey Joh. Heinr. Silbermann. Texte de 22 pages et 4 eaux-fortes. („Vue de Strasbourg". — „Ruines de Girbaden". — „Chûte d'eau de Nideck". — „Chûte d'eau de Soulzbach"). Gr. in-8⁰ obl. à gr. marges. cart., couv. orig. conservée. (Très rare).

D. Estampes historiques.

1. Evénements divers.

Dates.

3489 **vers 800.** — „Das Kreuz von Niedermünster. — La croix de Nieder-munster". C. Spindler 1894. (Pl. des „Images alsaciennes"). Photo-lithogr. In-fol. obl., av. marges. (A).

3490 **1262.** — „Die Strassburger kehren von der Schlacht bei Hausbergen zurück. (8. März 1262)". Lith. de Vᵉ Levrault à Strasbourg. In-8⁰ obl., rogné. (C).

3491 **1284.** — „Broglie-Platz N⁰ 4 zu Strassburg. Ehem: Haus des Burcart von Müllenheim. Bei ihm wohnten 1284 Kaiser Rudolf von Habs-burg und 1300 dessen Sohn, König Albrecht, mit Gefolge". (La

Dates.

planche représente l'entrée à Strasbourg de l'un des deux, et sa réception par les dignités de la ville, devant la susdite maison). Fec: Naeber. Lithogr. In-8⁰ obl., av. marges. (B).

3492 **1308.** — „Combat de la Haute-Montée en 1308". E. Schweitzer. Impr. Alsacienne Strasbourg. (Pl. de „Seyboth, Strasb. hist. et pitt.") Chromolithogr., in-fol. obl., av. marges. (B).

3493 **15ᵉ siècle.** — „Supplice infligé aux Falsificateurs de vin et de comestibles près de la Grande-Boucherie (XVᵉ siècle)". E. Schweitzer. Imp. Alsacienne Strasbourg. (Pl. du même ouvrage). Chromolithogr., in-fol. obl., av. marges. (B).

3494 **16ᵉ siècle.** — „Un Schwörtag à Strasbourg". Lith. de E. Lemaitre. (Pl. du „Supplt. à l'Alsace anc. et mod. par Jacques Baquol). In-8⁰ obl., à pet. marges. (B).

3495 **1525.** — „Massacre des Paysans devant Saverne en 1525". Tableau d'Eug. Beyer. Dessin d'Eug. Glück. (Pl. des „Curiosités d' Alsace"). Grav. sur bois, in-8⁰ obl., à pet. marges. (B).

3496 **1552.** — „L'Empereur Charles-Quint à Strasbourg (19 septembre 1552)". E. Schweitzer 1891. Imp. Alsacienne Strasbourg. (Pl. de „Seyboth, Strasb. hist. et pitt.") Chromolithogr., in-fol. obl., av. marges. (B).

3497 **1576.** — „Tobias Stimmers Strassburger Freischiessen v. J. 1576". Nach d. Original-Holzschnitt d. kais. Univers.- u. Landesbibl. zu Strassb. in Lichtdruck-Facsimile mit erklärendem Text herausg. von Dr. Aug. Schricker. Lichtdruck v. J. Krämer in Kehl. Strassburg 1880. 1 vol. de texte in-4⁰ de 20 p., br., et 1 grande planche renfermée dans un carton in-fol.

3498 **1608.** — „Combat nocturne sur la Place des Cordeliers (Place Kléber) en 1608". E. Schweitzer. Imp. Alsacienne Strasbourg. (Pl. de „Seyboth, Strasbourg hist. & pitt.") Chromolithogr., in-fol. obl., av. marges. (B).

3499 **1616.** — „Eigentliche Verzeichnus des Burgerlichen Schiesen mit 12 Groben stucken zu Strasburg vor dem Metziger thor gehalten vnd angefangen den 13 May dieses 1616. Jar." Reproduction photolith., in-fol. obl., à gr. marges. (A).

3500 — Même vue, reproduction photogr. de l'original. In-16 obl., non monté. (C).

3501 — „Strassburger Gschütz, Nürnberger Witz, Augsburger Geld, Regiern die Welt". (Complète la planche précédente). Reprod. photolith., in-fol. obl., à gr. marges. (A).

3502 **1632** — „Eigentlicher Abriss der Situation vnd Demolierung der zwo Schantzen am Rhein, welche zwischen Hagenaw vnd Lichtenaw von dem Obristen Ossa, Anno 1630 gebawet, jetzo aber dem Vatterland vnd Freyheit zum besten 1632 im Jenner wider abgebrandt vnd geschleift worden". Av. 24 vers allem. Grav. sur cuivre, in-8⁰, av. marges. (B).

3503 — „Siège de Benfeld. 1632". Dessin de A. Touchemolin, d'après une grav. de l'époque. Lithogr., in-18 étroit obl., sans marges. (C).

3504 **1633.** — „Abbildung der Lottringischen niderlag bey Pfaffenhofen ... den 31 Julij Anno 1633". Grav. de l'époque, pet. in-fol. obl., sans marges. (B).

3505 — „Warhaffte verzeichnuss des Treffens so zwischen den Schwedischen vnd Lotharingischen Armeen den 31 Julli Anno 1633 bei Pfaffenhouen geschechen vnd die Schwedischen das feld erhalten". M. Merian fecit. In-fol., obl. av. marges. (A).

Dates.

3506 **1634.** — „Eigentliche Vorbildung der Feldschlacht so im obern Elsass den 2. Martij 1634 vorgangen . . .“ (Vue panoramique de la bataille de Wattwiller). Grav. sur cuivre. In-fol. obl., av. marges. (A).

3507 **1674.** — „Prospect des zwischen Enssheimb und Holtzheimb unweit Strassburg zwischen den Allirten u. Frantzosen, den 24. Septemb. 1674 ergangenen blutigen treffens . . .“ Grav. sur cuivre. In-fol. obl., av. marges. (A).

3508 **1675.** — „Abbildung dess Treffens zwischen den Kayserl: vnd Frantzössischen Armeen den 24. Julij: bis den 4. Augustij: 1675 bey Strasburg“. Dans le bas à gauche, pet. plan du combat de Sasbach. Grav. sur cuivre, in-fol. obl., à pet. marges. (A).

3509 — Sans légende. Plan cavalier des mêmes combats. de „Goldtscheur“ à „Sassbach“. Dans le fond, vue de „Straszburg“. Grav. de l'époque. In-18 étroit double obl., sans marges. (B).

3510 **1681.** — „Vbergab der Vestung Strasburg“. Grav. de l'époque, gr. in-8⁰ obl., sans marges. Pet. déchirures recollées. (B).

3511 — „Réception de Louis XIV par le magistrat de Strasbourg. 23 Octobre 1681“. (Supplt. à „l'Alsace anc et mod. par Jacques Baquol“). Lith. E. Lemaitre. Fond teinté. In-8⁰ obl., sans marges. Grandes taches d'eau. (B).

3512 **1686.** — „Altare magnum Ecclesiae Cathed: Argentinensis. Guill: Egonis Episcopi et Principis Fürstenbergii Pietate et Munificentia Extructum Anno 1686“. J. A. Seupel fec. Fridericus Wilhelmus Schmuck Typographus. Gr. in-fol., sans marges, déchirures dans le haut de la planche. (A).

3513 **1703.** — „Plan de la Ville et Chasteau de Stolhoffen au Marquisat de Bade en Allemagne“. Grav. anc. sur cuivre, in-12 obl., à gr. marges. (B).

3514 — „De Linien by Stolhofen. tusschen Straatsburg en het Fort Louis, in den Elsas; door de Franssen aangetast den 23. Apr. 1703“. Lég. holland. et lat. Pet: Schenk exc: Amst: C: P: Pet. in-4⁰ obl., sans marges. (B).

3515 — „Wahrhaffte und Eigentliche Abbildung der Linien bey Stollhofen und Ober-Biehl, welche . . . auf Anordnung . . . Louis von Baden seyn gezogen und aufgeworffen worden“. Jos. Frid. Leopold excudit. Longue description allem. In-fol. obl., sans marges, remonté. (B).

3516 **1725.** — „Ritus sponsaliorum, Duce Aureliae, nomine Regis Ludovici XV. cum Principe Maria, filia Stanislai, Argentorati, praesentibus parentibus ejus Principibus: 15 Aug: 1725“. Pet: Schenk Exc: Amst: cum Priv: Lég. holland. et latine. Gr. in-8⁰ obl., à pet. marges. Pièce très rare. (B).

3517 **1733.** — „Attaques du Fort de Keel en 1733“. Grav. sur cuivre de l'époque, in-fol. obl., av. marges. (B).

3518 **1744.** — „Représentation de l'Arrivée et de la Descente du Roi Louis XV devant le principal portail de l'Eglise Cathédrale de Strasbourg; le 5 Octobre 1744“. Inventé, dessiné et dirigé par J. M. Weis Graveur de la Ville de Strasbourg. Gravé par J. P. Le Bas Graveur du Cabinet du Roi. Av. les armes de la ville. Très gr. in-fol. obl., à pet. marges. (A).

3519 — Même planche, épreuve avant la lettre, à pet. marges. (A).

Dates.

3520 1744. - „Fêtes données, à l'Hôtel de Ville de Strasbourg, le 5 Octobre 1744 en l'honneur du roi Louis XV". Lég. franç. et allem. Reprod. mod. en zinc d'une grav. de l'époque. Gr. in-8⁰ obl., av. marges. (B).

3521 1749. — „Représentation du feu d'Artifice tiré sur la Riviére d'Ill devant le Gouvernement le 23 Febr: 1749 . . . à l'occasion de la publication de la paix. Gravé par Dannegger. Gr. in-8⁰, sans marges. Le coin gauche du haut est enlevé. Pièce très rare. (B).

3522 — „Représentation des Edifice et Décorations élevés, et du feu d'artifice exécuté le 23 Février 1749 . . . sur la Riviére d'Ill, . . . à l'Occasion de la publication de la paix". Inventé et dessiné par Weis Graveur de la Ville de Strasbourg et Gravé par l'Auteur. Av. les. armes de la ville. Très gr. in-fol. obl., à courtes marges. (A).

3523 1749. — Même planche, reprod. moderne en photolith., à gr. marges In-fol. obl. (A).

3524 — „Feu d'Artifice tiré sur l'Ill, près du quai Saint-Nicolas, le 23 Février 1749". Lég. franç. et all. Reprod. mod. (Pl. des „Affiches de Strasbourg"). Pet. in-fol. obl., av. marges. (B).

3525 1786. — „Le Prince Maximilien et les moustaches de ses grenadiers". (De la collection des „Faits hist. de l'Alsace"). Texte franç. et allem. Lith. A. Dusch, Strasb. In-fol. obl., à gr. marges. (A).

3526 1789. — Pillage de l'Hôtel-de-Ville à Strasbourg, le 22 juillet 1789. Devere sculpsit. Lég. franç. et allem. Gr. in-fol. obl., à gr. marges. (A).

3527 — „Pillage de la Maison de Ville de Strasbourg, en 1789". Lith. par Sandmann. Lith. de Simon fils. (Pl. de „l'Album alsacien"). Pet. in-fol. obl., av. marges. (B).

3528 — „Pillage de l'Hôtel-de-Ville de Strasbourg, le 21 juillet 1789 (actuellement Hôtel-du-Commerce)". Lég. franç. et allem. Reprod. mod. d'une grav. de l'époque: Jean Hans inv. et del. Weis sculp. (Pl. des „Affiches de Strasbourg"). In-4⁰ obl., av. marges. (B).

3529 1793. — „Bombardement de Kehl par les Français, le 12 septembre 1793". Lég. franç. et allem. Reprod. mod. d'une grav. de l'époque. (Pl. des „Affiches de Strasbourg"). Tr. gr. in-8⁰ obl., à pet. marges. (B).

3530 1796. — „Passage du Rhin à Kehl, 24 Juin 1796". Peint par Charlet, dessiné par Girardet, gravé par Huot. Diagraphe et Pantographe Gavard. (Pl. de la „Galᵉʳⁱ histᵠᵘᵉ de Versailles"). Gr. in-fol. obl., av. marges. (A).

3531 1800. — „Bataille d'Héliopolis, gagnée par le Général Klebert, 20 Mars 1800". Dessiné par Gudin. Terminé par Bovinet. Gravé à l'Eau forte par Couché fils. In-18 obl., à gr. marges. (B).

3532 — „Incendie du Théâtre de Strasbourg. Le 30 Mai 1800". Lith. par Sandmann. Lith. de Simon fils. (Pl. de „l'Album alsacien"). Gr. in-8⁰ obl., av. marges. (B).

3533 — „Incendie du Théâtre de Strasbourg le 30 Mai 1800". Lég. franç. et allem. Reprod. mod. d'une planche de l'époque. (Pl. des „Affiches de Strasbourg"). Pet. in-fol. obl., av. marges. (B).

3534 — „Vue du Marché aux guenilles, vers l'année 1800. Ansicht des Gimpelmarktes, Anno 1800". Repr. mod. d'une grav. de l'époque. (Pl. des „Affiches de Strasbourg"). Pet. in-fol. obl., av. marges. (B).

Dates.

3535 **1805.** — „Napoléon Ier et les Ecoliers de Strasbourg". Description
franç. et allem. Druck v. G. Fischbach. (Pl. 60 des „Strosburjer
Bilder"). In-fol., à pet. marges. (A).

3536 — Même planche, agrandie. Texte franç. et allem. Lith. A. Dusch,
Strasbg. (De la collection des „Faits hist. de l'Alsace"). In-fol.
obl., à gr. marges. (A).

3537 **1815.** — „Plan von dem Treffen bei Strasburg am 28ten Iuny 1815. —
Plan du Combat prés de Strasburg livré le 28e Iuin 1815 . . ."
Lég. all. et franç. H a a s e sc. Weimar. Im Verlag des Geograph:
Instituts. In-fol. obl., à pet. marges. (A).

3538 **1828.** — „Réception de S. M. Charles X à Mulhouse . . . Planche
imprimée sous les yeux de Sa Majesté . . . sur la nouvelle presse
en fer de Mrs Engelmann & Cie, le 11 Septembre 1828". J. R o t h -
m ü l l e r d'après le croquis de M^r C h a p u y. Les figures par J. de
R. K o e c h l i n. Gr. in-fol. obl., av. marges. (A).

3539 **1833.** — „Sieg der Basellandschaft über die Stadt Basler am 3ten
August 1833". Ausgeführt nach Umrissen des Hrⁿ M. D i s t e l y
von C. B e l l i g e r. Lith., gr. in-fol. obl., à pet. marges. (A).

3540 **1840.** — „Cortége industriel de Strasbourg. 25 Juin 1840. Tailleurs.
Lith. de E. Simon fils à Strasbg. (Pl. du grand album „Fêtes de
Gutemberg"). In-fol. obl., en noir, av. marges.
— voir aussi N° 1999.

3541 **1869.** — „Une parade d'exécution à Strasbourg en 1869. — Eine
Degradirungsparade in Strassburg im Jahr 1869". Lég. allem et
franç. Druck v. G. Fischbach. (Pl. 56 des „Strosburjer Bilder").
In-fol., à courtes marges. (A).

3542 — „Die Elsässer Rekruten in Strassburg (Kleberplatz im Jahre 1869.
— Les Conscrits alsaciens à Strasbourg (place Kléber) en 1869".
— „Die Elsässer Rekruten in Berlin (Unter den Linden) im Jahr
1872. — Les Conscrits alsaciens à Berlin (Boulevard des Tilleuls)
en 1872". Verl. v. A. Schneider; Lith. & Impr. de Ch. Helbig à
Schlestadt. (N° 1 des „Elsässer Bilderbogen"). 2 vues pet. in-fol.
obl. sur 1 feuille gr. in-fol., av. marges. (A).

3543 **1870.** — „Garibaldi et ses volontaires combattant les Prussiens".
Imp. lith. Pinot & Sagaire, à Epinal. In-fol. obl., colorié, av. marges. (B).

3544 — **Belfort.** — Défense héroique de Belfort". Fabrique de Pellerin
& C^{io} à Epinal. In-fol. obl., colorié, av. marges. (B).

3545 — **Paris.** — „Siége & Bombardement de Paris par les Prussiens".
(„Imagerie d'Epinal"). Pellerin & C^{io}. In-fol. obl, colorié, av.
marges. (B).

3546 — **Strasbourg.** — „Siége et Bombardement de Strasbourg". („Imagerie
d'Epinal"). Pellerin & C^{io}. In-fol. obl., color., av. marges. (B).

3547 — — „Bibliothèque". Lith. A. Münch. (Pl. de „Fischbach, Album du
Bombardement de Strasbourg"). In-fol., color., av. marges. (B).

3548 — — „Le Bon Pasteur". Lith. A. Münch. (Pl. du même ouvr.) In-fol.
obl., color., av. marges. (B).

3549 — — „L'Incendie de la Cathédrale". Lith. A. Münch. (Pl. du même
ouvr.) In-fol., color., av. marges. (A).

3550 — — „L'Eglise de la Citadelle". Lith. A. Münch. (Pl. du même ouvr.)
In-fol. obl., color., av. marges. (B).

Dates.

3551 **1870. — Strasbourg.** — „Faubourg National. (Premier Incendie)“. D'après un Croquis de Schweitzer. Lith. **A. Münch.** (Pl. du même ouvr.) In-fol. obl., color., av. marges. (B).

3552 — — „Arrivée des délégués suisses à Strasbourg le 11 Septembre 1870“. D'après un tableau de Th. Schuler. Lég. franç. et allem. (Pl. des „Affiches de Strasbourg“). Tr. gr. in-8⁰, av. marges. (B).

3553 — — „Strasbourg le 28 Septembre 1870“. Planche allég. C. Em. Matthis, pinx. del. Strasbourg 1870. Lith. Ed. Huberer et E. Haberer. Fond teinté. Tr. gr. in-fol., à pet. marges. (O).

3554 — **2 août.** — „Prise de Saarbruck“. Pellerin & Cie. („Imagerie d'Epinal“). In-fol. obl., color., av. marges. (B).

3555 — **4 août.** — „Bataille de Wissembourg“. Pellerin & Cie. („Imagerie d'Epinal“). In-fol. obl., color., av. marges. (B).

3556 — **6 août.** — „Bataille de Reischoffen. Charge des 1er, 2me, 3me, 4me, 8me & 9me Cuirassiers“. Fabrique de Pellerin et Cie, Epinal. In-fol. obl., color., av. marges. (B).

3557 — — „Les Blessés et Débandés de Froeschwiller entrant à Strasbourg le soir du 6 août 1870“. E. Schweitzer. Imp. Alsac. anc^t G. Fischbach. (Pl. de „Seyboth, Strasb. hist. & pitt.“) Chromolith., in-fol. obl., av. marges. (B).

3558 — — „Monument de Froeschwiller. L'Alsace aux Soldats français morts le 6 août 1870“. Cb. Winter, Phot. Strasbourg. Photogr. gr. in-8⁰ obl., montée sur carton blanc in-fol. (A).

3559 — **16 août.** — „Bataille de Gravelotte. Episode: Les Charges de Cavalerie“. Pellerin & Cie („Imagerie d'Epinal“). In-fol. obl., color., av. marges. (B).

3560 — **18 octobre.** — „Défense de Châteaudun. 18 octobre 1870“. Pellerin & Cie („Imagerie d'Epinal“). In-fol. obl., color., av. marges. (B).

3561 — **9 novembre.** — „Bataille de Coulmiers, Prise d'Orléans. 9 novembre 1870“. Pellerin & Cie („Imagerie d'Epinal“). In-fol. obl., color., av. marges. (B).

3562 **1871.** — **3 janvier.** — „Bataille de Bapaume“. Fabrique de Pellerin et Cie, Epinal. In-fol. obl., color., av. marges. (B).

3563 — **15 janvier.** — „Bataille de Villersexel“. Pellerin & Cie („Imagerie d'Epinal“). In-fol. obl., color., av. marges. (B).

3564 — **19 janvier.** — „Buzenval“. Pellerin & Cie („Imagerie d'Epinal“). Av. poésie d'Edouard Bazin. In-4⁰, color., sur feuille in-fol. obl., av. marges. (B).

3565 — **23 janvier.** — „Bataille de Dijon. — Riciotti Garibaldi. 23 janvier 1871“. Pellerin & Cie („Imagerie d'Epinal“). In-fol. obl., color., av. marges. (B).

3566 **1872.** — „Association générale d'Alsace-Lorraine. Arbre de Noël de 1872. Dédié à Madame Charles Kestner, Présidente du Comité des Dames“. Grav. in-fol. de F. Lix, extraite du „Monde illustré“: tout autour, longue poésie d'Edouard Siebecker. Grande feuille double in-fol., av. marges. (O).

2 Estampes satiriques.

3567 **„Die Eroberer Strassburgs“.** Scène dans une cuisine: Les conquérants dévorent tout ce qu'ils trouvent. L'un d'eux se tient près du mur, un jambon en main, et rend ce qu'il a déjà mangé. Un chien s'y précipite pour ne rien laisser perdre. A gauche, la dame et le chef de la maison sont en train de faire la cuisine. Dans un creux du grand fourneau, un chat immense. Grav. sur cuivre du 17e siècle. In-fol. obl., à toutes marges. (B).

3568 **„Ehre sey Gott in der Höh'** dem Vetter Zix in Paris, und dem Vetter Schäffer ein wohlgefallen". Photogr. inaltérable d'un dessin de Benj. Zix. In-8⁰ obl., à pet. marges. (B).

3569 **„Frankreich. -- Deutschland.**" Une société française sur la rive gauche du Rhin, avec un coq, s'adressent à leurs voisins de la rive droite qui chantent et crient sans fin: „Sie sollen ihn nicht haben, den freien deutschen Rhein" -- l'aigle allemand est en train de traverser le Rhin -- et leur confirment: „Wir wollen ihn gar nicht haben, den alten deutschen Rhein". Au dessous de la gravure même, petite poésie en 4 vers pour chacune des 2 nations. Lith., in-fol. obl., à toutes marges. (A).

3570 **„Les Radetz Ki,** . . . Les Windischgraetz, . . . Les Jellachich . . . Ces Manufacturiers . . . de cadavres, . . . Brevetés d'invention? . . . Lith. de l'année 1848.(Séance ayant eu lieu à Mulhouse. Les noms des assistants sont inscrits au crayon). Pet. in-fol. obl., à pet. marges. (B).

3571 **„Der Liebesbrief"** (nach Defregger): „Sieh nur. Base Lorraine, wie reizend mein Guillaume schreibt; — aber wenn das Vetter Chauvin erfährt, der wir.' spucken!" (Gravure coloriée, tirée des „Lustig. Blätter" et publiée le 18 juin 1902, à l'occasion de l'abolition de la dictature en Alsace-Lorraine. Pet. in-fol. av. marges. (B).

E. Helje. Planches comiques.

3572 **Planche-charge: MM. Blum-Auscher et North,** dans leur bureau, s'entretiennent de la proscription des compagnies françaises en Alsace de la façon suivante: „Le seul moyen de laisser l'argent dans le pays, c'est de le faire entrer dans nos caisses avec l'Assurance qui nous distingue". 2e édit., in-4⁰ Av. lettre autographe de M. Emile Pupier donnant l'explication exacte de la susdite charge. (B).

3573 **„Adje Kallaim!"** Gedruckt zuem Beste vum neue Klasse - Gebäu. Composé & lithographié par Th. Siegfried. Av. longue poésie en dialecte de K. Bernhard, 30. Juni 1860. In-fol., sans marges. (B).

3574 **„Char du Charlatan".** Cavalcade de 1867 à Colmar. Vendu au profit des pauvres. E. B. Aut. de F. A. Weigel à Colmar. In-fol. obl., à pet. marges. (B).

3575 **„S'Demi-Monde vun Strosburri".** In-fol. Druck von G. Fischbach. Av. marges. (A).

3576 **Deux croquis à la plume** de H. Ganier, avec vers en dialecte stras-bourgeois de Jules Froelich: 1) E bissel gauche. 2) S'Krytz mit de Mägd. Deux planches pet. in-fol. obl., av. marges.

3577 **„Dr. Himeri",** Publication illustrée, en dialecte mulhousien. 1903, Nᵒˢ 9, 10 et 11. Autografie Th. Wahl, Milhüse. 3 Nᵒˢ in-8⁰ à 12 pages.

3578 **„Lächerli — un doch bedrüebt!"** Poésie de K. Bernhardt, av. illustrations de E. Schweitzer. („Nauelnéji Strosburjer Hélje", No 1). Gr. in-fol., pet. déchirures recollées. (A).

3579 **„Mittfastenblatt** des Bismarckstammtisches". No 1: 7/3 1902. Gez. Ottomar Weymann. Av. articles de C. Mündel, Ad. Horsch, et autres. In-4⁰, 11 pages, br.

3580 **Promeneurs suivant quelques oies.** Lég. all.: Sprüche Salomon: XII, 10. Jesaia IX, 12. Sirach V, 2—3. Lith. Oberthür et Emrich à à Strasbourg. In-fol. obl. (B).

3581 **„Salon amusant 1895, par Parasol".** In-fol., 3 pages.

3582 **Types de Strasbourg.** Silhouettes par P. Büttner. Nos 1 & 2 (Bohémes et types de Strasbourg. — L'ancien marché aux guenilles). 2 planches autogr., in-fol. (A).

3583 **„Zur Erinnerung an einen Ausgewiesenen. 1. Juli 1888".** Von Ottomar Weymann. Druck von Ed. Hubert, Strassburg. (Feuille publiée le jour où les pièces de 1 sou et de 2 sous ont cessé d'avoir cours en Alsace-Lorraine). In-fol., av. marges. (A).

3584 **La Chasse à courre,** ou la Lucarne perfide. Histoire chatouilleuse avec 32 illustrations. Imité de l'allemand par Stop. Imp. Ed. Hubert & E. Haberer, Strasbourg. S. d., in-8⁰, 24 p, br., avec couvert. ill.

3585 **Cri-Cri.** Journal du Club des Cris-Cris. Collection complète des 50 numéros, avec les supplts. des nos 15 et 33. 1r Janv. 1882 à 1885. Journal satirique illustré, publié tantôt en français, tantôt en dialecte strasbourgeois. In-fol., autogr., cart., non rogné. (Très rare).

3586 **Der Hans im Schrockeloch,** von E. Schweitzer. 1862. Photolith. Ed. Stribeck. Strasbourg. 9 planches in-4⁰. en demi-rel. chagr. rouge.

3587 **Le Mirliton.** Publication mensuelle, intime, locale et illustrée. Tiré à petit nombre aux frais des „Mirlitons" de Strasbourg. Imp. Lith. Th. Siegfried. Collection complète en 31 Nos parus du 15 juillet 1882 au 1r déc. 1884, et 1 No de juillet 1886, dernier numéro paru. Exempl. avec le supplt. au No du 1r Janv. 1883 et le prospectus du Bal des Mirlitons. Le tout rédigé en français ou en dialecte strasbourgeois. Cette publication presqu' introuvable. n'a pas été mise dans le commerce; par ordre de la police, elle fut interdite. 1 vol. in-fol., cart., non rogné.

3588 **Strosburjer Bilder.** Verlag von A. Schneider. Druck v. G. Fischbach. Nos 1 à 105. — **Nâûelnéji Strosburjer Hélje.** Lith. Oberthür fils et Baltzer. Nos 1 à 4. — **Tintinnabulum Club.** Revue locale, historique . . . 10 feuilles autogr.
     Les 3 collections en 1 vol. in-fol., cart., non rogné.

3589 **Strosburjer Bilder.** Verlag von A. Schneider. Druck v. G. Fischbach. Nos 1 à 97, réunis en 1 vol. in-fol., demi-rel. percal.
     (En dehors de cette collection, il me reste encore grand nombre de nos isolés. Bonne occasion pour compléter des séries incomplètes. Prière d'en faire la demande).

3590 **Strosburjer Helje,** im Herr Vetter Daniel zen'Ehre gezeicht vom e Burrjerskind. 12 planches lith., en reprod. moderne, sous couverture ill., in-4⁰.

3591 **Neui Stroossburjer Helje,** gezeicht von Christian Jacob. Un gedruckt von D. Baltzer. Strassburg 1849. Jacob fc. 4 planches lith. relatives à la Garde nationale, sous couverture, in-4⁰.

3592 **Strassburger Feder-Skizzen,** von Ottomar Weymann. Strassburg 1885. Lithogr. Druck u. Verlag v. Ed. Hubert. Charges sur Strasbourg. Sur bande de 2,50 m. de longueur, pliée in-13, av. convert. ill.

3593 **Das Elsass als Bundesstaat.** L'Alsace Etat confédéré. 15. Juli 1905. H. Zislin fec. 2 édit. Confisqué en Alsace. Lithogr. Wolf, Basel. In-4⁰. 12 p., col., br.

F. Costumes alsaciens.

3594 **Lacauchie, A.** Costumes alsaciens. A. Lacauchie del. et sculp. (Grav. tirée de la „France pittor.") In-18, col., à pet. marges. (C).

3595 **Lallemand, C.** Costumes badois et de la Forêt Noire. 16 planches coloriées. Strasb., typogr. de G. Silbermann. Pet. in-fol.

3596 **Lallemand et Hart.** Costumes alsaciens. 6 Photogr. coloriées, in-4⁰, sur cartons blancs. (N⁰ 12: Krautergersheim. — N⁰ 13: de même. — N⁰ 54: Oberséebach. — N⁰ 55: Hunspach. — N⁰ 58: Oberséebach. — 1 planche en noir, sans aucune légende).

3597 — Costumes badois. 15 Photogr., en partie color., un partie non col., in-4⁰, sur cartons blancs. (N⁰ 47: Gutach. — 61 & 63: Schutterwald. — 66: Badisch-Hanau. — 67: Oppenau. — 68: Renchthal. — 70: Petersthal. — 71: Renchthal. — 81: Simonswalderthal. — 83, 84 et 85: Koenigsfeld. — 3 planches en noir, sans aucune légende).

3598 **Laville, Eugène.** Les Ramoneurs de Strasbourg. (Pl. des „Esquisses physiolog.") Lith. E. Lemaître. In-fol., fond teinté, av. marges. (B).

3599 — Nix ze handle? Lith. d'après Eug. Laville. In-fol., avant toute lettre, av. marges. (B).

3600 **Pabst, C. A.** Un Intérieur en Alsace (1871). (Salon de 1872). Photogr. par Goupil & Cie. In-fol., monté sur carton blanc. (A).

3601 **Sandmann.** Anciens Costumes strasbourgeois. (1: Fille bourgeoise allant à la Noce. — 2: Bourgeois en deuil. — 3: Femme noble). Lith. de Simon fils. (Pl. de l' „Album alsacien"). Pet. in-fol. obl., av. marges. (B).

3602 — — (1: Ein Stettmeister. — 2: Ein Doctor. — 3: Ein Rathsbote). Lith. de Simon fils. (Pl. du même album). Pet. in-fol. obl., av. marges. (B).

3603 **Soldats Silbermann.** Armée française. (N⁰ 2: Grenadiers de l'Infanterie de ligne. — 3: Voltigeurs de l'Inf. de ligne. — 4: Voltigeurs de l'Inf. légère. — 7: Lanciers. — 14: Etat-Major d'Inf. de ligne. — 15: Musique d'Inf. de ligne. — 16: Musique d'Inf. légère. — 17: Parc d'Artillerie. — 18: Zouaves. — 20: Dragons. — 28: Chasseurs à pied de la Garde Impériale). En tout 11 planches de formats divers in-fol., impression en couleurs à l'huile. Strasbourg, Imprimerie de G. Silbermann. (Très rare).

3604 — Planche N⁰ 17: Parc d'Artillerie, en noir. Double in-fol. (O).

3605 Soldats Fischbach. Armée française. (N° 1. Infanterie. — 2: Zouaves.
— 3: Chasseurs à pied. — 4: Tirailleurs algériens. — 5: Hussards.
— 6· Chasseurs à cheval. — 7: Artillerie à cheval. — 8: Cuirassiers. — 9: Chasseurs d'Afrique. — 10: Spahis) En tout 10
planches gr. in-fol., impression en couleurs à l'huile. Chromotyp.
de G. Fischbach, succⁿ de G. Silbermann, à Strasbourg. (Collection
rare).

3606 Spindler, C. Paysan de Mietesheim. (Pl. de „Langel & Spindler, Costumes et Coutumes d'Alsace"). Imprimerie Alsacienne, Strasbourg.
In-fol., col., av. marges. (B).

3607 — Vignerons (Environs d'Obernai). (Pl. du même ouvrage). Imprimerie
Alsacienne, Strasbourg. In-fol., color., av. marges. (B).

3608 — Vendangeuse (Environs d'Obernai). (Pl. du même ouvrage). Imprimerie Alsacienne, Strasbourg. In-fol., color., av. marges. (B).

3609 **(Touchemolin, A).** Le Vieux Strasbourg. (Couverture de „Piton, Strasbourg ill.", T. I). Lith. E. Simon à Strasbourg. Pet. in-fol., à
courtes marges. (B).

3610 (—) Environs de Strasbourg. Une Paysanne. (Couverture de „Piton.
Strasbourg ill.", T. II). Lith. E. Simon à Strasbourg. In-4⁰, à
courtes marges. (B).

3611 — Costumes strasbourgeois du XIIᵉ Siècle. Etat du Choeur de la
Cathédrale au XIIᵉ Siècle. Composé et peint par Alfred
Touchemolin. Lith. par J. Bürck. Lavis - Aquarelle Lith.
E. Simon à Strasbourg. (Pl. de „Piton, Strasbg. ill.") In-fol. obl.
av. marges. (B).

3612 — — XIVᵉ Siècle. Intérieur d'un Château dans les Vosges. Composé
et peint par Alfred Touchemolin. Lith. par J. Bürck. Lavis-
Aquarelle lithogr. E. Simon, Strasbourg. (Pl. du même ouvrage).
In-fol. obl., av. marges. (B).

3613 — — XVIIᵉ Siècle. Composé par Alf. Touchemolin. Lith. par J.
Bürck. Lavis-Aquarelle lithogr. E. Simon, Strasbourg. (Pl. du
même ouvrage). In-fol. obl., av. marges. (B).

3614 — — XVIIIᵉ Siècle. Composé et peint par Alf. Touchemolin.
Lith. par J. Bürck. Lavis-Aquarelle lithogr. E. Simon, Strasbourg.
(Pl. du même ouvrage). In-fol. obl., av. marges. (B).

3615 — Costumes des vingt-quatre Comtes Chanoines de la Cathédrale de
Strasbourg. D'après un Manuscrit lat. . . . p. Alf. Touchemolin.
Lith. par J. Bürck. Lavis-Aquarelle lithogr. E. Simon, Stras-
bourg. (Pl. du même ouvrage). In-fol. obl., av. marges. (B).

3616 — Garde civique à cheval de Strasbourg. Dessiné et lith. par Alf.
Touchemolin. Lith. E. Simon à Strasbourg. (Pl. du même ou-
vrage). In-fol. obl., color., av. marges. (Quelques piqûres de vers.
(B).

3617 — Armure du XVᵐᵉ Siècle avec pédieux en pointe. Dessiné et lith.
par Touchemolin. Lith. d'E. Simon à Strasbourg. (Pl. du
même ouvrage). In-fol., color., av. marges (B).

3618 — Amure noire à bandes dorées, portant les Armes de Bavière et la
date de 1533 sur le chanfrein du cheval. Dessiné et lithogr. par
Alf. Touchemolin. Lith. E. Simon à Strasbourg. (Pl. du même
ouvrage). In-fol., color., av. marges. (B).

3619 — Intérieur de Paysans du Kochersberg (Environs de Vendenheim).
Composé et lith. parr Touchemolin. Lith. D. Baltzer à Strasbourg.
(Pl. du même ouvrage). In-fol. obl., fond teinté, av. marges. (B).

3620 **Touchemolin, A.** Environs de Kehl. (Baillage de Wolstädt). Composé et lith. p. Alf. Touchemolin. Lith. d' E. Simon à Strasbourg. (Pl. du même ouvrage). In-fol. obl., color.. av. marges. (B).

3621 — Ferme de Schmeltzler et Château de la Brigitte. Composé et lith. par Touchemolin. Lith. E. Simon à Strasbourg. (Pl. du même ouvrage). In-fol. obl., color.. av. marges. (B).

3622 — Milices bourgeoises, 17e siècle. Alf. Touchemolin. (Planche découpée de „A. Touchemolin. Strasbourg militaire"). Pet. in-4⁰. color., sans marges. (B).

3623 **Wachsmut, F.** Costumes du Haut-Rhin. (Pl. de la „France pittoresque"). In-24 obl., à toutes pet. marges. (C).

3624 **Will, Joh. Martin.** Eine Elsaser Frau. Une femme d'Alsace. Joh. Martin Will excudit Aug. Vind. In-18, av. marges. (C).

3625 — Eine Elsaser Jungfer. Un fille d'Alsace. Joh. Martin Will excudit Aug. Vind. In-18, av. marges. (C).

3626 **Chartreux de Strasbourg.** Carthusian: Argentin: Anno 1548. Peinture sur parchemin de l'époque; l'inscription en grande partie effacée. Pet. in-fol. Pièce très rare. (B).

3627 **Paysan & Paysanne du Kochersberg.** Lith. de M. F. Boehm à Strasbourg. In-24, rogné. Tache d'eau. (C).

3628 **Costumes des Mineurs de Ste. Marie-a.-M.** (Pl. coloriée, in-8⁰, extr. de la IIe année du „Jahrbuch des Vogesenclubs"). Lith. Fassoli, Strasbourg. — **2 cartes postales en couleurs:** Das Bergwerk im Leberthal. Alte und neue Trachten. (B).

3629 **Pfeiferkönig & Pfeiferbruder.** 2 planches in-8⁰, chromolith., à pet. marges, extr. d'un ouvrage sur Ribeauvillé. (B).

3630 **Gross Neijohr.** Alsacienne en costume national souhaitant la nouvelle année. Calendrier de l'Impr. alsac. à Strasbourg pour l'année 1899. Tr. gr. in-fol., sur carton. (O).

3631 **Dr Herr Mâr.** 9 planches photogr.. de la maison. Jul. Manias à Strasbourg. de quelques acteurs de cette pièce alsacienne dans leurs rôles.

3632 **Orphelins luthériens strasbourgeois.** 5 planches gravées sur cuivre, in-12, av. marges. (1. Père. 2. Mère. 3. Valet. 4. Orphelin, 5. Orphelinne). Fixées sur 1 carton. (A).

3633 **Costumes de Femmes de Strasbourg.** 2 planches gravées sur cuivre, in-12, av. marges. Lég. allem. et franç. (1. Une Fille allant à l'Eglise le Dimanche en Eté. — 2. Une Fille tenant un Enfant au Batème) (Pl. extr. du recueil: „Représentation de l'ancien habillement de Strasbourg. — Vorstellung der alten Strassburger Kleidertracht. Zu finden bey Franz Antoni Häussler"). Les deux gravures fixées sur 1 carton. (B).

3634 **Costumes de Femmes de Strasbourg.** 2 planches gravées sur cuivre, in-12, av. marges. (1. Femme Bourgoise de Strasbourg. — 2. Fille Bourgoise de Strasbourg). Les deux gravures fixées sur 1 carton. (B).

3635 **Costumes strasbourgeois.** 2 planches gravées sur cuivre, in-12, av. marges. (1. Paysanne des Environs de Strasbourg. — 2. Costume d'homme, sans légende). Les deux gravures fixées sur 1 carton. (B).

Costumes en volumes.

3636 Bellangé, Hippolyte. Die Soldaten der französischen Republik und des Kaiserreichs. Leipzig 1843, gr. in-8°, X-368 p., rel. fatiguée, taches de rousseur. Très jolie collection de 50 planches de costumes militaires, en couleurs, d'après les dessins de Bellangé. (Premier tirage publié un an avant le tirage de Dubochet. 1844). Fort rare.

3637 Berger-Levrault, Oscar. Les Costumes strasbourgeois édités au 17e siècle par Frédéric-Guillaume Schmuck, et au 18e siècle par ses fils Frédéric Schmuck et Guillaume Schmuck. Reproduits en fac-similés d'après les Recueils originaux. Paris et Nancy 1889: pet. in-4°, 21 pages de texte, 1 pl.: Armoiries de Strasbourg et 101 pl. de Costumes. Expl. No 131, sur Hollande, br., sous chemise parch.

3638 Ganier, H. Costumes des régiments et des milices recrutés dans les anciennes provinces d'Alsace et de la Sarre . . . pendant les 17e et 18e siècles. Epinal 1882, in-fol., XI—121 p., plus Notes et table. Av. 20 pl. chromolith. Rel. toile rouge orig., av. fers spéc., tranches dorées. (Pet. taches de rousseur sur les premières pages).

3639 Lallemand, Charles. Les Paysans badois. Esquisse de moeurs et de coutumes. Texte et dessins. Strasb., s. d. 1 vol. gr. in-4°, 32 p., demi-rel. veau fatiguée. Av. 16 pl. color., 1 carte et fig. dans le texte.

3640 Richard, Jules. En Campagne. (Deuxième série). Tableaux et Dessins de Meissonier, Ed. Detaille, A. de Neuville, etc. Paris, s. d., in-fol., 100 pages, en 5 livraisons.

3641 Seyboth, Ad. Costumes des Femmes de Strasbourg (XVIIe et XVIIIe siècle). 46 pl. dessinées d'après des documents de l'époque. Strasbourg 1880, pet. in-4°, 4 p. de texte et 46 pl., dans un carton. (Un des 50 exempl. non numérotés qui ont été mis en vente).

3642 — Costumes strasbourgeois. (Hommes). — (XVIe, XVIIe et XVIIIe siècles). 54 planches dessinées d'après des documents de l'époque. Strasbourg 1881, pet. in-4°, 12 p. de texte et 51 pl., dans un carton. (Un des 50 exempl. non numérotés qui ont été mis en vente).

G. Planches commémoratives.

Année.

3643 vers 1805. — „Es lebe die edle Famielie von Herren Herren Johann Jacob Rieder, evang. Pfarrer in Gertweiler; und seine werthe Gattin Margaretha Barbara Dietz, verbunden zu . . . den . . ." Dessin orig. à la plume. Gersdorf fecit. Gr. in-fol., av. marges. (A).

3644 1836–1881. — Corps des sapeurs-pompiers de Strasbourg. „Ils ont bien mérité de la ville de Strasbourg". Uniformes et quelques pet. scènes. A. Touchemolin. Photolith., in-4°, à gr. marges. (A).

3645 1858. — „Souvenir de la fête agricole de Wissembourg & des cantons de Lauterbourg, Niederbronn, . . . les 25, 26 & 27 Sept. 1858". Comp. & lith. par F. Lix. Lith. de Fr. Wentzel à Wissembourg. In-fol., fond teinté, à pet. marges. Taches de rousseur.

Année.

3646 1863. — „Souvenir du Festival de Strasbourg, le 20, 21 et 22 juin 1863“. E. Schweitzer. Lithogr. D. Baltzer, à Strasbourg. Gr. in-fol. obl., à pet. marges. (A).

3647 1864. — „D'r Pfingstmondaas-G'sellschaft von 1864 zuem fruendliche-n Andenke gewidmet“. E. Schweitzer. Lith. D. Baltzer, à Strasbourg. Tr. gr. in-fol., fond teinté, à pet. marges. (A).

3648 1870. — „Monument de Strasbourg (à Bâle). Erigé en souvenir du secours apporté en 1870 à la ville de Strasbourg par la Suisse“. Donateur M. le Baron de Gruyer. Phototypie Bossert frères, Bâle. In-fol., à gr. marges. (A).

3649 1886. — „Aux charmantes danseuses des Trois Rois. Echos de la Montagne. Valse pour piano par Auguste Reinhard. Trois-Epis 8—10 Sept. 1886“. Av. vue de l'hôtel. Imp. Ed. Hubert, Strasbourg. In-fol., 4 p., br.

H. Archéologie. Monuments funèbres.

3650 Saint-Dié. — „Ancienne peinture historique de la Collégiale de Saint-Dié“. In-fol. obl., colorié. Avec Notice de 18 pages in-8⁰ par M. Huillard-Bréholles.

3651 Schlestadt. — „Der Grabfund zu Schlettstadt“. 8 planches photolith., gr. in-8⁰. Av. texte allem. de 12 pages par MM. C. Winkler, Ant. Seder et L. D(acheux).

3652 Andrieux. — „Andrieux, 10 Mai 1833“. Monument au Père Lachaise. C. Lassalle. Lith. de Lemercier. In-4⁰, à gr. marges. (B).

3653 Croy, Prince de. — „Tombeau pour le Cardinal Prince de Croy. Archevêque de Rouen, érigé par les soins de Mgr Blanquart de Bailleul, son successeur dans la Chapelle de la Ste Vierge de la Métropole de Rouen“. J. E. Barthélemy Arch. Dioeces. Inv. 1854. L. Chaventré Aq. F. Sculp. 1855. Gr. in-8⁰, av. marges. (B).

3654 Erwin de Steinbach. — „Monument Erwin's von Steinbach“. Grav. sur acier, in-8⁰, à gr. marges. (B).

3655 Hurtault. — „Cy git Maximilien-Joseph Hurtault, Architecte du Roi ... né à Huningue le 8 juin 1755, mort à Paris le 11 mai 1824“. Hurtault Arch. Lith., gr. in-8⁰ étroit, sans marges. (B).

3656 Müllenheim. — „Heinrich von Müllenheim. Stifter von Allerheiligen. Grabstein. (Aus dem Bethaus Allerheiligen, jetzt in Grünstein)“. J. N(aeher). (Pl. de „Naeher, Baudenkmäler d. Frhrn. v. Müllenheim“). Photolith., in-8⁰, à gr. marges. (B).

3657 — Même planche, variant dans le texte. J. N(aeher). Lithogr., in-8⁰, à gr. marges. (B).

3658 Pfeffel. — „Pfeffel.-Manuel.-Alx. de Lameth“. 3 pierres tombales au Père Lachaise. Dessiné d'après nature et lith. par J. Jacottet. In-8⁰, à pet. marges. (B).

3659 Reisseissen. — „Monument du Docteur Reisseissen, érigé par ses amis, au Temple de St. Thomas“. Lith. d'après nature par

J. Oberst. **Lith.** de Simon P. et F. à Strasbourg. Tr. gr. in-fol.,
à toutes ma**ges**. (A).

3660 **Schwendi, de.** — „Tombeaux de Lazare et de Guillaume de Schwendi,
dans l'Eglise de Kientzheim". Av. 2 coupes et 1 vase. **Lith.** par
Th. Müller. Lith. E. Simon à Strasbourg. (Pl. de „Piton, Strasbourg ill.") In-fol. obl., av. marges. (B).

3661 **Turenne.** — „Monument élevé à Turenne, à Saasbach". Lith. par
Sandmann. Lith. de Simon fils. (Pl. de l' „Album alsacien"). Gr.
in-8⁰ obl., av. marges. (B).

3662 **Inconnu.** — „Dein Leben hier war Wohlthun, Gutes stiften; Beglükte
sehn, war deine höchste Lust". Aquarelle non signée. Gr. in-4⁰,
sans marges. (A).

I. Armoiries et Bannières.

3663 **Alsace.** — „Wappen des Reichslandes Elsass. her. v. Max Gritzner".
(Pl. des „Heraldisch-Decorative Musterblätter"). Tr. gr. in-4⁰.
color., av. marges. (O).

3664 **Lorraine.** — „Wappen des Reichslandes Lothringen, her. v. Max
Gritzner". (Pl. de la même collection). Tr. gr. in-4⁰, av. marges.
Déchirures recollées. (O).

3665 **Mulhouse.** — I. H. — F. D. Armoiries de famille. Grav. sur cuivre.
In-24, à toutes marges. (C).

3666 **Mutzig.** — „Allianzwappen im ehemaligen Hof der freiherrlichen
Familie v. Müllenheim-Rosenburg in Mutzig. 1546". Fec: Naeher.
Lith., gr. in 8⁰, av. marges. (B).

3667 **Strasbourg.** — „Insignia civitatis Argentoratensis". Monogr. J. H.
(Jacob ab Heyden). 1625. Grav. sur cuivre. In-18. à pet.
marges. (C).

3668 — „Wappen der Stadt Strassburg (Elsass), her. v. Max Gritzner.
(Pl. des „Heraldisch-Decorat. Musterblatter"). Tr. gr. in-4⁰, color.,
av. marges. (O).

3669 — „A solo christo victoria". Bannière de la ville de Strasbourg. Jolie
petite grav. anc. In-32. sans marges. (C).

3670 **Schoenhaupt, L.** Armorial des Communes d'Alsace. Av. 180 planches
en chromolith. donnant la reproduction de 1160 armoiries et
pierres bornes. Fort vol. in-fol., non relié, état de neuf.

3671 — Wappenbuch der Gemeinden des Elsass. Edit. allem. de l'ouvrage
précédent. Non relié, état de neuf.

K. Cartes d'Adresses. Planches d'Ouvrages.

3672 „**Tabac Scaferlaty de la Manufacture de Thiébault Hü** stel **&** C**ie** à
Ebersmünster (bas-Rhin)". (Vignette de Benj. Zix). In-8⁰, à pet.
marges. (B).

3673 Cartouche pour étiquette: **Ste. Marie a. M. 1854.** J. Stumpff sculp.
Lith. de Jardel. In-8⁰ obl. (B).

3674 Frontispice illustré de la **Revue d'Alsace. 1re année. Colmar 1850.**
Comp. et lith. par Ch. Goutzwiller à Altkirch. Imp: de Em:
Simon fils à Strasbourg. Gr. in-8⁰, à pet. marges. (B).

3675 **Trois Cartes géogr.,** av. texte latin et gravures au verso, tirées d'une
vieille édition de **Claudii Ptolemaei Geographicae,** Strasb. 1522.
Tr. gr. in-fol. obl.

L. Oeuvres d'Artistes
nés ou ayant séjourné en Alsace ou en Lorraine.

3676 **Baldung, Hans, dit Grien.** La descente de croix. Reprod. photolith.
In-fol., à gr. marges. Texte au verso. (A).

3677 **Brion, G.** Siège d'une ville romaine sous Jules César. Batterie de
balistes et de catapultes. Colmar, 1861, imp. Decker. (Pl. des
„Curiosités d'Alsace“). In-8⁰ obl., av. marges. (B).

3678 **Callot, Jacques.** Combat de Veillane près de Turin, livré le 10 juillet
1630. Av. portrait et armes d'Antoine Ruzé, marquis d'Effiat.
(Pièce anonyme). Gr. in-fol. obl., sans marges. (A). (Meaume 509).

3679 **Dock, Eug.** Invitation de Mr E. Roethlisberger pour samedi soir 31
ct. „pour hisser la crémaillère que voici. Un coup de main, s. v. p.“
Anthg. C. Fasoli et Ohlman. In-4⁰, fond teinté, av. marges. (B).

3680 **Dolde, G. F.** Der glaubige Christ am Abend seines Pilgerlebens. 11
strophes en allem. Planche calligr. Geschrieben von G. F. Dolde
in Strassburg, December 1850, im 78ten Lebensjahr. Hallelujah!
In-fol., à pet. marges. (A).

3681 **Engelmann, G.** Most-Traube, vom Jahre 1819. Gemalt von J. G. Hirn.
Gezeichnet von F. Schoenfeld. Lithog. von G. Engelmann. In-
fol., à gr. marges. (A).

3682 — Eglise Saint-Maclou à Rouen. Léger 1823. Lith. de G. Engelmann.
Epreuve avant la lettre. In-4⁰ obl., à gr. marges. (B).

3683 **Ganier, H. (Tanconville).** Sur la Frontière des Vosges. — Le Donon
vu des hauteurs de Vexaincourt. Chromotypographie Berger-Levrault & Cie, Nancy. In-4⁰, à pet. marges, collé sur carton.

3684 — Sur la Crête des Vosges. Douaniers en route pour le campement
de nuit. Chromotypogr. Berger-Levrault & Cie, Nancy. In-fol. obl.,
à pet. marges, collé sur carton.

3685 — Chasseurs forestiers en tournée dans les Vosges. La Vallée de la
Vezouse et le Rougimont avec ses roches mégalithiques. Chromotypographie. In-4⁰, sans marges, collé sur carton.

3686 **Gérold, Mme E.** Deux paysages. Eaux-fortes. In-32 obl. (B).

3687 — Pauvre Petite. Environs de Strasbourg, av. vue sur Cathédrale.
Eau-forte. In-16 obl., à tr. gr. marges. (A).

3688 **Greiner.** Strassburg & die Vogesen. Grande affiche double in-fol., av.
vues de la Cathédrale, le Hanauer Weiher, Kaysersberg, Lac Noir,
Drei-Exen, Ste.-Odile, Schlucht et les ponts du Rhin, publiée par
le Bureau de Renseignements à Strasbourg. Strassb., Els. Druck.
& Verlagsanst., vorm. G. Fischbach. A pet. marges. (O).

3689 **Hagen, F.** Moïse donnant les tables de la Loi aux enfans d'Israël.
Lith. par F. Hagen 1833. Imp. Lith. de Simon à Strasbourg.
Pet. in-fol., sur Chine, à pet. marges. (B).

3690 **Heimlich, Jean-Daniel.** Paysage. (No 5 de la „Suite des paysages
dédiés à M. Fr. D. Baron de Wurmser . . .“ D. Heimlich fecit
1774. Eau-forte, rognée. (C).

3691 Heyden, Jac. ab. Petrus Brederodius I. C. ordinum generalium Belgic. Portr. in-8⁰, en méd. ov., av. encadr. Lég. et 6 vers lat. Ja.ab Heyden sculpsit 1625. Sans marges. (B).

3692 Kauffmann, F. Accordailles lorraines au bon vieux temps. Calendrier de 1900. Procédé stéréographique Berger-Levrault et C*ie*, à Nancy. In-fol. obl., collé sur carton.

3693 — Les Chasseurs vosgiens et leur nouvel armement. Calendrier de 1902. Chromotypographie Berger-Levrault et C*ie*, Nancy. In-fol. obl., collé sur carton.

3694 Krafft, J. B. L'Oraison dominicale. Ecriture calligraph. Fait par J. B. Krafft. Gravé à Paris par P. Picquet. Se trouve à Mulhouse chez l'auteur. Double in-fol., à toutes marges. (O).

3695 Lambert. Au Jardin des Plantes. 4 planches de cabanes avec leurs animaux. Dess. d'après nature par Huet fils, Peintre du Muséum d'Histoire Naturelle et gravé par Lambert frères. Gr. in-fol. obl., color., à toutes marges. (O).

3696 Lemaitre, E. Luther fait afficher 95 articles contre les indulgences à la Cathédrale de Vittenberg le 31 Oct. 1517. Lég. franç. et allem. Lith. de E. Lemaitre, Strasbourg. In-fol. obl., fond teinté, à gr. marges. (A).

3697 Naeher, J. Schloss Puschkeiten bei Königsberg in Ost-Preussen, Sitz der Preuss. Linie der von Müllenheim-Rechberg. Av. armoiries. Lithogr., in-8⁰ obl., av. marges. (B).

3698 — „Die Klosterkirche von Hugshofen. F: Naeher 90. Lithogr., in-8⁰, av. marges. (B).

3699 Oberst, J. Dʳ Martin Luthers Denkmal. Errichtet zu Wittenberg, eingeweiht den 31. October 1821. J. Oberst Sculp. Arg. 1829. In-fol., à gr. marges. (A).

3700 Piton, F. Les quatre saisons, d'après quatre tableaux qui se trouvaient dans l'ancien poële des Jardiniers à Strasbourg. Copié et réduit par F. Piton. Lith. par J. Bürck. Lavis-Aquar. Lith. E. Simon. (Pl. de „Piton, Strasbourg ill".) Gr. in-4⁰, av. marges. (B).

3701 Régamey, Frédéric. Régiments alsaciens, 1792—1794, 1814—1815, 1870. Calendrier de 1902 de l'Imprimerie alsac., ancᵗ G. Fischbach, à Strasbourg. In-fol. obl., collé sur carton.

3702 Sandmann. Diverses Lithographies extr. de l'„Album Alsacien". 8 planches, formats divers.

3703 Schuler. Martin Luther, Doctor der heil. Schrift, geb. 1483, gest. 1546. Schuler fecit 1817. In-18, en méd. ov., av. marges. (C).

3704 Schuler, Ch. A. Portrait de jeune fille. Lith. par Ch. A. Schuler d'après un pastel de M*elle* Ellenrieder. Imp. Lith. E. Simon à Strasbourg. (Pl. de l'„Album alsacien"). In-4⁰, sur Chine, à courtes marges. (B).

3705 Schuler, Eduard. Martin Luther im Tode. Nach dem Original-Gemälde seines Freundes Lucas Cranach. Eduard Schuler sculp. Grav. sur acier, gr. in-fol., av. marges. Mit begleitendem Texte (4 pages) von Ernst Sartorius. Sous couverture impr.

3706 Schuler, Théophile. Vivat, alli Maiselokker solle lewe. Dessin orig. à la plume d'après Th. Schuler, par H. Aylé. In-fol., av. marges. (B).

3707 Sigrist, G. Paysage sépia. Sigrist f. In-4⁰, sous passe-partout bleu, filet or. (B).

3708 Spindler, C. Les douze hors texte coloriés de „Bazin, Les Oberlé". Chaque planche in-8⁰, av. marges.

3709 **Wentzel, Fr.** „Dr. Martin Luther". Portrait. — „Catherina von Bora". — „Ph. Melanchthon". — „Johann Calvin". — „Ulrich Zwingli". — 5 portraits. Lith. de Fr. Wentzel à Wissembourg. In-fol., à gr. marges.

3710 **Gravures sur bois.** Scènes diverses extr. de Térence, publié par Grüninger à Strasbourg 1496. 23 pièces réunies sur 8 feuillets in-fol.

3711 **Incunable sur parchemin,** av. initiales en couleurs, détaché de la reliure d'un volume. Fragment, in-4º.

3712 **Calendrier de 1661.** Av. grav. sur bois, texte allem. Fragment détaché de la reliure d'un volume de cette époque. Pet. in-fol.

Oeuvres d'Artistes en volumes.

3713 **Album de la Société des Amis des Arts** de Strasbourg pour 1859. Lith. E. Simon, Strasbourg. 7 planches in-fol., sous couvert. orig.

3714 **Sattler, Joseph.** Die Wiedertäufer. 30 planches. Berlin 1895, in-fol., rel. toile orig. (Epuisé et rare).

3715 **Schoenhaupt, Louis.** Album: 4 planches, reproduction en phototypie, des quatre côtés d'un poêle en terre cuite et 4 pages de texte donnant les légendes des scènes peintes sur chacun des carreaux. In-fol., cart. Av. dédicace de l'auteur. (Tiré à quelques exemplaires seulement).

3716 **Stoeber, August.** Zwoelf Stahlstiche zum Elsässischen Sagenbuch. Strasburg 1842. Compositionen v. J. Klein. Stich v. K. Aug. Schuler Sohn. In-4º, cart. Taches de rousseur.

3717 **Touchemolin, Alfred.** Handzeichnungen. Strassburg, s. d. 18 planches. In-4º, cart.

M. Pièces non alsatiques.

3718 **Portraits:** 1 lot de **21 planches.** (Entre autres: portraits de Gambetta (eau-forte), Thomas Münzer (grav. sur cuivre), Frédéric Auguste Roy de Pologne, E. Geoffroy de Villeneuve, etc. etc.).

3719 **Vues:** „Prospect Derer vornehmsten Städte von Frankreich". In Kupfer gebracht. **116 pet. vues in-32 obl.** Nürnberg, bey Christoph Riegel, br.

7320 — „Prospect Derer vornehmsten Städte von Teutschland". In Kupfer gebracht. **117 pet. vues in-32 obl.** Nürnberg, bey Christ. Riegel, br.

3721 — Baden-Baden et environs. **8 vues** lith., gr. in-8º obl., av. marges.

3722 — Les Bords du Rhin entre Mayence et Coblence. **29 vues,** sur acier, In-18. Verl. v. C. C. Kunze. Lég. allem. & franç. (Planches d'un ouvrage).

3723 — 1 lot de **14 planches.** (Entre autres: vues de Baden-Baden, Ems, Château de Heidelberg, Tryberg, etc. etc.)

3724 **Vues d'optique.** 1 lot de **16 vues** collées sur 8 planches recto & verso. (Mauvais état).

3725 **Evénements:** 1 lot de **5 planches.** („Passage du Rhin à Düsseldorf, An III". — „Schlacht bei Austerlitz, 2. Dec. 1805". — „Siège de la Citadelle d'Anvers". — „Schlacht der deutschen Reichsarmee gegen die Dänen im Jahr 1848". — „Wiedereroberung Italiens durch die Oestreicher, im Jahre 1848").

3726 **Oeuvres d'Artistes**. 1 lot de 4 nos (23 grav. sur bois d'un Catéchisme de 1553 imprimé à Mayence. — Symbole des Apôtres, par Chavignaud. — Die Fische, gemahlt v. Norb. Grund, gest. v. Joh. Balzer. — La Foi, la Charité et l'Espérance. Peint par H. Hess à Munich).

3727 **Peintures originales**: 11 gouaches de E. Collomb (Vues d'Espagne, d'Italie, de la Suisse, etc.) en pet. formats obl. — 1 gouache signée E. H., in-8⁰ obl.

3728 **Divers**: 10 reproductions phothogr., pet. et grands formats.

J.-B. Kléber.

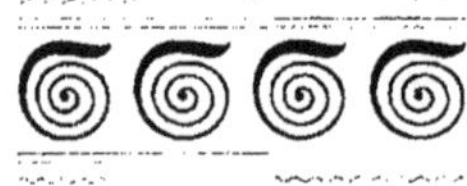

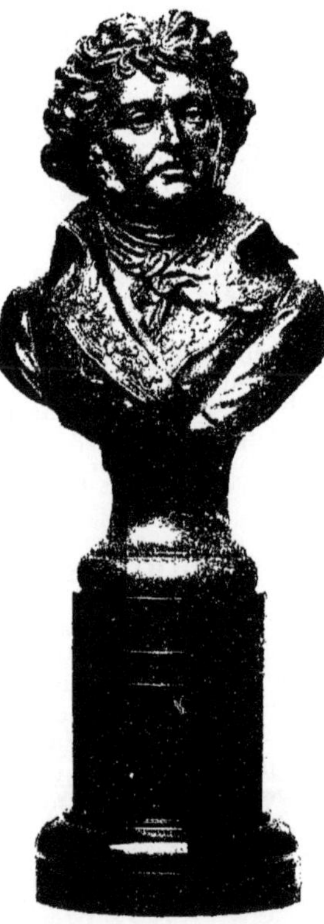

Buste

en terre cuite, brun foncé.

Hauteur: 16 cm.
Prix: 2 fr.

Jolie garniture de bureau ou de bibliothèque pour tout
Alsacien.

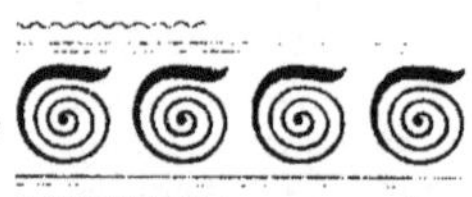

Socle

en bois, noir.

Hauteur: 9 cm.
Prix: 50 centmes

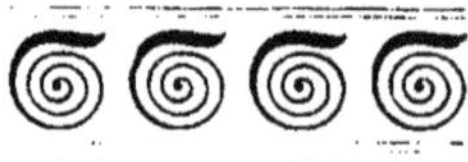

D'autres bustes **d'Alsaciens célèbres** suivront, si cet essai trouve bon accueil.

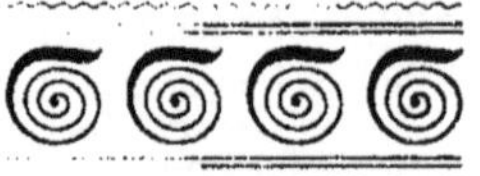

Voir sur la couverture du présent catalogue la reproduction du buste sans socle.

Adresser les demandes à la **Librairie J. NOIRIEL, F. Staat Succ.,** 27 rue des Serruriers, **Strasbourg.**

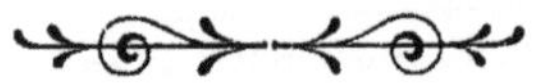

TABLE DES MATIÈRES.

PREMIÈRE PARTIE.

Ouvrages sur l'Alsace et les pays limitrophes.

DEUXIÈME PARTIE.

Estampes.

Album Laurent-Atthalin.

Le „Denkmal-Archiv" à Strasbourg a eu l'heureuse idée de faire reproduire en deux albums in-fol. oblong, les esquisses au crayon, ainsi que les aquarelles, véritables chefs-d'oeuvre dus à **Laurent-Atthalin**, l'artiste alsacien bien connu.

Le 1er **Album** (esquisses au crayon) contient **48 planches** des environs d'Ottrott, Sainte-Odile, Barr, et porte l'inscription:

Album von Ottrott und Umgebung

Bleistiftskizzen von Laurent-Atthalin aus dem Jahre 1836.

Le 2e **Album** porte le titre:

Album von Ansichten aus d. Ober-Elsass

Aquarelle von Laurent-Atthalin aus den Jahren 1848—1853

et contient **34 vues** de la Haute-Alsace.

Les esquisses on été tirées à 60, les aquarelles à 150 exemplaires et mises en souscription par le „Denkmal-Archiv" en 1904 et 1905.

Les 2 souscriptions closes, et dans la pensée d'être agréable à ceux de mes clients qui portent intérêt à tout ce qui se rattache à notre belle Alsace, je me suis rendu acquéreur **des quelques exemplaires encore disponibles,** afin de les mettre à même de se les procurer.

Le prix du 1er album (esquisses), rel. toile, dos et coins en cuir, est de **fr. 50.—**

-celui du 2e **album (aquarelles)**, rel. toile, également de . . . . **fr. 50.—**

C'est une occasion unique et je me permets de vous engager à en profiter.

L'Austrasie

REVUE DU PAYS MESSIN ET DE LA LORRAINE

HISTORIQUE, LITTÉRAIRE, ARTISTIQUE ET ILLUSTRÉE

PARAISSANT TOUS LES TROIS MOIS

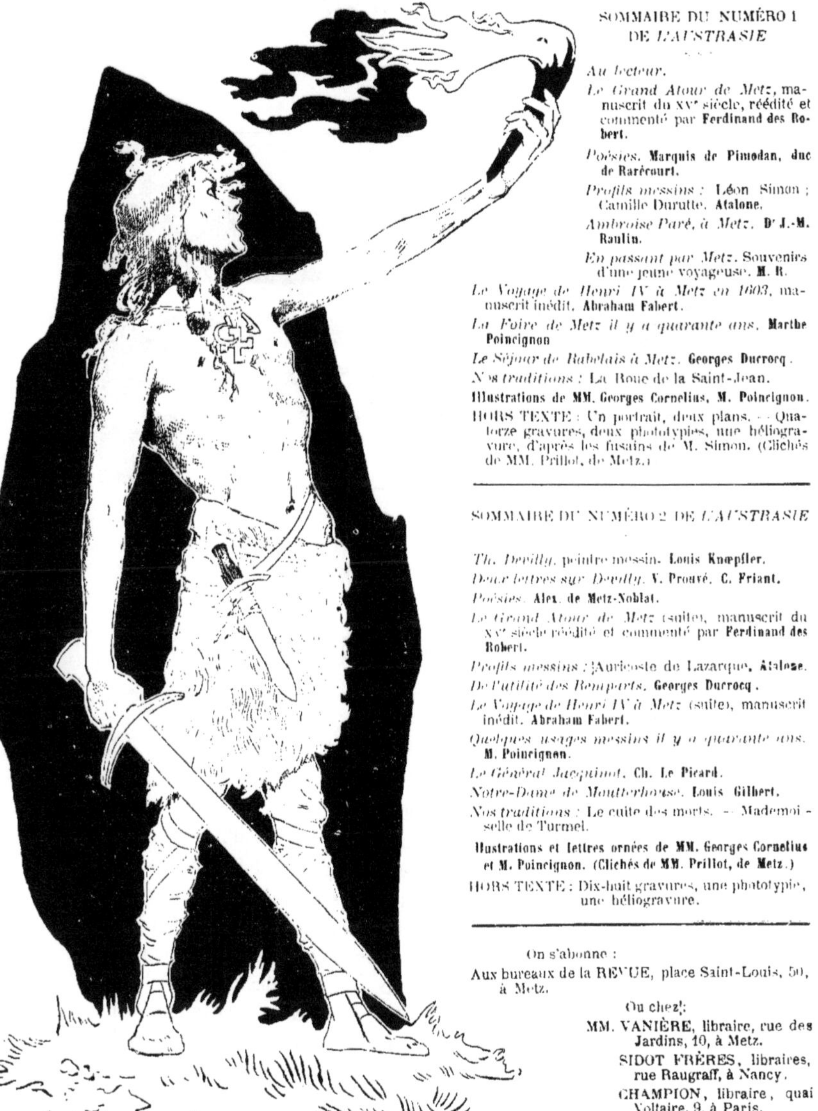

———

On s'abonne :

Aux bureaux de la REVUE, place Saint-Louis, 50, à Metz.

Ou chez :

MM. VANIÈRE, libraire, rue des Jardins, 10, à Metz.

SIDOT FRÈRES, libraires, rue Raugraff, à Nancy.

CHAMPION, libraire, quai Voltaire, 9, à Paris.

ABONNEMENT : 10 marks (12 fr. 50) par an, pour l'Alsace-Lorraine et l'Étranger.
LE NUMÉRO 4 marks (5 francs).

On s'abonne également à la **Librairie Noiriel, F. Staat**, successeur
27, rue des Serruriers, **Strasbourg** (Alsace).

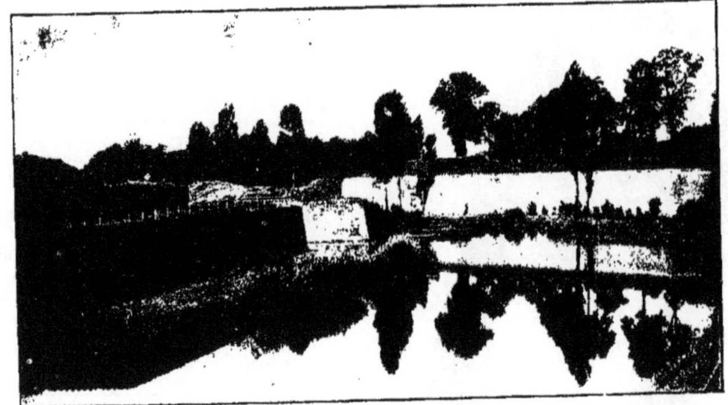

Le rempart de la porte Mazelle.

AU LECTEUR

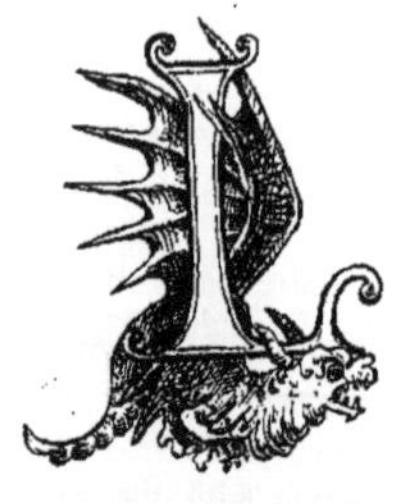

E poète Fortunat, rèvant un soir à une fe-
nêtre du palais des rois d'Austrasie, in-
terrogeait la brise et lui demandait des
nouvelles de son ami et protecteur, l'il-
lustre Gog, maire du palais. « Où est-il
en ce moment ? se disait le courtisan
latin. Sur les bords du Rhin aux flots vagabonds, à pêcher le
saumon. Sur les rives de la Moselle aux coteaux vineux, aux doux
ombrages? Vers la Meuse à chasser l'oie sauvage ou vers les belles
campagnes de l'Aisne? Quel fleuve jouit de sa présence? Est-ce
l'Oise, la Serre, l'Escaut, la Sambre, la Somme, la Sure, ou bien

celui qui porte à Metz les eaux salines dont il tire son nom?... »
Ce n'était pas là une frivole rêverie d'Italien ; le Trévisan, nourri
dans le palais, connaissait les frontières exactes de l'Austrasie, et
il pouvait suivre par la pensée, à travers l'immense royaume de
Sigebert, des Ardennes aux Vosges, son leude infatigable.

Que de fois, en frôlant, rue des Trinitaires, le seul vestige
qui nous reste du vieux palais romain et franc, ce bas-relief
byzantin enchâssé dans le mur comme une pierre tombale, l'an-
tique gloire de Metz nous est réapparue. Quelle ville devait être
la capitale de l'Austrasie, quand Sigebert envoyait jusqu'à Byzance
ses ambassadeurs, quand la fille des Goths, la princesse au teint
brun, Brunehaut, dressait sur toutes les côtes du pays, les châteaux, les tours qui ont gardé son nom et lançait de la Belgique
à la Bourgogne les « chaussées de Brunehaut ». Tout ce que
l'Austrasie comptait alors de talents et d'esprits supérieurs accourait
à Metz, attiré par la splendeur de la cour et les charmes que la
vie a toujours eus au confluent des deux rivières. Un poète déli-
cat, un de ces doux flatteurs comme l'Italie sait en produire,
même à ses plus mauvais jours, polissait des vers latins en son
honneur ; la Seille et ses barbeaux se voyaient gratifiés d'un
distique dans la langue de Virgile. Jusqu'au delà des Alpes on
parlait de Metz, la cité d'élite, asile des lettres, des arts et du
goût, surnageant dans le remous des barbares comme un vaisseau
sur la tempête.

En gravissant le haut de Sainte-Croix, ce point culminant de la
ville, tout bon Messin sent qu'il foule de l'histoire. Cette Cour d'or,
résidence des gouverneurs romains, de ceux qu'une révolte des
légions pouvait acclamer empereurs, de combien d'hommes illustres
elle pourrait nous raconter les gestes. Ses jardins descendaient jusqu'à
la Moselle ; on y menait joyeuse vie, on y effeuillait des roses
dans des coupes d'or ; parfois les murs de mosaïque et les sta-
tues païennes voyaient passer un homme austère, égaré dans ce
lieu de délices : c'était l'évêque, le défenseur de la cité, qui ve-
nait avec l'autorité du saint sur le guerrier, plaider la cause du
peuple. Plus tard les rois francs l'habitèrent : Dagobert y revenait,
sanglant, de ses campagnes du Rhin, s'agenouiller aux pieds de
St Arnould. Dans ces vieux murs se formèrent lentement, par la

pratique des affaires et le maniement des hommes, les maires du palais, les ducs, la grande race des Charles et des Pépin, une dynastie nouvelle qui saisit un jour la couronne sur la tête des rois fainéants et les mit au couvent. Charles Martel y aiguisait son épée, Charlemagne y a oublié son manteau.

Ce sont ces souvenirs et beaucoup d'autres, c'est le plaisir goûté dans les rues de Metz, hautes et tortueuses, c'est le culte de l'histoire qui nous amènent aujourd'hui à faire revivre l'Austrasie, l'ancienne revue, fondée en 1837, soutenue pendant trente ans avec la conscience et le soin qui caractérisaient les érudits messins et dont la collection est encore actuellement le meilleur guide à travers la ville et son passé. Nous n'espérons pas mettre notre publication au niveau de la leur. Une phalange d'hommes éminents, comme étaient les Prost, les Bégin, les Bouteiller, les de Puymaigre, les Abel, les Huguenin, les de Saulcy et leurs émules ne se retrouvera plus. Inspirés cependant par leur exemple, nous essaierons de marcher sur leurs traces. Chaque jour, un témoin de l'histoire messine disparaît, un bout de rempart tombe, un écusson se détache. Notre devoir est de saluer ces vieilles pierres qui meurent, d'en graver l'image, de dire à quels drames elles furent mêlées, et d'en sauver, si nous le pouvons, les débris. Nous voudrions que notre Revue fût le musée où Metz put encore admirer les fleurons de sa couronne......

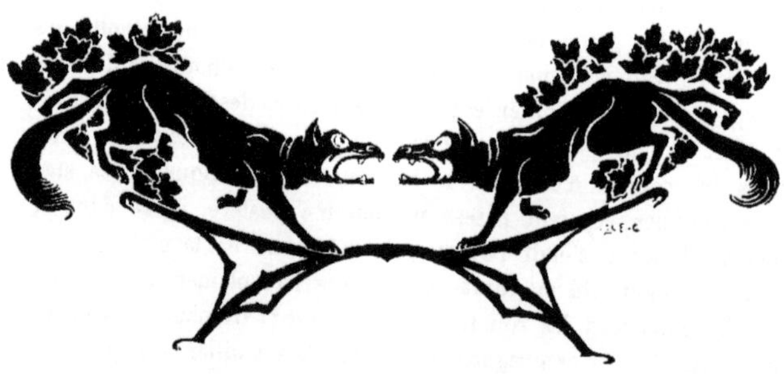

LE GÉRANT : MICHEL THIRIA.

IMPRIMERIE LORRAINE 14, RUE DES CLERCS, METZ.

www.ingramcontent.com/pod-product-compliance
Ingram Content Group UK Ltd.
Pitfield, Milton Keynes, MK11 3LW, UK
UKHW020306180726
13839UKWH00001B/389